Sommer **Passivhäuser**

Passivhäuser

Planung – Konstruktion – Details – Beispiele

mit 367 Abbildungen und 17 Tabellen

Dipl.-Ing. Adolf-W. Sommer
Inhaber eines Ingenieurbüros

Bibliografische Information Der Deutschen Nationalbibliothek
Die Deutsche Nationalbibliothek verzeichnet diese Publikation in der Deutschen National-
bibliografie; detaillierte bibliografische Daten sind im Internet über http://dnb.d-nb.de ab-
rufbar.

Maßgebend für das Anwenden von Regelwerken, Richtlinien, Merkblättern, Hinweisen, Verordnungen usw. ist deren Fassung mit dem neuesten Ausgabedatum, die bei der jeweiligen
herausgebenden Institution erhältlich ist. Zitate aus Normen, Merkblättern usw. wurden,
unabhängig von ihrem Ausgabedatum, in neuer deutscher Rechtschreibung abgedruckt.

Das vorliegende Werk wurde mit größter Sorgfalt erstellt. Verlag und Autor können dennoch
für die inhaltliche und technische Fehlerfreiheit, Aktualität und Vollständigkeit des Werkes
keine Haftung übernehmen.

Wir freuen uns, Ihre Meinung über dieses Fachbuch zu erfahren. Bitte teilen Sie uns Ihre
Anregungen, Hinweise oder Fragen per E-Mail: fachmedien.architektur@rudolf-mueller.de
oder Telefax: 0221 5497-6141 mit.

Lektorat: Agentur Architekturtext/Dipl.-Ing. Annette Galinski, Ludwigsburg
Umschlaggestaltung: Designbüro Lörzer, Köln
Satz: Satz+Layout Werkstatt Kluth GmbH, Erftstadt
Druck und Bindearbeiten: fgb – freiburger graphische betriebe GmbH & Co. KG, Freiburg
Printed in Germany

ISBN 978-3-481-02422-2

Vorwort

Der anstehende Klimawandel mit seinen erheblichen Einflüssen auf unsere Umwelt führt unweigerlich zu einem Umdenken im Umgang mit unserem Lebensraum – der Erde.

So zeigte der Friedensnobelpreisträger und ehemalige US-Vizepräsident Al Gore mit seinem Film „Eine unbequeme Wahrheit" deutlich auf, dass die globale Erwärmung der Erde katastrophale Folgen für unsere Zukunft hat. Dies bedeutet, dass die zwingend erforderliche Reduzierung der CO_2-Emissionen in naher Zukunft erfolgen muss, um ein Ansteigen der Erdtemperatur zu vermeiden.

Dabei spielt der Energieverbrauch von Gebäuden mit bisher stetig steigenden Emissionen eine wesentliche Rolle. Erst in den letzten Jahren wurden aufgrund der neuen Energieeinsparverordnungen (EnEV) Verringerungen des Energieverbrauchs vorgenommen. Jedoch reichen diese bei Weitem nicht aus, um weitreichenden Einfluss auf die Umweltzerstörung zu nehmen.

Das Passivhaus kommt der Forderung der CO_2-Ausstoßminderung nach und erhält daher eine besondere Bedeutung. Es hebt sich mit einem Heizwärmebedarf von 15 kWh je m² und Jahr deutlich von den Niedrigenergiehäusern, gebaut nach der aktuellen EnEV, ab.

Die Passivhausbauweise führt zu einer erheblichen Umweltentlastung, denn ohne aktives Heizsystem werden die Sonnenenergie, die Erdwärme und die im Gebäude entstehende Wärme zur Beheizung der Luft und des Wassers verwendet. Die jahrelange Erfahrung im Passivhausbau und das wachsende Interesse sehr vieler umweltbewusster Käufer und Kaufinteressenten veranlassten mich, das Passivhaus auch einem größerem Publikum nahezubringen. Denn immer wiederkehrende Fragen „Darf ich im Passivhaus ein Fenster öffnen?" oder „Wird es im Winter im Passivhaus nicht zu kalt?" zeigen, dass Informationslücken rund um das Passivhaus vorhanden sind.

Fällt die Beschreibung oder der Sinn eines Passivhauses noch leicht, erscheinen der Bau und die Ausführung dieser Bauweise Vielen als zu schwierig und zu kompliziert. Zielsetzung dieser Veröffentlichung ist es daher, das „Geheimnis" des Passivhauses durch Veranschaulichung der wichtigen Rahmenbedingungen zu lüften. Denn die Akzeptanz und die Bekanntheit dieses Baustandards sollten unserer Umwelt zuliebe gefördert und nachhaltig gesteigert werden.

Das Buch veranschaulicht neben den Bereichen, die beim Bau eines Passivhauses berücksichtigt werden sollten, auch die Notwendigkeit, Passivhäuser aufgrund ihrer enormen Energieeinsparungen und der Nutzung regenerativer Energien als Baustandard der Zukunft festzulegen. Ebenso werden Ausführungsdetails, Möglichkeiten der Sanierung mit Passivhauskomponenten, Wirtschaftlichkeit, Fördermöglichkeiten und letztendlich die gewonnene Wohnqualität der Bewohner aufgeführt. Zahlreiche Referenzobjekte zeigen Passivhäuser in unterschiedlichen Ausführungen.

An dieser Stelle danke ich Frau Dipl.-Ing. Andrea Kaldenbach, die durch ihre engagierte Unterstützung und Recherchearbeit zur Erstellung des Manuskripts erheblich beigetragen hat.

Des Weiteren danke ich allen, die mit Dokumentationen, Bildern und Plänen zum Gelingen dieses Buches beigesteuert haben.

Mein persönlicher Dank gilt meiner Frau, die mir bei der Bearbeitung des Buches jederzeit hilfreich zur Seite stand.

Mit diesem Buch möchte ich allen umweltinteressierten Lesern, Planern und Architekten, Bauphysikern und Bautechnikern, aber auch den zukünftigen Bauherren eine gute Orientierungshilfe und eine reichhaltige Informationsquelle bieten.

Erkelenz, im Juni 2008   Adolf-Werner Sommer

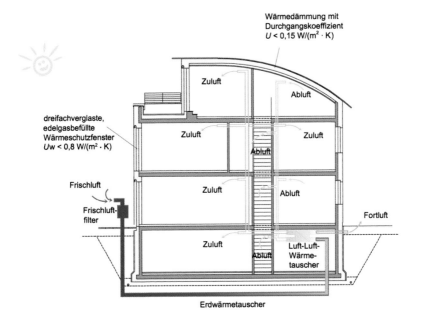

Wärmedämmung mit
Durchgangskoeffizient
$U < 0,15$ W/(m² · K)

dreifachverglaste,
edelgasbefüllte
Wärmeschutzfenster
Uw < 0,8 W/(m² · K)

Zuluft

Abluft

Zuluft

Zuluft

Zuluft

Abluft

Abluft

Frischluft

Frischluft-
filter

Zuluft

Abluft

Fortluft

Zuluft

Luft-Luft-
Wärme-
tauscher

Abluft

Erdwärmetauscher

Inhaltsverzeichnis

Einleitung

Derzeit leben auf der Erde ca. 6 Milliarden Menschen. Davon beanspruchen $^1/_6$, d.h. 1 Milliarde Menschen, für sich den gesamten weltweiten Energie- und Rohstoffverbrauch, da sie im sog. Wohlstand leben und Hauptverursacher des Treibhauseffekts sind. Der Klimawandel und das bestehende Öko-system zeigen durch ihre jährlich wiederkehrenden Naturkatastrophen, dass ein steigender Verbrauch zu weit reichenden Folgen führt.

Neue innovative Wege – und nicht die Einschränkung des Wohlstands – sollen das Ökosystem und den Klimawandel positiv beeinflussen. Etliche Industriezweige handeln bereits verantwortungsbewusst und setzen wissenschaftliche Erkenntnisse sowie modernste Technologien zur effektiveren Nutzung von regenerativen Energien und Umweltentlastung ein. Innovationen im Baugewerbe ermöglichen inzwischen den Bau von Häusern, die mit 3 Litern Heizöl pro m^2 Wohnfläche ein ganzes Jahr beheizt werden können.

Die Zukunft der Menschheit war Hauptbestandteil der Diskussionen, als sich der Club of Rome 1968 als weltweite Organisation mit über 100 Mitgliedern, bestehend aus Wissenschaftlern, Managern und Politikern, gründete. Im Laufe der Jahre beschäftigte sich der Club of Rome, aufgrund des zunehmenden Verbrauchs der natürlichen Ressourcen und deren ökologischen Folgen, mit der Minderung der CO_2-Emission. In dem Buch „Faktor Vier" von Dr. Ernst Ulrich von Weizsäcker, Amors B. Lovins und L. Hunter Lovins werden Möglichkeiten aufgezeigt, den Wohlstand imperativ zu verdoppeln und zeitgleich den Naturverbrauch zu halbieren.

Energiesparendes Bauen ist, zur Unterstützung des „Faktor Vier", unabdingbar und wird immer bedeutungsvoller, da es die Schonung der Energieressourcen, die Minderung der Emissionen und die Verringerung der Gefahr der Klimaveränderungen umfasst. Dies wird verdeutlicht, wenn man die Aufteilung des gesamten Energieverbrauchs in Deutschland als westliches Industrieland betrachtet (siehe Abb. 0.1).

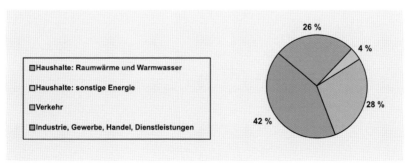

Abb. 0.1:   Gesamtenergieverbrauch in Deutschland

Die für Heizzwecke in den privaten Haushalten benötigte Energie ist mit
26 % fast so hoch wie die des gesamten Verkehrs und nimmt, neben dem
großen Anteil des industriellen Verbrauchs, am Gesamtenergiebedarf in
Deutschland einen wesentlichen Teil ein. 75 % des gesamten Energieverbrauchs in Wohngebäuden entfallen auf den Wärmeenergiebedarf (siehe
Abb. 0.2).

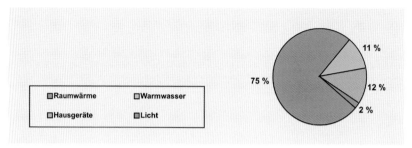

Abb. 0.2: Wärmeenergieverbrauch in Wohngebäuden

Beim Endenergieverbrauch der privaten Haushalte entfallen 86 % auf Heizung und Warmwasser. Die Anteile für Hausgeräte und Licht sind mit 12
bzw. 2 % wesentlich geringer als häufig vermutet. Ein großes Einsparpotenzial, welches im Gegensatz zum Energiebedarf für die Industrie relativ leicht
zu erschließen ist, sollte bei der Wärmeversorgung von Gebäuden zwingend erforderlich werden. Um dies zu erreichen, wurden zunehmende Anforderungen an den Heizwärmebedarf von Neubauten und die Begrenzung
des Wärmedurchgangskoeffizienten von Bauteilen durch den Gesetzgeber
mit den Wärmeschutzverordnungen (WSchV) gestellt. Abb. 0.3 verdeutlicht
die Einsparungen des Jahresheizwärmeverbrauchs nach den bestehenden
Verordnungen.

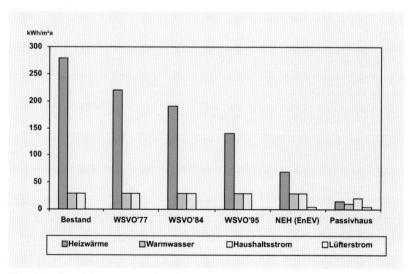

Abb. 0.3: Energiekennwerte nach gültigen Verordnungen

Zur Verdeutlichung der Situation wird im Folgenden der Jahresheizwärmebedarf (ohne Warmwasser) in benötigtem Heizöl bei 150 m² Wohnfläche
aufgezeigt:

Bestand:	150 m² · 280 kWh	→ 28	Liter Heizöl	→	4.200 Liter Heizöl/Jahr
WSchV'77:	150 m² · 220 kWh	→ 22	Liter Heizöl	→	3.300 Liter Heizöl/Jahr
WSchV'84:	150 m² · 190 kWh	→ 19	Liter Heizöl	→	2.850 Liter Heizöl/Jahr
WSchV'95:	150 m² · 140 kWh	→ 14	Liter Heizöl	→	2.100 Liter Heizöl/Jahr
NEH (EnEV):	150 m² · 70 kWh	→ 7	Liter Heizöl	→	1.050 Liter Heizöl/Jahr
Passivhaus:	150 m² · 15 kWh	→ 1,5	Liter Heizöl	→	225 Liter Heizöl/Jahr

Die Niedrigenergiebauweise nach heutigem Standard der Energieeinsparverordnung (EnEV) weist mit weniger als $1/3$ des Heizenergieverbrauchs
eine deutliche Verringerung gegenüber dem älteren Wohnhausbestand auf.
Im Vergleich des Heizenergieverbrauchs eines Passivhauses von maximal
15 kWh/(m² · a) mit dem herkömmlicher Einfamilienhäuser zeigt sich, dass
mit dem Verbrauch eines herkömmlichen Altbaus mehr als 18 Passivhäuser
beheizt werden könnten. Der hohe Heizenergieverbrauch kann in bestehenden Gebäuden bei wirtschaftlich vertretbaren Kosten durch eine Verbesserung des Wärmeschutzes und den Einsatz hoch effizienter Wärmebereit-
stellungstechniken erzielt werden.

Wie zuvor schon dargestellt, entfallen 75 % des gesamten Wärmebedarfs
auf die Gewährleistung der Raumwärme. Zur Beheizung eines herkömmlichen Einfamilienhauses werden im Schnitt jährlich etwa 2.000 bis 2.500
Liter Heizöl verbraucht. Zur Lagerung des Tanks wird dabei oft ein ganzer
Kellerraum benötigt. Der Verbrauch eines größenmäßig vergleichbaren
Passivhauses liegt bei 150 bis 225 Litern und entspricht dem Fassungsvermögen eines durchschnittlichen Aquariums.

Dieser ungewöhnliche Vergleich zeigt, dass das Passivhaus nicht nur den
geforderten „Faktor Vier" mit dem Ziel, aus 1 Liter Öl den 4-fachen Wohlstand herauszuholen, erlangt, sondern weit darüber hinausreicht. Das Passivhaus erreicht eine Energieeffizienz von „Faktor 10", denn es benötigt nur
5 bis 10 % des Heizwärmebedarfs herkömmlicher Häuser. Im Gegensatz
zum Niedrigenergiehaus benötigt ein Passivhaus keine konventionelle öl-
oder gasbetriebene Heizanlage und reduziert auf diese Weise die Umweltbelastung enorm.

Der niedrige Energieverbrauch eines Passivhauses basiert auf einzelnen
bautechnischen Komponenten, die so aufeinander abgestimmt sind, dass
entweichende und damit verloren gehende Wärme auf ein Minimum reduziert wird. Zeitgleich wird die im Haus ohnehin anfallende Wärme und das
einfallende Sonnenlicht maximal genutzt.

1 Grundlagen Passivhaus

1.1 Einführung

Das Passivhaus ist die Weiterentwicklung des Niedrigenergiehauses. Der Prototyp des Passivhauses steht seit 1991 in Darmstadt-Kranichstein. Vom Land Hessen gefördert und wissenschaftlich betreut vom Institut Wohnen und Umwelt (IWU), wurde nach Vorbild dieses Projekts ein neuer, höchst ökologischer und technologischer Baustandard etabliert, der unter Erfüllung bestimmter Kriterien zum Optimum der Energieeinsparung führt. Demnach wird ein solches Gebäude nicht durch eine bestimmte Bauweise, sondern einen Baustandard, den sog. Passivhausstandard, bestimmt. Dieser zielt durch Reduzierung der Wärmeverluste auf eine Senkung des Energiebedarfs auf nahezu null und bietet dennoch eine hohe Behaglichkeit in den Innenräumen.

Ein Passivhaus kommt ohne ein aktives herkömmliches Heizsystem aus. Dafür werden besondere Anforderungen an die Gebäudehülle gestellt. Dabei darf der erforderliche Dämmwert der Außenwandflächen einen bestimmten Wärmedurchgangswert nicht überschreiten, damit die innere Wandoberflächentemperatur nahe der Innenlufttemperatur liegt. Durch effiziente Maßnahmen wie ein mechanisches Lüftungssystem mit Wärmerückgewinnung (WRG) wird der Heizwärmebedarf stark reduziert. Die geringe Restnachheizung kann über eine WRG-Anlage mit einem Erdreichwärmetauscher (EWT) erfolgen.

Abb. 1.1 und 1.2 zeigen das Grundprinzip der optimierten Energieeffizienz anhand einer Thermoskanne und einer Kaffeemaschine. Beide dienen dem Warmhalten von Kaffee. Die Kaffeemaschine tut dies über eine Heizplatte mit Energieeinsatz, die Thermoskanne durch Vermeidung von Wärmeverlusten, die eine Heizplatte unnötig machen.

Abb. 1.1: Thermoskanne und Kaffeekanne (Quelle: Passivhaus Institut, Darmstadt)

Abb. 1.2: Isothermografie der Kannen (Quelle: Passivhaus Institut, Darmstadt)

Abb. 1.3:   Altbauten, unsaniert und saniert (Quelle: Passivhaus Institut, Darmstadt)

Abb. 1.4:   Thermografieaufnahme der Altbauten aus Abb. 1.3 (Quelle: Passivhaus Institut, Darmstadt)

Heutzutage stehen viele Alternativen zur Verfügung, ein Gebäude energieeffizient zu verbessern. Passivhausfenster, sog. Warmfenster, können im Gegensatz zu herkömmlicher Isolierverglasung 70 % der Wärmeverluste vermeiden und tragen so erheblich zur Energieeinsparung bei. Die nachträgliche Wärmedämmung einer Außenwand kann die Wärmeverluste um bis zu 90 % reduzieren. Wird zusätzlich eine Lüftungsanlage mit WRG integriert, kann der Energieverbrauch durch Reduzierung der Lüftungswärmeverluste im Gegensatz zu herkömmlichen Lüftungsanlagen um 75 bis 90 % gesenkt werden. Diese Maßnahmen schonen die Umwelt und Energieressourcen in hohem Maß, selbst wenn die Restenergie nicht von erneuerbaren Energieträgern übernommen wird.

Die Abb. 1.3 und 1.4 zeigen 2 Altbauten, von denen das linke Gebäude unsaniert ist, beim rechten wurde eine Wärmedämmung von 20 cm an der Außenwand angebracht. Die thermografische Aufnahme zeigt die Abgabe der Wärme bis zur Außenwandoberfläche auf der ungedämmten Wand des linken Gebäudes und die hohe Oberflächentemperatur von 6 bis 7 °C. Das sanierte Gebäude weist an der Außenwandoberfläche lediglich eine niedrige Temperatur von unter 4 °C auf, welches auf den verringerten Wärmefluss von innen nach außen zurückzuführen ist. Ein geöffnetes Fenster an der linken Hausseite dieses Gebäudes verdeutlicht die hohe Innenraumtemperatur.

Neben der optimalen Energieeffizienz bietet das Passivhaus einen hohen Wohnkomfort. Die geringen Mehrkosten im Vergleich zu konventionellen Gebäuden führen im Laufe der Jahre aufgrund der guten Bauqualität zu einer Wertsteigerung und amortisieren sich rasch. Zudem kann ein Passivhaus in jedem Architektur- und Wohnstil erstellt werden, da der Passivhausstandard nicht an Materialen oder Formen gebunden ist. In Kapitel 6 werden anhand von Referenzobjekten die vielfältigen Anwendungsmöglichkeiten bezüglich Materialien und Formen mit unterschiedlichen technischen Lösungen aufgezeigt.

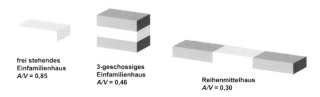

Abb. 1.5: Vergleich unterschiedlicher Bautypologien bezüglich ihrer *A/V*-Verhältnisse (Grundlage: Wohnfläche 100 m² mit einer Raumhöhe von 3 m)

1.1.1   Konstruktionsmerkmale

Um die Prinzipien eines Passivhauses optimal einzuhalten, müssen einige konstruktive Kriterien erfüllt werden. Zunächst werden die planerischen Überlegungen bezüglich des Bautyps und des Baufelds betrachtet.

Die **kompakte Bauweise** eines Gebäudes hilft, ein günstiges Verhältnis von Gebäudevolumen, d. h. Bruttorauminhalt, zur Gebäudeoberfläche zu erreichen. Das sog. *A/V*-Verhältnis bestimmt vorrangig den erforderlichen Heizwärmebedarf des Bauobjekts. Je niedriger der Wert ausfällt, desto geringer wird der Heizwärmebedarf. Durch eine kleinere Außenwandfläche entstehen weniger Transmissionswärmeverluste, die durch Energie ausgeglichen werden müssen.

Im Bereich der Gebäudetypologie zeichnet sich ein Reihenmittelhaus, möglichst mehrgeschossig, durch ein wesentlich günstigeres *A/V*-**Verhältnis** als ein frei stehendes 1-geschossiges Einfamilienhaus aus, da sich die zu beheizenden Außenwandflächen und somit der Heizwärmebedarf reduzieren (siehe Abb. 1.5). In Kapitel 7 werden die unterschiedlichen Bautypologien differenziert betrachtet.

Die **Südorientierung** des Gebäudes innerhalb des Baugrundstückes ist ein wichtiges Kriterium zur Gewinnung passiv solarer Energie. Im Sommer sollte die Einstrahlung durch Verschattungseinrichtungen zu regulieren sein, um einer Überhitzung des Gebäudes entgegenzuwirken. Kapitel 1.4 vertieft die planerischen Anforderungen.

Das in Abb. 1.1. und 1.2. demonstrierte Beispiel verdeutlicht die Effizienz von Thermoskannen. Allerdings gibt es qualitative Unterschiede: So bleibt in Kannen mit sehr guter Qualität der Kaffee über mehrere Stunden heiß, wogegen er bei qualitativ schlechten Kannen durch Transmissionswärmeverluste bereits nach 1 bis 2 Stunden abkühlt. Betrachtet man die Hüllfläche eines Gebäudes, so findet man dieses Prinzip auch bei einer schlecht bzw. gut gedämmten Gebäudehülle vor. Die Gebäudehülle ist die Fläche aller Bauteile, wie die Außenwände, das Dach, die Außentüren und Fenster als auch der Boden, die den beheizten Innenraum vom kalten Außenraum trennt. Für die Minimierung der Transmissionswärmeverluste ist eine **stark gedämmte Gebäudehülle** zwingend erforderlich, denn sie ermöglicht die Speicherung von Energie. Die Dämmung verhindert vor allem im Winter das Entweichen der Energie aus dem Gebäude, im Sommer das Eindringen der Hitze in das Gebäude. Dabei sollte der Wärmedurchgangskoeffizient (*U*-Wert) bei lichtundurchlässigen Bauteilen wie Wand-, Dach- und Fußbodenkonstruktionen von $U \leq 0{,}15$ W/(m² · K) angestrebt werden, um den Wärmeverlust im Winter möglichst gering zu halten. Die Innenoberflächentemperatur liegt dann ungefähr auf Höhe der Lufttemperatur, sorgt

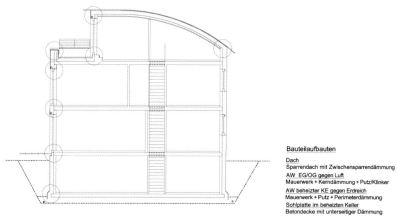

Bauteilaufbauten

Dach
Sparrendach mit Zwischensparrendämmung
AW_EG/OG gegen Luft
Mauerwerk + Kerndämmung + Putz/Klinker
AW beheizter KE gegen Erdreich
Mauerwerk + Putz + Perimeterdämmung
Sohlplatte im beheizten Keller
Betondecke mit unterseitiger Dämmung

Abb. 1.6: Mögliche Wärmebrücken und dagegen wirkende Bauteilaufbauten

so für hohe Behaglichkeit innerhalb des Wohnbereichs und vermeidet luft-feuchtebedingte Bauschäden. Der Wärmedurchgangskoeffizient der Fenster sollte bei $U_w \leq 0{,}8$ W/(m² · K) liegen, der Gesamtenergiedurchlassgrad der Fenster (g-Wert) 50 bis 60 % betragen. Diese Anforderungen erfüllen sog. Warmfenster mit einem $U_w \leq 0{,}8$ W/(m² · K) bei gleichzeitig hohem Energiedurchlassgrad $g \geq 50$ %.

Obwohl im Gebäudebestand nachträglich eine gute Wärmedämmung angebracht werden kann, sollte von Anfang an bei energiesparenden Neubauten, vor allem beim Passivhaus, nicht an Dämmstoffdicke gespart werden.

Eine **Wärmebrücke** ist ein Bereich in Bauteilen eines Gebäudes, über den die Wärme schneller nach außen transportiert wird als durch die anderen Bauteile. Dieser Bereich ist die Schwachstelle der Konstruktion, da in Wärmebrücken höhere Wärmeverluste entstehen und sich Feuchtigkeit niederschlagen kann. Da solche Konstruktionsfehler beim Passivhaus schon zur Überschreitung des Restheizwärmebedarfs führen, ist ein weiteres wichtiges Merkmal des Passivhauses das wärmebrückenfreie Konstruieren. Dabei sollte die Dämmung ohne Schwachstellen um das gesamte Gebäude eingebracht werden. So können weder kalte Ecken noch überhöhte Wärmeverluste entstehen. In Kapitel 2.6 wird detailliert auf Wärmebrücken und deren Vermeidung eingegangen.

Abb. 1.6 zeigt einige Möglichkeiten der Entstehung von Wärmebrücken. Häufig sind diese z. B. beim Übergang vom Dach zum Mauerwerk oder bei der Bodenplatte bzw. Geschossdecke zum aufgehenden Mauerwerk zu finden. Auch Vor- oder Rücksprünge führen oft zu fehlerhaften Konstruktionen.

Das Passivhaus zeichnet sich durch seine angenehme Behaglichkeit im Rauminneren aus, welche jedoch nur durch eine konsequent luftdichte Bauweise erreicht werden kann. Heute wird bereits von der EnEV 2007 nach den allgemein anerkannten Regeln der Technik eine gesicherte **Luftdichtheit** gefordert. Doch beim Passivhaus erlangt diese Ausführung enorme

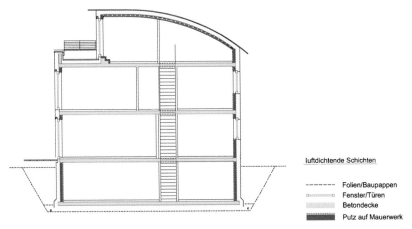

luftdichtende Schichten

- - - - - - -   Folien/Baupappen
▭▭▭▭▭   Fenster/Türen
░░░░░░░   Betondecke
▬▬▬▬▬   Putz auf Mauerwerk

Abb. 1.7: Luftdichtende Schichten

Bedeutung, da nur durch eine das gesamte beheizte Volumen umfassende, ununterbrochene luftdichte Hülle enorme Lüftungswärmeverluste vermieden werden können. Die Leckage durch unkontrollierte Fugen muss beim Test mit Unter- bzw. Überdruck von 50 Pascal kleiner als 0,6 Hausvolumen pro Stunde sein. Luftdichtheit vermeidet zudem mögliche Bauschäden, die durch im Luftzug mitgeführten Wasserdampf entstehen können.

Die Luftdichtheit muss unabhängig von der Ausführung der Wärmedämmung gewährleistet werden. So ist ein gut dämmendes Bauteil wie z. B. eine Kokosfasermatte, eine Zelluloseschüttung oder Mineralwolledämmung nicht luftdicht, da durch sie ohne Weiteres Luft hindurchgeblasen werden kann. Dagegen hat ein absolut luftdichtes Bauteil wie ein Aluminiumblech keine Wärmedämmeigenschaft.

Luftdichtheit sollte nicht mit Diffusionsdichtheit verwechselt werden, da ein ausreichend luftdichter Baustoff wie z. B. ein normaler Innenputz aus Gips oder Zement durchaus diffusionsoffen ist. Ebenso kann ein dauerhaft ausreichender Luftwechsel nicht durch Fugenlüftung sichergestellt werden. So stellte sich heraus, dass Häuser, die nach 1984 gebaut wurden, so dicht waren, dass zur Lufterneuerung die Fugenlüftung nicht mehr ausreichte. Trotzdem waren sie aus Sicht des Bautenschutzes zu undicht für schadensfreie Bauteile. Aus diesem Grund wurde mit der EnEV 2002 erstmals in Deutschland ein Zielwert für künftige Gebäude vorgegeben: Ohne Lüftungsanlagen sollen Drucktestkennwerte (n_{50}-Wert) von 3 h⁻¹, mit Wohnungslüftung 1,5 h⁻¹, nicht überschritten werden. Wobei noch geringere n_{50}-Werte anzustreben sind. Bei Passivhäusern werden n_{50}-Werte zwischen 0,2 und 0,6 h⁻¹ erreicht, da diese für Leckagen in Passivhäusern nicht über 0,6 h⁻¹ liegen dürfen.

Da bei Passivhäusern die Wärmeverluste, die durch Undichtigkeiten entstehen, nicht durch einfaches Nachheizen ausgeglichen werden können, sollte man in der Planungsphase ein Luftdichtheitskonzept erarbeiten. Dabei sollte die gesamte Gebäudehülle einschließlich aller Bauteilanschlüsse und Durchdringungen einbezogen werden (siehe Abb. 1.7).

Eine detaillierte Planung sollte für folgende Punkte vorliegen:

- Luftdichtheitsschicht
- Werkstoffe, die die Luftdichtheit bilden
- die Übergange für die Luftdichtheitsebene bei unterschiedlichen Baustoffen, z. B. der Anschluss des Sparrendachs an die Massivwand
- Durchdringungen der Luftdichtheitsebene, z. B. an Lüftungsrohren, Elektro- und Sanitärinstallationen
- Übergänge an Dach und Wand
- Einfügung bei Dachflächenfenstern
- Einsetzung einer Bodenluke bei unbeheizten Dachgeschossen
- Fenster- und Außentürenanschlüsse

1.1.2 Prinzipien der Lüftung und Heizung

Die kontinuierliche Luftzufuhr und Deckung des hygienischen Lüftungsbedarfs werden durch die Lüftungsanlage ermöglicht. Um ein einwandfreies Raumklima zu erhalten, werden verbrauchte Luft, CO_2 und entstehende Geruchsstoffe ständig abgesaugt. Dies verhindert zudem die Entstehung baulicher Schäden, die z. B. durch Tauwasserausfall mit dem daraus resultierenden Schimmelbefall auftreten können. Damit sich der CO_2-Gehalt im Innenraum nicht erhöht, benötigt ein Mensch 30 m³ Frischluft pro Stunde. Um den Wohnkomfort zu erhalten, sollte die Temperatur der Zuluft > 16,5 °C betragen. Lüftungsanlagen in Passivhäusern sind daher mit einer effizienten WRG versehen.

Die genannten Funktionen der Raumtemperatur und Frischluft werden bei Häusern im Bestand durch Heizen und Lüften erfüllt. Jedoch treten dadurch während der Heizperiode unkontrollierte Wärmeverluste auf. Ebenso kann es aufgrund konstruktiver Fehler, Undichtigkeiten in der Gebäudehülle oder eingebauter Wärmebrücken zu Schimmelbildungen kommen.

In einem Passivhaus wird auf ein herkömmliches Heizsystem verzichtet, denn durch den geringen Restheizwärmebedarf wäre jedes handelsübliche Heizsystem maßlos überdimensioniert. Das Passivhaus wird in Kombination mit einer Lüftungsanlage beheizt. Dabei bilden die Körperwärme der Bewohner, die Abwärme von elektrischen Geräten und Beleuchtung sowie die Solarstrahlung entscheidende Bausteine der Wärmebilanz. Wurden bisher diese Energien aus dem Gebäude hinausgelüftet, so nutzt das Passivhaus die wertvolle Energie zur Wiederbeheizung. Die Abluft gelangt mit der internen und freien Wärme aus dem Raum in die Lüftungsanlage, welche einen WRG-Grad ≥ 75 % erreichen sollte, und wird nach Durchströmen des EWT der Zuluft als neue Energie zur Verfügung gestellt. Jedoch ist dies nur die Restenergie in Wärmeform und nicht die verbrauchte Abluft des Raumes.

Der **Restheizwärmebedarf** von ≤ 15 kWh/(m² · a) beinhaltet schon in der Gesamtbilanz die freie Raumwärme. Als Energie kann dieser Restheizwärmebedarf mit elektrischem Strom in Form von Nachheizregistern zentral oder dezentral energetisch zugeführt werden. Strom bietet den entscheidenden Vorteil, dass er sofort verfügbar und gut regelbar ist. Er weist jedoch durch den hohen Primärenergiefaktor von 2,97 auch einen großen Nachteil

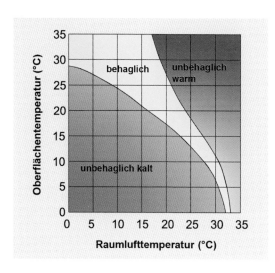

Abb. 1.8: Behaglichkeit in Abhängigkeit zur Oberflächentemperatur

auf: Um 1 kWh Strom abzunehmen, müssen fast 3 kWh Energie primär zugeführt werden.

Zur Senkung der Restenergie kann man **Wärmepumpen** einsetzen, die mit hohen Arbeitszahlen, welche vom Temperaturunterschied zwischen Energiequelle und der abgenommenen Wärmeleistung abhängen, für eine gute Leistungsfähigkeit und Energieeffizienz sorgen.

Solaranlagen, häufig in Kombination mit Wärmepumpen, werden häufig genutzt, um das Brauchwasser zu erwärmen, und decken dabei ca. 60 % des Jahresbedarfs ab. Der Restwärmebedarf muss entweder über elektrische Heizstäbe oder andere mögliche Nachheizsysteme abgedeckt werden.

Die inzwischen auf dem Markt angebotenen Solarspeichersysteme können mit **Kleinst-Brennwertthermen** nachgeheizt werden, erfordern aber eine Zusatzversorgung mit Gas bzw. Öl, was weitere Investitionskosten und Nebenkosten verursacht. Die verschiedenen Kombinationsmöglichkeiten zur Nachheizung eines Passivhauses werden in Kapitel 3.5 detaillierter beschrieben.

Behaglichkeit ist ein subjektives Empfinden des Körpers, welches vom Zusammenspiel mehrerer Komponenten abhängt. Das behagliche Wohlbefinden des Menschen hängt im Wesentlichen von der Raumluft- und der Oberflächentemperatur der umgebenden Bauteile wie Wände, Decke und Fußboden, sowie der relativen Luftfeuchtigkeit, der Art und Dauer der Lüftung und vom Wärmespeichervermögen der Bauteile ab, da der menschliche Körper ständig Wärme mit seiner Umgebung austauscht. Hierbei ergänzen sich Raumluft- und Bauteiloberflächentemperatur im Raum gegenseitig. Ein Passivhaus erreicht ohne ein aktives Heizsystem im Winter und ohne eine Klimaanlage im Sommer hohe Behaglichkeit.

Liegt die Oberflächentemperatur der Wände bei 10 °C, kann trotz hoher Raumlufttemperatur nur ein unbehagliches Raumklima erzielt werden. Dem menschlichen Körper wird dann zu viel Wärme entzogen, besonders in Wandnähe. Erhöht man dagegen die Temperatur von allen raumum-

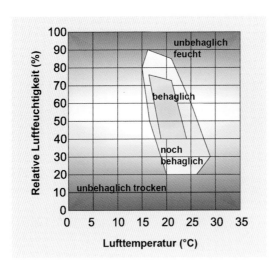

Abb. 1.9: Behaglichkeit in Abhängigkeit zur relativen Luftfeuchtigkeit

schließenden Flächen auf 20 °C und senkt sich gleichzeitig die Raumluft-temperatur auf 16 °C, entsteht ein behagliches Raumklima und eine Einsparung von Heizenergie (siehe Abb. 1.8).

Bei einer relativen Luftfeuchtigkeit zwischen 40 und 70 % und einer Lufttemperatur von etwa 20 °C ist das menschliche Wohlbefinden am größten. Dies zeigt die Abhängigkeit der relativen Luftfeuchte von der Lufttemperatur. Ein Sinken der Temperatur führt zum Steigen der relativen Luftfeuchtigkeit und umgekehrt. Dabei sollte die maximale Heizwärmelast $\leq 10 \, W/m^2$ sein (siehe Abb. 1.9).

1.1.3   Funktionsweise und Vorteile eines Passivhauses

Die Abb. 1.10 zeigt die wesentlichen Merkmale eines Passivhauses: Es besitzt eine winddichte, wärmebrückenfreie und hoch wärmegedämmte Gebäudehülle, welche zur Speicherung der warmen inneren Raumluft und zum Abhalten der kalten Außenluft vom beheizten Raumvolumen dient. Zu den niedrigen Wärmeverlusten tragen ebenso die sog. Passivhausfenster mit ihren niedrigen Wärmedurchgangskoeffizienten bei, welche durch ihren hohen Energiedurchlassgrad wertvolle Sonnenenergie einfangen. Fußböden, Decken und Wänden speichern diese Wärme. Solare Gewinne können mit diesen Fenstern sogar im Winter erzielt werden, sie zählen als gewinnbringende Heizquellen.

Positioniert man große Fensterflächen im Süden und Westen, kleinere im Norden und Osten, so lässt sich eine enorme Erhöhung der Einstrahlung erreichen. Zur Verschattung sollte ein Konzept erstellt werden, in welchem die Beschaffenheit des Standortes als auch die temporären Verschattungsvorrichtungen berücksichtigt werden.

Die Nutzung interner Wärmequellen zählt zu den weiteren Prinzipien eines Passivhauses. Diese beinhalten neben der Abwärme elektrischer Haushaltsgeräte auch die Abwärme der sich im Gebäude befindenden Personen. Be-

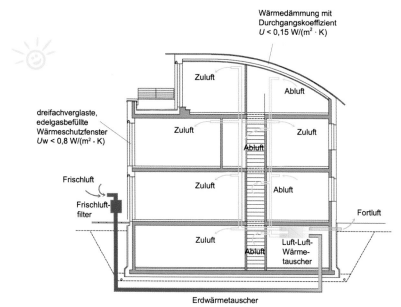

Abb. 1.10: Systemskizze Passivhaus

reits bei 2 Personen stellt sich eine behagliche Wärme ein, wenn diese sich längere Zeit in einem Raum aufhalten.

Betrachtet man gebräuchliche Bauweisen, so bietet das Passivhaus im Vergleich viele Vorteile wie

- die Unabhängigkeit hinsichtlich fossiler Energien,
- einen gesteigerten Wohnkomfort in Bezug auf
  - geringe Temperaturschwankungen im Gebäudeinneren,
  - die Vermeidung sommerlicher Überhitzung durch hohen Dämmstandard,
  - hohen Lichteinfall durch große Verglasungen im Süden,
  - die Vermeidung von Belästigung durch Lärm aufgrund geschlossener Fenster mit Lüftungssystem,
  - die Gesundheit durch Raumtemperaturabsenkung,
  - größere Behaglichkeit durch höhere Oberflächentemperaturen,
  - das Wegfallen störender Heizöfen,
- die sehr gute Luftqualität, da
  - durch Wegfall von Radiatoren Staubumwirbelung vermieden wird,
  - durch den Einbau von Luftfiltern Allergiker keine Probleme haben,
  - eine Steuerung von CO_2 und Feuchtigkeit möglich ist,
  - keine Zugerscheinungen durch geöffnete Fenster auftreten,
  - durch Regulierung der Luftfeuchtigkeit kein Feuchte- oder Schimmelbefall entstehen kann,
- die hochwertige, detaillierte Planung und Ausführung sowie
- den Wiederverkaufswert, der aufgrund der Klimasituation zunehmend steigt.

1.1.4   Zusammenfassung

Tabelle 1.1 fasst die wichtigsten Passivhausmerkmale zusammen:

Tabelle 1.1: Passivhausmerkmale

die wichtigsten Merkmale	
	Gebäudehülle komplett umlaufend und hoch wärmegedämmt mit Vermeidung von Wärmebrücken
	Gebäudehülle vollständig luftdicht
	Südorientierung des Baukörpers in kompakter Bauform
	Passivhausfenster mit 3-facher Wärmeschutzverglasung und wärmegedämmten Rahmen
	Versorgungs- bzw. Lüftungstechnik mit hoher WRG, die kein Heizsystem mehr benötigt

1.2   Vorgaben

Im Vordergrund einer heutigen Bauaufgabe steht das energiesparende Bauen, welches Jahrzehnte zuvor bis ins 20. Jahrhundert völlig im Hintergrund stand. In dieser Zeit lag die Priorität einer Bauaufgabe in der Gestaltung, der Statik und der Nutzung des örtlich vorhandenen Baumaterials. Man ersparte sich teure Transportkosten, indem Holzbauten in Regionen mit günstigen Holzpreisen erstellt wurden. Ziegelbauten wurden in Gegenden geplant, in denen Ton gewonnen wurde, und Natursteinfassaden prägten ein Gebiet mit hohem Natursteinvorkommen. Dabei wurde der größere Wärmeverlust bei Häusern aus Naturstein in Kauf genommen. Dafür wurden nicht alle Räume gleichzeitig beheizt, was durch die standardmäßige Ofenheizung geregelt wurde. Zentralheizungen waren noch eher selten im Einsatz. Die Energieeinsparung lag daher in der Beschränkung des Verbrauchs und nicht in der Verbesserung der Wärmedämmung oder der energetischen Untersuchung der Baumaßnahme. Die Kohleförderung und der Einkauf von Rohöl wurden forciert, um den Bedarf an Heizmaterial zu decken. Heizöl und Erdgas boten eine praktischere Handhabung bei Einzelofenfeuerung wie auch bei der Zentralheizung und so wurde Mitte der 1950er-Jahre die Kohlefeuerung immer weiter zurückgedrängt.

In der ersten Ausgabe der DIN 4108 „Wärmeschutz im Hochbau" (Ausgabe 1952) wurde die Wärmedämmung für Bauteile vorgegeben. Die Anforderungen erhöhten sich mit jeder Neuausgabe und deren Berechnungsergebnisse dienten als Grundlage für die Heizleistungsberechnung und die Dimensionierung der Heizkörper nach DIN 4701 „Regeln für die Berechnung des Wärmebedarfs von Gebäuden; Grundlagen der Berechnung" (Ausgabe 1959). Beide DIN-Normen berücksichtigten jedoch nicht die Energieeinsparung. Anfang der 70er-Jahre stellte sich jedoch die erste Energiekrise der Nachkriegszeit ein, da die Erdöl fördernden Länder die Einfuhr senkten und es zu einer enormen Steigerung der Heizölkosten kam. Erstmals rückte das Interesse für das Energiesparen in den Vordergrund. Die ersten Energiesparversuche bezogen sich dann auf die Verbesserung der Dämmung der Außenwände und des Dachbereichs, wobei die erdberührten Bauteile zunächst nicht einbezogen wurden. Einfachverglasung in Fenstern wurde durch Isolierglas ersetzt.

Da Erdöl, Erdgas und Kohle zu den fossilen Ressourcen unserer Erde zählen und als nicht erneuerbar gelten, sind sie begrenzt verfügbar und werden weiterhin wertvoller und teurer. Die größte Gefahr der Klimaveränderung ist allerdings die Ausstoßung von CO_2. Um eine Reduzierung dieser Ausstoßung zu erreichen, standen Verbesserungen auf dem Primärenergie verbrauchenden Sektor an. Durch anhaltende Diskussionen um die Ökosteuer und den stetig steigenden Dollar erhöhen sich auch die Preise für Primärenergie dauerhaft.

Auf dem Bausektor ist die Minderung der CO_2-Ausstoßung erstrangig durch Energieeinsparung von beheizten Gebäuden zu erreichen. Der Heizenergiebedarf wird bei Neubauten deutlich niedriger angesetzt und bei sanierten Altbauten wird die Heizenergiebedarfsoptimierung verlangt. Die Einsparung von Primärenergie und die daraus resultierende CO_2-Ausstoßminderung stehen heute bei allen Überlegungen an erster Stelle.

1.2.1   Normen und Verordnungen

Die DIN 4108 beinhaltete, wie zuvor schon erwähnt, keine drastischen Einschränkungen der Energieverluste. Sie lieferte die Berechnungsgrundlagen für den Wärme- und den Feuchteschutz, welcher die Vermeidung von Tauwasserausfall auf inneren Bauteilen beinhaltet. Den Ländern der Bundesrepublik blieb es selbst überlassen, ob die DIN als rechtsverbindliche Norm in Verbindung mit der jeweiligen Landesbauordnung eingeführt wurde.

1981 wurde eine neue DIN 4108 herausgegeben, die den Wärmedurchgang in Bauteilen noch mehr begrenzte, die Einhaltung der Tauwasserfreiheit von inneren Bauteiloberflächen einschränkte und den Dampfdiffusionsnachweis der meisten Bauteile zur Schadensbegrenzung forderte. Ausnahmen, die keinen Dampfdiffusionsnachweis erbringen mussten, wurden festgelegt. Die Zentralheizung ersetzte zunehmend die Einzelofenheizung und somit trat verstärkt das Problem der Lüftung und deren Wechselwirkung mit der Raumluftfeuchte in den Vordergrund. Entnahm die alte Einzelofenheizung ihre Verbrennungsluft dem beheizten Raum und wurde die notwendige Frischluft durch undichte Stellen an Fenstern und Türen zugeführt, so nahm diese relative trockene Außenluft die Feuchte der Raumluft auf, führte sie dem Verbrennungsraum des Ofens zu und entwich als Abgas dem Schornstein. Durch den Einbau einer Zentralheizung entfiel diese offene Feuerstelle und die Luftfeuchte des Raumes musste durch Fensterlüftung reduziert werden. Die vierte Ausgabe der DIN 4701 von 1983 berechnete die Lüftungsmenge nach den Fensterflächen und Türflächen, die ohne Lippendichtungen nicht dicht schließen konnten. Die Luftentfeuchtung wurde durch diese Zwangsentlüftung teilweise geregelt.

In der ersten Wärmeschutzverordnung (WSchV) von 1977, erlassen von der Bundesregierung, wurde erstmals ein Standard formuliert, der die gültige DIN 4108 in ihren Anforderungen übertraf. Sie schrieb die Anwendung von Teilbereichen in der DIN rechtsgültig vor. An beheizten Gebäuden sollte der Energieverbrauch durch Transmissionswärmeverluste deutlich gemindert werden und somit zur Einsparung von Heizenergie beitragen. Die WSchV war eine bundesweit gültige Verordnung, im Gegensatz zu den DIN-Vorschriften, die als Bestandteil der Landesbauordnungen durch Bekanntmachung rechtskräftig wurde. Sie galt für fast alle beheizten Gebäude.

1984 trat die zweite WSchV, die die Anforderungen an die k-Werte (heute: U-Werte) der außen liegenden Bauteile erhöhte, in Kraft. Nachteilig war die Berechnung des mittleren k-Wertes für Wand und Fenster, denn je größer die Fenster geplant wurden, desto geringer musste der k-Wert der verbleibenden Wandteile bemessen werden. Dies war jedoch durch die Materialwahl eingeschränkt und so wurde die Größe der Fensterflächen stark eingegrenzt. Berechnungen aufgrund der WSchV, der sog. Nachweis, wurden am Ende der Planungen gemacht und hatten so geringen Einfluss auf notwendige Verbesserungen der Fehlbeträge beim Wärmeschutz. Auch bei der zweiten WSchV fehlte eine genau formulierte Energieeinsparung bezogen auf den Jahresheizwärmebedarf.

Die dritte WSchV von 1995 beinhaltete eine vage Bilanzierung von Energieverlusten und -gewinnen, jedoch verfälschten noch viele Vereinfachungen und Pauschalangaben das Bild. Trotzdem war ein Fortschritt erkennbar, da mit den neuen Vorgaben ein Durchbruch zum Niedrigenergiehaus in der Praxis geschaffen wurde und sich dies in zahlreichen Fördermaßnahmen niederschlug. Europäische Vorschriften fordern noch genauere Berechnungen bezüglich Energieverlusten und Energiegewinnen und somit näherte man sich den richtigen bauphysikalischen Ansätzen.

Die bauphysikalische Grundlage für die Energieeinsparverordnung (EnEV) bildete die DIN EN 832 „Wärmetechnisches Verhalten von Gebäuden; Be-

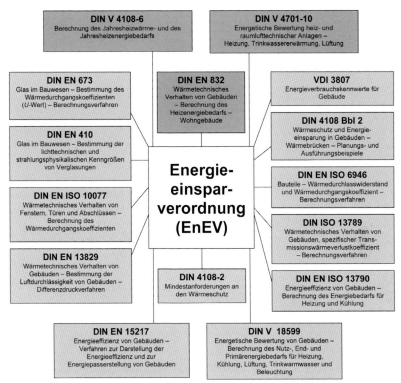

Abb. 1.11: Grundlagen der EnEV (nach: RWE Bau-Handbuch, 2004)

rechnung des Heizenergiebedarfs; Wohngebäude" (Ausgabe 2003). Deren Vorgaben wurden in den DIN-Normen übernommen. Somit wurden erstmals DIN-Vorschriften zum integrierten Bestandteil einer Verordnung: die DIN V 4108-6 „Wärmeschutz und Energieeinsparung in Gebäuden – Teil 6: Berechnung des Jahresheizwärme- und Jahresheizenergiebedarfs" (Ausgabe 2003) und die DIN V 4701-10 „Energetische Bewertung heiz- und raumlufttechnischer Anlagen – Teil 10: Heizung, Trinkwassererwärmung, Lüftung" (Ausgabe 2003).

Die erste EnEV trat 2002 in Kraft und regelte den energiesparenden Wärmeschutz in Verbindung mit einer entsprechenden Anlagentechnik für neu zu errichtende und bestehende Gebäude. In Abhängigkeit von der Größe und Formgestaltung der Gebäude wird für Neubauten zu Wohnzwecken die Einhaltung eines Jahresprimärenergiebedarfs für Heizung und Warmwasser von 80 bis 140 kWh/m^2 beheizter Nutzfläche gefordert. Die EnEV basiert zeitgleich auf der dritten WSchV als auch auf der letzten Heizanlagenverordnung (HeizAnlV) von 1998. Mit ihr liegt eine Verordnung vor, die möglicherweise in ihren Grundlagen eine längere Lebensdauer aufweist, da sie auf viele DIN- und Euro-Normen hinweist, die Bestandteil der EnEV sind. Sie stellt Anforderungen an zu errichtende Gebäude mit normalen und an solche mit niedrigen Innenraumtemperaturen einschließlich ihrer Heizungs-, raumlufttechnischen und zur Warmwasserbereitung dienenden Anlagen. Die EnEV beinhaltet nicht mehr die Rechenverfahren zur Bestimmung der Kenngrößen, wie spezifischer Transmissionswärmeverlust, Jahresheizwärmebedarf und Jahresprimärenergiebedarf. Vielmehr nimmt sie Bezug auf nationale und internationale Normen und Regelwerke, die z. T. erst als Vornormen vorliegen und in Zukunft ergänzt, überarbeitet und ersetzt werden.

Die Umsetzung der EnEV ist daher nicht auf einen festgelegten Zeitraum angelegt. Beim Nachweis entsprechend EnEV muss der Planer sicherstellen, dass die von ihm angewandten Rechenverfahren und Kenngrößen auf dem aktuellen Stand der Technik sind und die verwendete Software der aktuellen Fassung entspricht.

EnEV – Ermittlung des Primärenergiebedarfs

Deutschland hat sich innerhalb der EnEV selbst verpflichtet, bis zum Jahr 2005 den CO_2-Ausstoß gegenüber dem Jahr 1990 um $1/4$ zu senken. Diesem ehrgeizigen Ziel diente u. a. die EnEV 2002, die damit die WSchV 1995 sowie die HeizAnlV 1998 ablöst. Die wichtigste Änderung der EnEV gegenüber älteren Verordnungen besteht in der Regelung des Primärenergiebedarfs statt des Heizwärmebedarfs eines Gebäudes. Dieser wird an den Kriterien Gebäudebeheizung und -belüftung sowie Trinkwassererwärmung gemessen. Damit müssen Maßnahmen zur Wärmedämmung und anlagentechnische Maßnahmen erstmals als Ganzes gesehen werden.

Mit neuen Technologien ist es heute möglich, qualitativ hochwertige und energiesparende Gebäude wirtschaftlich zu bauen. Bauherren und Hauskäufer bauen und kaufen auch unter der Berücksichtigung zu erwartender Betriebskosten. Daher sind außer den Baukosten und dem Kaufpreis einer Immobilie die regelmäßigen Energiekosten von großer Bedeutung. Aufgrund der langen Lebensdauer von Immobilien wollen Maßnahmen zur Modernisierung wohl überlegt und berechnet sein, denn sie sollen auf lange Zeit hin Bestand haben. Viele der heutigen Energiesparmaßnahmen können preiswert realisiert werden, amortisieren sich gewöhnlich in absehbarer Zeit und erleichtern das Erreichen der Vorgaben der EnEV.

Neue Technologien zur Energieeinsparung machen Gebäude aber nicht nur wirtschaftlicher im Hinblick auf die Betriebskosten, sondern steigern auch den Wohnkomfort der Bewohner. So bewirken energiesparende Bauweisen in der Regel ein angenehmeres Raumklima als herkömmliche Neubauten. Zudem wirken sich große, nach Süden ausgerichtete Fenster günstig in der EnEV-Berechnung aus.

Natürlich wird mit energiesparenden Maßnahmen auch die Umwelt geschont. So machen die Raumheizung und das Warmwasser etwa $1/3$ des gesamten Primärenergiebedarfs in Deutschland aus. Die größten Verbraucher sind dabei die privaten Haushalte. Um die daraus entstehenden Umweltbelastungen zu verringern und die begrenzte Verfügbarkeit fossiler Brennstoffe zu schonen, muss Energie aus Öl, Gas und Kohle effizient eingesetzt und erneuerbare Energien verstärkt genutzt werden.

Die EnEV 2002 regelt also nicht mehr den Heizwärmebedarf, sondern den Primärenergiebedarf, der für die Gebäudebeheizung und -belüftung sowie für die Trinkwassererwärmung erforderlich ist. Die EnEV verlangt, Wärmedämm- und anlagentechnische Maßnahmen als Ganzes zu betrachten. Dazu gehören Berechnungsverfahren und natürlich konkrete Energiesparmaßnahmen im Gebäude. Für die meisten Maßnahmen, die im Rahmen der EnEV von Bauherren geplant sind, stellen EU, Bund, Länder und Gemeinden eine Förderung in Aussicht. Damit kein wichtiger Punkt verloren geht, ist eine Checkliste zur Vorbereitung und Planung von energiesparenden Bauvorhaben bestens geeignet.

Die EnEV 2002 kann auf Nachweisregeln verzichten, da auf die DIN EN 832 verwiesen wird, die national durch die Vornorm DIN V 4108-6 ergänzt wird.

Für die Projektierung von Passivhäusern kommt es bei der Anwendung der Rechenvorschriften häufig zu Konflikten. Versucht man ein Passivhaus nach dem Jahresverfahren der DIN V 4108-6 zu errechnen, so kann es passieren, dass man einen Jahresheizwärmebedarf von 0 kWh/(m² · a) erhält, der sich aus der Ungenauigkeit der Rechenangaben (4,6 kWh/[m² · a] ± 5,0) ergibt. Bei realisierten Gebäuden zeigt sich dann ein Wert von 15 kWh/(m² · a). Dabei tragen als Hauptursache die in der EnEV zu optimistisch angesetzten internen Wärmequellen und die um 1 Kelvin tiefere Raumtemperatur bei. Ein realistischer Wert für eine mittlere Raumtemperatur liegt bei 20 °C und nicht, wie in der EnEV vorgegeben, bei 19 °C.

1.2.2 Passivhaus-Projektierungspaket (PHPP)

Um die speziellen Berechnungsabläufe für die Realisierung eines Passivhauses zu berücksichtigen, wurde im Passivhaus Institut in Darmstadt, unter der Leitung von Dr. Wolfgang Feist, das PHPP entwickelt. Es ist ein Planungsinstrument, mit dem ein Passivhaus ausgelegt und die Planung optimal unterstützt werden kann. Alle wichtigen Planungsdetails, wie Wärmedämmung, Luftdichtheit, Vermeidung von Wärmebrücken, Passivhausfenster, Lüftung, Heizlast, Wärmebereitstellung, Sommer-Behaglichkeit u. a., werden unterstützt. Die Sensibilität eines Passivhauses in Bezug auf Veränderungen seiner Lage, Qualität oder Haustechnik wurde in Form von Eingabe exakter – nicht pauschalierter – Werte berücksichtigt.

Die EnEV 2002 ist allerdings weiterhin das gesetzmäßig verankerte, öffentlich-rechtliche Verfahren. Um dennoch verordnungskonforme Berechnungen durchzuführen oder nachzuweisen, wurde bei der vierten Ausgabe des PHPP 2002 die EnEV implementiert.

Das PHPP beinhaltet u. a.

- die Energiebilanzberechnung (mit U-Wert),
- die Auslegung der Heizlast,
- die Auslegung von Heizung und Warmwasserbereitung,
- die Projektierung der Fenster,
- die Projektierung der Komfortlüftung,
- die sommerliche Komfortaussage,
- den benötigten Passivhausnachweis für Förderungen sowie
- den Nachweis aus der EnEV.

Durch die einfache Modellstruktur kann bereits im sehr frühen Planungs-
stadium eine detaillierte Genauigkeit erzielt werden. Denn das Paket erfasst
das Gebäude als eine Zone. Die Vereinfachungen liegen u. a. im übersichtli-
chen Berechnungsgang und führen zu einem geringeren Aufwand in der
Datenerhebung, da lediglich die Daten der Hüllfläche des Gebäudes und der
Lüftung errechnet werden müssen.

Vergleich EnEV – PHPP

Eine Vielzahl von Einflussgrößen wurde im PHPP im Vergleich zum Berechnungsverfahren der EnEV 2007 sinnvoll geändert. Innerhalb von
Wohngebäuden, ausgestattet mit effizienten Hausgeräten, liegen die Werte
der inneren Wärmequellen während der Heizperiode um 2,1 W/m^2 (± 0,3)
und nicht bei unrealistischen 5,0 W/m^2. Eine realistische mittlere Raumtemperatur liegt derzeit bei 20 °C, nicht bei 19 °C. Solare Gewinne werden
im PHPP unter Beachtung des Grades der Verschattung und Verschmutzung errechnet. Hoch wärmegedämmte Gebäude erhalten durch den pau-
schalierten Temperaturkorrekturfaktor einen viel zu niedrigen Wert, der
z. B. dann für Dachgeschossdecken nicht bei 1,0, sondern bei 0,8 liegt. Die
zusätzlichen Luftwechselraten hinsichtlich Undichtigkeiten und Fenster-
öffnungen sind bei der EnEV zu hoch angesetzt. Im PHPP und in der
DIN EN 832 „Wärmetechnisches Verhalten von Gebäuden – Berechnung
des Heizenergiebedarfs; Wohngebäude" (Ausgabe 2003) wird der Wert der
gemessenen Luftdichtheit angenommen. Die Klimawerte im PHPP sind auf
den Standort bezogen und legen keine mitteleuropäischen Klimawerte zugrunde. Diese und weitere Punkte führen zu Unterschieden bei den Berechnungen, die aber für stark energieeffiziente Gebäude wie das Passivhaus
relevant sind.

Wichtige Nachweisgrößen aus dem Vergleich EnEV – PHPP

Die Unterschiede zwischen EnEV und PHPP bezogen auf wichtige Nach-
weisgrößen sind in Tabelle 1.2 vergleichend beschrieben.

Aufgrund der verschiedenen Rechenoperationen und der daraus resultierenden unterschiedlichen Ergebnisse ist ein Passivhaus mit dem öffentlich-
rechtlichen Verfahren kaum zu berechnen, da die pauschalen und damit
häufig zu günstigen Annahmen bezüglich der Gewinne als auch die zu
hohen Annahmen bezüglich der Lüftungswärmeverluste das Passivhaus in
der Praxis scheitern ließen. Auch wenn das PHPP ein nicht staatlich ge-
normtes Verfahren ist, lässt es eine genaue, auf das Passivhaus zugeschnit-
tene Berechnung zu. Während die EnEV 2007 auf eine Weiterentwicklung
des Wärmeschutznachweises basiert, ist das PHPP aus Erfahrungs- und
Messwerten höchst energieeffizienter Gebäude abgeleitet. Demnach sollten
Passivhäuser nach heutigem Stand mit dem PHPP berechnet werden.

1.3   Bauphysik

Um ein Passivhaus verstehen zu können, ist es wichtig einige Parameter der
Bauphysik zu betrachten. Der Energiekennwert in kWh/(m^2 · a) wird im
Bauwesen für das Maß des Energieverbrauchs verwendet. Die gesamte
Energie, die in einem Jahr verbraucht wird, wird durch diesen Kennwert

Tabelle 1.2:   Vergleich EnEV – PHPP (nach: Grobe, 2002)

	EnEV 2007	PHPP
Wärmeverlust durch Transmission Bestimmung der Heizgradstunden durch die Temperaturdifferenz von innen und außen während der Heizperiode	Nach Einführung eines höheren Dämmniveaus betragen die **Heizgradstunden 69,6 kKh/a**, die Heizgrenztemperatur 12 °C, die Innentemperatur 19 °C, die Innentemperatur bei Nachtabsenkung 66 kKh/a, d. h., es ergibt sich ein Faktor von ~ 0,95. Zur Berechnung der Heizgradstunden werden Klimadaten mit Standardwerten aus einem mittleren Standort in Deutschland herangezogen.	Die **Heizgradstunden mit 84 kKh/a** ergeben durch die Temperaturdifferenz von 8 K (Innentemperatur 20 °C, Außentemperatur 12 °C) eine wesentlich größere Zahl. Zur Berechnung der Heizgradstunden werden spezielle Klimadaten bezogen auf den individuellen Standort des Objektes herangezogen.
Wärmeverlust durch Lüftung	Bei Lüftungsanlagen mit WRG werden im öffentlich-rechtlichen Verfahren für Undichtheiten zusätzliche Luftwechselraten von 0,2/h gefordert. Interne und solare Wärmegewinne werden in der DIN V 4108-6:2000-11 sehr optimistisch, die Lüftungswärmeverluste bezüglich Undichtigkeiten und Fensteröffnungen hingegen eher zu hoch angesetzt.	Bei Passivhäusern sind aufgrund der angestrebten Gebäudedichtigkeit kaum noch Luftwechsel unter natürlichen Bedingungen messbar. Ein Messverfahren (Blower-Door-Test) kann den genauen Beweis bringen. Für hocheffiziente WRG-Anlagen in Passivhäusern ist auch ein relevanter Anteil von Fensterlüftung nicht feststellbar.
interner Wärmegewinn	Bei Einsatz von effizienten Haushaltsgeräten werden pauschal 5 kW/m² angesetzt.	Nach Messungen liegen realistische Pauschalwerte bei ~ 2,1 kW/m² ± 0,3. Eine detaillierte Aufschlüsselung aller Wärmequellen bringt genauere Messergebnisse.
solarer Wärmegewinn	Die EnEV nimmt im Gegensatz zur WSchV 1995 weitere Himmelsrichtungen (Südost, Nordost, Nordwest und Südwest) und unterschiedliche Neigungen (30/45/60/90°) auf. Durch Verschattung, Verschmutzung, nicht senkrechtem Strahlungseinfall und Verglasungsanteil wird der Reduktionsfaktor bestimmt. Jedoch ist die Einschränkung nicht ganz so stark und somit fallen die solaren Gewinne weitaus größer aus.	Die Rahmenanteile der Fenster liegen in der Regel höher, als im öffentlich-rechtlichen Verfahren angenommen wird. Die Reduktionsfaktoren, die mittlere Globalstrahlung als auch die Verglasungsfläche differenzieren enorm. In der PHPP wird gezielt nach der Rahmendimension gefragt und legt nicht sogenannte Rahmengruppen fest.
Bezugsflächen	Für das Passivhaus bezieht sich der Grenzwert auf m² Wohnfläche. Der pauschale Umrechnungsfaktor der EnEV sagt hingegen aus, dass die Nutzfläche sich auf die Grundfläche bezieht, die sich unter dem Nettogebäudevolumen (0,8 · Bruttogebäudevolumen) befindet. Durch Multiplikation des Bruttogebäudevolumens mit dem Faktor 0,32 errechnet sich die Nutzfläche.	Bei der PHPP dient die Wohnflächenverordnung (WoFlV) von 2003 als Grundlage der Energiebezugsfläche bei Wohngebäuden, bezogen auf die beheizte Gebäudehülle. Balkone und Terrassen werden daher nicht berücksichtigt. Abstellräume und Keller werden anteilmäßig mit 60 % berechnet.

beschrieben. Der Verbrauch wird auf 1 m² Wohnfläche bezogen, um verschiedene Wohnungen und Häuser vergleichen zu können. Jedoch kommt es bei dieser Bezugsgröße zur Unterscheidung einzelner Teilbereiche wie z. B. Energie zur Erzeugung des warmen Brauchwassers, Energie, die zum Heizen, und Strom, der für den Betrieb der technischen Anlagen und des Haushaltes benötigt wird.

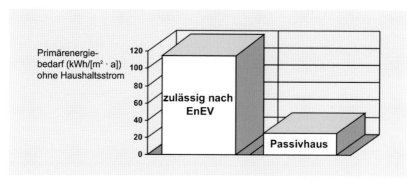

Abb. 1.12:   Jahresprimärenergiebedarf unterschiedlicher Baustandards

1.3.1   Wichtige Kennwerte und Daten

Die **Energiebezugsfläche** bildet die Fläche, auf die sich der Kennwert eines Energiebilanzverfahrens bezieht. Sie wird nach EnEV aus dem Volumen abgeleitet und ist bei kleineren Gebäuden meist deutlich größer als die tatsächliche Wohn- und Nutzfläche. Bei der PHPP leitet sich die Energiebezugsfläche nicht aus dem Volumen ab, sondern ergibt sich aus der Wohnfläche mit Keller bzw. Abstellräumen, die mit 60 % angesetzt werden. Bezugsgröße für den Energiebedarf nach PHPP ist seit 31.12.2003 die Wohnfläche, die nach der WoFIV „Verordnung zur Berechnung der Wohnfläche" ermittelt wird. Bei Nicht-Wohngebäuden ist die Nutzfläche nach DIN 277-2 „Grundflächen und Rauminhalte für Bauwerke im Hochbau – Teil 2: Gliederung der Nettogrundfläche; Nutzflächen, technische Funktionsflächen und Verkehrsflächen" (Ausgabe 2005) zu berechnen. Angerechnet werden nur Flächen, die innerhalb der thermischen Gebäudehülle liegen, d. h., Balkone, Terrassen usw. werden nicht angerechnet.

Alle Energien, die aus nicht erneuerbaren Energieträgern gewonnen werden, z. B. Öl, Gas und Kohle, bezeichnet man als Primärenergie, wobei auch der normale Haushaltsstrom durch Verbrennen von Primärenergie erzeugt wird. Um beim Passivhaus den entstehenden Restwärmebedarf zu mindern, sollte keine Steigerung der internen Wärmequellen z. B. durch eine hohe Anzahl von Glühbirnen stattfinden, da die verbrauchte Primärenergie bereits im Vorfeld durch den festgelegten **Primärenergiekennwert** bei maximal 120 kWh/(m$^2 \cdot$ a) begrenzt wird. Der komplett benötigte Energieverbrauch, d. h. die Heizenergie, die Warmwasserenergie und der Stromverbrauch des Hauses in einem Jahr, wird in diesem Wert einbezogen (siehe Abb. 1.12).

Der **Jahresheizwärmebedarf** beschreibt die benötigte jährliche Wärmezufuhr eines Gebäudes zur Erhaltung normaler Innenraumtemperaturen bei gewöhnlichen äußeren Klimabedingungen und normalem Luftwechsel. Er ist die Summe aus Transmissions- und Lüftungswärmeverlusten, solaren und internen Wärmegewinnen. Somit ist der Jahresheizwärmebedarf die in einem normalen kalten Jahr bei normaler Nutzung benötigte Menge an Heizenergie, die dem Haus über die Heizanlage zugeführt werden muss. Bei einem Haus mit einer beheizten Fläche von 150 m^2 ergibt dies Q_H = 150 m$^2 \cdot$ 15 kWh/(m$^2 \cdot$ a) = 2.250 kWh/a. Dies entspricht ca. 225 Litern Öl im Jahr.

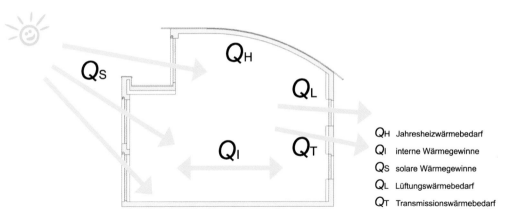

Abb. 1.13: Energieflüsse bei Gebäuden

In Abb. 1.13 lassen sich die Energieflüsse bei einem Gebäude erkennen und verdeutlichen die Ermittlung des Jahresheizwärmebedarfs. Um die Heizenergie zu erläutern, muss aufgeführt werden, dass der Wärmeverlust eines Hauses auf unterschiedliche Weise stattfinden kann. Zum einem dringt Wärme durch Bauteile wie Boden, Wand, Dach und Fenster nach außen, der sog. Transmissionswärmeverlust. Dieser Verlust kann jedoch durch die Dämmeigenschaft des Bauteils, also die Art und Dicke der verwendeten Materialien u. Ä., reguliert und berechnet werden. Zum anderen kann ein hoher Wärmeverlust über die Lüftung entstehen, wenn z. B. im Winter die Fenster geöffnet werden und erhebliche Wärme nach außen dringt. Um nun eine behagliche Raumtemperatur zu erhalten, muss diese aufgrund von Transmission und Lüftung verloren gegangene Wärmemenge durch Beheizen des Innenraums ausgeglichen werden.

Da es aber auch Wärmegewinne bzw. Energiequellen wie die Sonnenstrahlen und interne Wärmequellen wie den Menschen oder Strom gibt, muss die tatsächlich benötigte Restheizwärme in einem Energiebilanzverfahren errechnet werden. Dieses Verfahren ermittelt zuerst die Werte der Transmissions- und Lüftungsverluste. Anschließend werden die aus der Solarstrahlung und den internen Wärmequellen zu erwartenden Wärmegewinne vom zuvor errechneten Wert subtrahiert. Der Jahresheizwärmebedarf, der auf die Anzahl der m² umgelegt wird, basiert dann auf der entstandenen Differenz. Wie zuvor schon erwähnt, liegt bei einem Passivhaus dieser Wert bei maximal 15 kWh/(m² · a), was ca. 1,5 Litern Heizöl pro m² entspricht. Aufgrund dieses geringen Wertes kann auf eine herkömmliche und teure Heizungsanlage verzichtet werden und es erscheint wertvoller, die benötigte Restwärme anderweitig aufzubringen.

Die durchschnittlichen Innen- und Außentemperaturen sowie eine mittlere Solareinstrahlung in Deutschland bilden die Basis bei der Berechnung des **Heizwärmebedarfs.** Da Passivhäuser mittlerweile europaweit, demnach auch unter ganz anderen klimatischen Bedingungen, gebaut werden, tritt zur internationalen Vereinfachung der Wert des jährlichen Heizwärmebedarfs von 15 kWh/(m² · a) in den Hintergrund. Die tatsächliche Heizlast pro m² berücksichtigt u. a. regionale Unterschiede und wird somit vorrangig betrachtet.

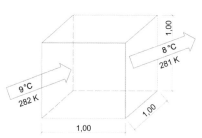

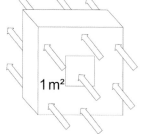

Abb. 1.14: Darstellung der Wärmeleitfähigkeit   **Abb. 1.15:** Darstellung des *U*-Wertes

Die **maximale Heizlast** beschreibt die Menge der Wärmeleistung, die dem Haus am kältesten Tag des Jahres für das Heizen ohne Warmwasser zugeführt werden muss. Aufgrund dieses Wertes wird die Heizung ausgelegt. Bei einem Haus mit z. B. 150 m² beheizter Fläche bedeutet dies: 150 m² · 10 W/m² = 1.500 W = 1,5 kW Heizlast. Diese Vorgabe bezieht auch den Sonnenschein an kalten Wintertagen sowie die Wärme abgebenden internen Wärmequellen durch Menschen und Strom ein. Der Grenzwert liegt beim Passivhaus bei einer Heizlast von 10 W/m².

Die **Wärmeleitfähigkeit** gibt an, welche Wärmemenge durch eine Fläche von 1 m² eines Baumaterials von 1 m Dicke strömt, wenn die Temperaturdifferenz zwischen den beiden Seiten 1 Kelvin beträgt. Die Maßeinheit ist W/m · K. Je größer der λ_R-Wert ist, desto besser leitet das Material die Wärme (siehe Abb. 1.14).

Der **Wärmedurchgangskoeffizient** ist die wichtigste bauphysikalische Größe im Wärmeschutz, früher wurde er *k*-Wert genannt. Er gibt an, wie viel Wärmeenergie durch 1 m² Bauteil wie Wand, Fenster, Dach usw. bei einer Temperaturdifferenz von 1 °K hindurchgeht, daher die Einheit W/(m² · K). Im *U*-Wert sind alle relevanten Einflussfaktoren berücksichtigt, er gilt jedoch als rein rechnerische Größe. Wärmedämmeigenschaften von Baustoffen bzw. von Bauteilen, die sich aus mehreren Stoffen zusammensetzen, werden durch den *U*-Wert wiedergegeben. Auch können Transmissionswärmeverluste errechnet werden (siehe Abb. 1.15).

U-Werte sind die Maßeinheiten für den Wärmedurchgang durch Bauteile und geben den Wärmestrom in Watt an, der durch 1 m² eines nicht lichtdurchlässigen, d. h. opaken Bauteils bei einer Temperaturdifferenz zwischen innen und außen von 1 Kelvin fließt. Je kleiner der *U*-Wert, desto besser ist die Dämmwirkung. Ein *U*-Wert ≤ 0,15 W/(m² · K) an Bauteilen wie Wänden, Dächern und Decken erfordert ca. 30 cm Dämmung. Dächer werden meist noch stärker gedämmt, Kellerdecken und erdberührte Bauteile etwas weniger.

U_w-Werte (w = windows) bezeichnen den Wärmedurchgang ganzer Fenster. Sie werden anhand der U_g-Werte (g = glass) der Gläser, der U_f-Werte (f = frame) der Rahmen sowie der Wärmebrücken am Glas-Randverbund und am Einbaurand der Fenster berechnet. Ein U_w-Wert ≤ 0,8 W/(m² · K) verlangt Dreifachverglasung und wärmegedämmte Rahmen (siehe Abb. 1.16).

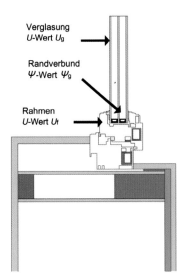

Verglasung
U-Wert U_g

Randverbund
Ψ-Wert Ψ_g

Rahmen
U-Wert U_f

Abb. 1.16: Wärmedurchgangswerte für Fenster
(nach: www.passivhaustagung.de)

Der **Energiedurchlassgrad** ist die Kennzahl von Gläsern, die angibt, wie viel Prozent der auf die Scheibe treffenden Sonnenenergie diese durchdringt. Je höher der g-Wert ist, desto mehr solare Wärmegewinne erhält das Haus durch die Fenster. Dabei gilt: je besser der U-Wert, desto geringer der g-Wert.

Der **Lüftungswärmebedarf** bezeichnet den Wärmebedarf, der für die Erwärmung der Frischluft nötig ist. Um Feuchteschäden zu vermeiden und sicherzustellen, dass das Lüften im Passivhaus mit WRG und nicht durch Ritzen oder Fugen erfolgt, benötigt ein Passivhaus eine hohe Luftdichtheit. Die EnEV 2007 und die DIN 4108-7 „Wärmeschutz und Energieeinsparung in Gebäuden – Teil 7: Luftdichtheit von Gebäuden, Anforderungen, Planungs- und Ausführungsempfehlungen sowie -beispiele" (Ausgabe 2001) begrenzen die Luftundichtheit der Gebäudehülle von Neubauten mit Lüftungsanlage auf einen maximal 1,5-fachen Luftaustausch pro Stunde bei 50 Pascal Differenzdruck (n_{50}-Wert). Für Passivhäuser darf dieser Luftaustausch durch Ritzen und Fugen nicht höher, besser noch niedriger als 0,6-fach pro Stunde sein (Luftdichtheit $n_{50} \leq 0,6\ \mathrm{h^{-1}}$).

Die Lüftungsanlagen, die in einem Passivhaus eingesetzt werden, müssen eine hohe Energieeffizienz der WRG-Anlage (Wirkungsgrad $\eta \geq 75\ \%$) und einen niedrigen Stromverbrauch ($\leq 0,4\ \mathrm{Wh/m^3}$) haben. Zum Einsatz kommende Wärmepumpen müssen speziellen Anforderungen gerecht werden, welche in Kapitel 3.5.2 erläutert werden.

Die Versorgungstechnik in einem Passivhaus beinhaltet, wie in Abb. 1.17 gezeigt, häufig eine (Abluft-)WRG-Anlage mit vorgeschaltetem EWT und einer angeschlossenen Wärmepumpe (WP), welche nach dem Wärmeentzug der Fortluft über ein Luftheizregister (LH) die Zuluft erwärmt. Gleichzeitig wird auch der Brauchwasserspeicher (SP) beheizt.

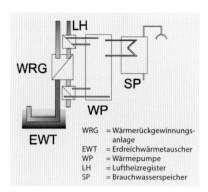

Abb. 1.17: Grundversorgungstechnik Passivhaus (Quelle: Niedrig-Energie-Institut, Detmold)

Abb. 1.18: Thermografieaufnahme einer WRG-Anlage (Quelle: Passivhaus Institut, Darmstadt)

Die Abb. 1.18 zeigt eine Wärmebildaufnahme der Temperaturverläufe in einer Gegenstrom-WRG-Anlage. Durch den Wärmeentzug der deutlich erwärmten Abluft wird die eingetretene Außenluft erwärmt und dem Bewohner als wohltemperierte Zuluft in den Wohnräumen zugeführt. Erst nachdem der Abluft sämtliche Wärme entzogen wurde, verlässt sie als Fortluft das Gebäude. Durch diesen Vorgang ist ein WRG-Grad $\eta \geq 75\,\%$ möglich. Hilfreich für die Effizienz ist es, wenn die Frischluft im Winter in einem Sole- oder Luftkanal-EWT vorerwärmt wird (siehe Abb. 1.19). Dagegen sollte im Sommer die erwärmte Frischluft durch das Erdreich abgekühlt werden (siehe Abb. 1.20).

Aufgrund direkter Sonneneinstrahlung durch transparente Bauteile wie Fenster, ergeben sich **solare Wärmegewinne** im Gebäude. Diese Wärmegewinne werden bestimmt durch die Ausrichtung und Größe der Fenster, den Energiedurchlassgrad der Gläser sowie Einflüsse der Verschattung und der Verschmutzung der Scheiben. Aber auch opake, d. h. undurchsichtige Bauteile lassen je nach Oberfläche und Farbe Energie durch.

Interne Wärmegewinne Q_I werden aus der Abwärme von elektrisch betriebenen Geräten, von anderen Wärmequellen wie Gasherden und von in den Räumen lebenden Menschen erreicht. Ebenso bringen Baden und Duschen sowie die Abwärme der Beleuchtung interne Wärmegewinne.

1.3.2   Passivhauskriterien

Zu den wichtigsten bauphysikalischen Kriterien eines Passivhauses zählen folgende Kenndaten:

- Jahresprimärenergiebedarf $Q_P \leq 120$ kWh/(m$^2 \cdot$ a), davon zur Stromerzeugung ≤ 55 kWh/(m$^2 \cdot$ a)
- Jahresheizwärmebedarf $Q_H \leq 15$ kWh/(m$^2 \cdot$ a)
- maximale Heizlast $P_{HZ} < 10$ W/m^2
- Wärmedurchgangskoeffizienten für Wand-, Dach- und Fußbodenkonstruktionen $U < 0{,}15$ W/(m$^2 \cdot$ K)
- dreifachverglaste, edelgasbefüllte Wärmeschutzfenster mit wärmegedämmten Rahmen $U_w < 0{,}8$ W/(m$^2 \cdot$ K)

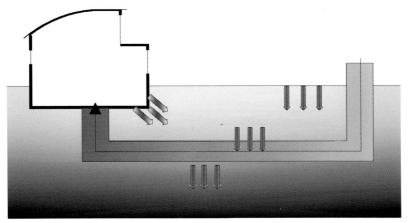

Abb. 1.19: Vorwärmung der Frischluft im Winter durch einen EWT

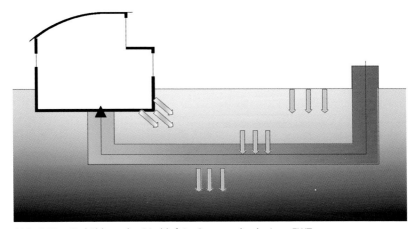

Abb. 1.20: Vorkühlung der Frischluft im Sommer durch einen EWT

- Luftdichtheit $n_{50} \leq 0,6$ h^{-1} (max. 0,6 Luftwechsel pro Stunde aus unkontrollierter Lüftung bei 50 Pascal Differenzdruck)
- Lüftungsanlage mit WRG $\eta \geq 75$ %

1.4 Planung

In diesem Kapitel werden einige Vorüberlegungen zur Planung, d.h. zu den Anforderungen an den Bauplatz und den Entwurfsgrundlagen wie die Grundrissanordnung sowie Gestaltung des Gebäudes ausgeführt.

1.4.1 Bauplatzanforderungen

Für die Lage und Orientierung eines Passivhauses auf einem Grundstück ist vorab zu klären, ob eine intensive Nutzung der Sonnenwärme gewährleistet werden kann. Es muss sichergestellt werden, dass die einfallenden Sonnenstrahlen das Haus auch erreichen können. So wirkt sich erhebliche Ver-

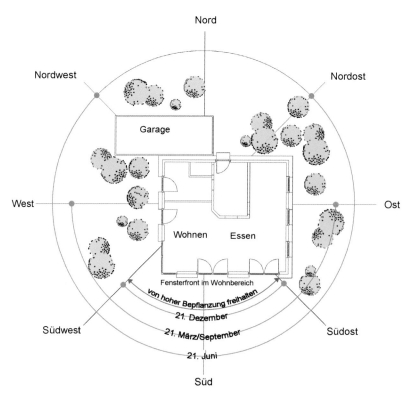

Nord

Nordwest

Nordost

Garage

West

Ost

Wohnen   Essen

Fensterfront im Wohnbereich

von hoher Bepflanzung freihalten

21. Dezember

21. März/September

21. Juni

Südwest

Südost

Süd

Abb. 1.21: Schematische Skizze zur optimalen Passivhausanordnung (nach: Graf, 2003)

schattung durch hohen Baumbestand oder angrenzende Gebäude nachteilig auf die solaren Wärmegewinne aus. Der Passivhausstandard ist leicht zu erreichen, wenn eine Südorientierung des Hauses und eine geringe Verschattung vorliegen.

Bei dem in Abb. 1.21 gezeigten Passivhaus liegt im Bereich von Südosten bis Südwesten keine Verschattung vor, die Bepflanzung im Osten und Westen hält die tiefe Morgen- und Abendsonne ab.

1.4.2   Entwurfsgrundlagen

Die Grundlage für einen erhöhten oder niedrigen Energieverbrauch eines Passivhauses wird bereits durch die Form und den Grundriss des Gebäudes festgelegt. In Kapitel 1.1.1 wurde bereits darauf eingegangen, dass Gebäude mit einer großen Hüllfläche A im Verhältnis zum umbauten Volumen V einen größeren Energieverbrauch haben als Gebäude, die eine kleinere Hüllfläche bei gleichen Volumen aufweisen. Somit sollte das A/V-Verhältnis möglichst gering sein, um einen günstigen Energieverbrauch zu erreichen. Dies wäre bei einer Kugel der Optimalfall. Ein Würfel erreicht durch seine kompakte und energetisch günstige Form das für ein Passivhaus beste A/V-Verhältnis. Wird ein solcher Gebäudewürfel durch Vor- bzw. Rücksprünge oder Erker aufgelöst, entstehen weitere äußere Flächen, die Wärme abgeben. Dazu kommen die höheren Baukosten. Die schwierigste Herausforde-

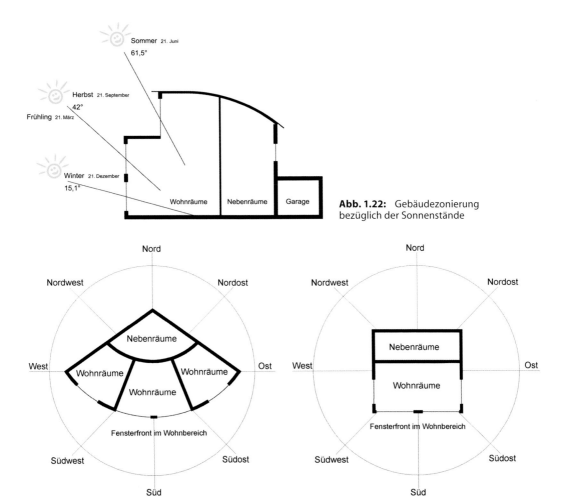

Abb. 1.22: Gebäudezonierung bezüglich der Sonnenstände

Abb. 1.23: Systemskizze 1 zur energetisch günstigen Orientierung eines Passivhauses

Abb. 1.24: Systemskizze 2 zur energetisch günstigen Orientierung eines Passivhauses

rung bilden dabei frei stehende Einfamilienhäuser, da sie nicht, wie z. B. Reihen- bzw. Doppelhäuser, durch die aneinandergrenzenden Wände, die keine Wärmeverluste aufweisen, thermisch neutrale Wände haben.

Um die Sonneneinstrahlung im Winter weit in das Gebäude hineinzulassen, sollte die Südfläche durch große Fensterflächen geprägt sein. Des Weiteren lässt sich der Energiegewinn durch Abschrägen der Fensterlaibungen günstig beeinflussen. Die Nordseite sollte lediglich Fenster erhalten, die zur Belichtung der Räume notwendig sind (siehe Abb. 1.22).

Bei der Planung der Grundrissaufteilung sollten die Wohnräume nach Süden und die Neben- sowie Abstellräume nach Norden orientiert werden, um ein Temperaturgefälle von Süden nach Norden, von den Aufenthalts- zu den Nebenräumen, zu erreichen.

Die in Abb. 1.23 skizzierte Dreiecksform als Gebäudegrundriss bietet die konsequente Optimierung der energetischen Rahmenbedingungen. Die gesamte Sonnenenergie im Laufe eines Tages kann genutzt und in Form von solaren Gewinnen umgesetzt werden.

Die für den Grundriss eines Gebäudes günstigere Form eines Rechtecks bzw. Quadrats in Abb. 1.24 nähert sich bei gleicher Orientierung der Wohnzonen einer Optimierung der energetischen Rahmenbedingungen an. Anbauten wie Garagen, Fahrradabstellräume oder Bereiche für Gartengeräte sollten nordseitig angeordnet werden. Diese unbeheizten Pufferräume wirken sich energetisch sehr günstig aus. Es sollte jedoch darauf geachtet werden, dass keine Lüftung von den beheizten in die unbeheizten Räume stattfindet. Dies würde unweigerlich zu Tauwasserbildung und daraus resultierenden Feuchteschäden führen. Auch sollte die Anordnung dieser kalten Räume, die lediglich einen Zugang von außen erhalten dürfen, außerhalb der beheizten und gedämmten Gebäudehülle geplant werden. Ausnahmen dieser unbeheizten Pufferzonen bilden Wintergärten, die vorzugsweise nach Süden ausgerichtet werden sollten.

1.4.3   Bauphysikalische Planung

Bei der bauphysikalischen Planung gilt es Energiegewinne, -verluste sowie -quellen so zu steuern, dass möglichst günstige Gesamtwerte erreicht werden.

Folgende **Verluste** sind zu berücksichtigen und zu reduzieren:

- Transmissionswärmeverluste über Außenbauteile wie Fenster, Wände, Dach, Kellerdecken usw. durch Verbesserung des Wärmeschutzes
- Verluste aufgrund von Windundichtigkeiten durch flächendeckende Außenputze
- Optimierung von Wärmebrücken, z. B. Transmissionswärmeverluste durch Kragplatten der Balkone aus Beton mit thermischer Trennung
- Lüftungsverluste durch gezieltes Lüften und mittels Lüftungsanlagen mit oder ohne WRG

Folgende **Gewinne** sind zu optimieren:

- solare Wärmegewinne, welche durch Größe und Orientierung der Fensterflächen positiv beeinflussbar sind
- interne Wärmegewinne, welche z. B. durch Haushaltsgeräte und Bewohner entstehen
- gespeicherte Wärme, welche z. B. durch massive Bauteile, die als Wärmespeicher dienen, kostengünstig nutzbar gemacht werden können

Nach der Berechnung des maximal zulässigen Jahresheizwärmebedarfs werden die einzelnen Energieverlust- und Energiegewinnquellen berechnet (siehe Abb. 1.25). Diese wiederum fließen in den Jahresheizwärmebedarf des Neubaus ein.

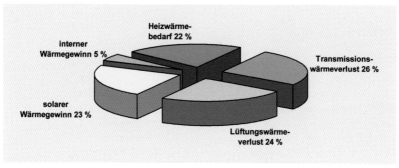

Abb. 1.25: Wärmegewinn- und -verlustrechnung eines Gebäudes

Beeinflussbare Faktoren der bauphysikalischen Planung

Transmissionswärmeverlust

Der spezifische Transmissionswärmeverlust H_T (bei beheizten an Außenluft grenzenden Zonen) in W/K wird wie folgt ermittelt:

$$H_T = F_{xi} \cdot U_i \cdot A_i + A \cdot U_{WB} \text{ (W/K)}$$

mit

F_{xi} Temperaturkorrekturfaktor des Bauteils
U_i Wärmedurchgangskoeffizient der Bauteile W/(m² · K)
A_i wärmeübertragende Umfassungsfläche der Bauteile (m²)
A wärmeübertragende Umfassungsfläche (m²)
U_{WB} 0,05 W/(m² · K) Wärmebrückenzuschlag

- Ermittlung der wärmeübertragenden Umfassungsfläche A (m²):
  A ist die Summe aller Teilflächen, die das Gebäude bzw. den zu berech-
  nenden Raum umgeben, z. B. den Wandanteil (A_{AW}), den Fensteranteil
  (A_W) ...
  Beispiel: $A = A_{AW} + A_W + ...$
- Ermittlung der zugehörigen **U-Werte** (W/m² · K)
  Beispiel: $(U_{AW} \cdot A_{AW}) + (U_W \cdot A_W) + ...$
  multiplizieren mit dem Temperaturkorrekturfaktor
  Beispiel: $1,00 \cdot (U_{AW} \cdot A_{AW}) + (U_W \cdot A_W) + 0,8 \cdot (U_D \cdot A_D) + ...$

Dann wird der Wert auf die wärmeübertragende Umfassungsfläche bezogen.

$$H_T = H_T/A$$

Lüftungswärmeverlust

Der spezifische Lüftungswärmeverlust H_V (W/K) wird wie folgt ermittelt:

$H_V = 0,190$ W/(k · m³) $\cdot V_e$ (W/K) ohne Dichtheitsprüfung
$H_V = 0,163$ W/(k · m³) $\cdot V_e$ (W/K) mit Dichtheitsprüfung

mit

V_e beheiztes Gebäudevolumen (m³)

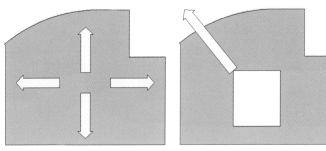

Abb. 1.26: Transmissionswärmeverlust (nach: www.biw.fhd.edu)

Abb. 1.27: Lüftungswärmeverlust
(nach: www.biw.fhd.edu)

Unterscheidung zwischen Lüftungswärmeverlust H_V ohne mechanisch betriebene Lüftungsanlage und mit mechanisch betriebener Lüftungsanlage.

Der Lüftungswärmeverlust H_V (kWh/a) ohne mechanisch betriebene Lüftungsanlage wird wie folgt ermittelt:

$$H_V = n \cdot V \cdot 0,34 \text{ Wh/(m}^3\text{ k)}$$

mit

n = Standard-Luftwechselrate

Ermittlung des anrechenbaren Luftvolumens V (m³):

$V = 0,8 \cdot V_e$ oder $V = 0,76 \cdot V_e$ (bei Ein- und Zweifamilienhäusern
bis 3 Vollgeschosse)

mit

V beheiztes Nettovolumen
V_e über Außenmaß berechnetes Bruttovolumen
0,8   festgelegter Wert

Der Lüftungswärmeverlust H_V (kWh/a) mit mechanisch betriebener Lüftungsanlage wird wie folgt ermittelt:

$$V = V_f + V_x$$

mit

V_f mittlerer Luftvolumenstrom (Lüftungssytem)
V_x zusätzlicher Luftvolumenstrom (Wind, Auftrieb)

Die Lüftungswärmeverluste mit mechanisch betriebener Lüftungsanlage
werden noch unterschiedlich berechnet nach:

● Lüftungsanlage mit mechanischer Wärmerückgewinnung
● Lüftungsanlage mechanisch betrieben mit elektrisch angetriebener Wärmepumpe

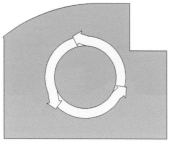
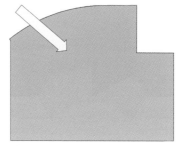

Abb. 1.28: Interne Wärmegewinne (nach: www.biw.fhd.edu)

Abb. 1.29: Solare Wärmegewinne (nach: www.biw.fhd.edu)

Interne Wärmegewinne

Die internen Wärmegewinne Q_i (kWh/a) werden wie folgt ermittelt:

$$Q_i = 22 \text{ kWh/m}^2 \cdot a \cdot A_N \text{ (kWh/a)}$$

Nutzbare interne Wärmegewinne Q_i:
Interne Wärmegewinne dürfen bei Gebäuden berücksichtigt werden, jedoch höchstens bis zu einem Wert von

$$Q_i = 8{,}0 \cdot V \text{ (kWh/a)}.$$

Bei lichten Raumhöhen von nicht mehr als 2,60 m können die nutzbaren, auf die Gebäudenutzfläche A_N bezogenen, internen Wärmegewinne höchstens wie folgt angesetzt werden:

$$Q_i = 25 \cdot A_N \text{ (kWh/a)}$$

Für Gebäude und Gebäudeteile mit vorgesehener ausschließlicher Nutzung als Büro- oder Verwaltungsgebäude werden andere Werte für die nutzbaren internen Wärmegewinne zugrunde gelegt.

Solare Wärmegewinne

Nutzbare solare Wärmegewinne Q_S (kWh/a) aufgrund von Strahlungstransmission durch transparente Bauteile gelten bei außen liegenden Fenstern und Fenstertüren sowie bei Außentüren. Dabei muss der Glasanteil des Bauteils $\geq 60\,\%$ der gesamten Wandfläche betragen. Bei Fensteranteilen von mehr als $^2/_3$ der Wandfläche darf der solare Gewinn nur bis zu dieser Größe berücksichtigt werden.

Die solaren Wärmegewinne Q_S (kWh/a) werden wie folgt ermittelt:

$$Q_S = (l_s)_{j,HP} \cdot 0{,}567 \cdot g_i \cdot A_i \text{ (kWh/a)}$$

mit

$l_{s,HP}$ solare Einstrahlung in der Heizperiode je Orientierung
g Gesamtenergiedurchlassgrad (–)
g_i Gesamtenergiedurchlassgrad für senkrechte Einstrahlung
A Fläche der Fenster (m^2)
j Zählindex für Orientierungen
i Zählindex für Gesamtenergiedurchlassgrad

In Abhängigkeit von der Himmelsrichtung sind folgende Werte des Strahlungsangebotes l_s pro Heizperiode anzusetzen:

$l_{s,HP}$ = 270 kWh/m² · a für Südost-Südwestorientierung
$l_{s,HP}$ = 100 kWh/m² · a für Nordwest-Nordostorientierung
$l_{s,HP}$ = 155 kWh/m² · a für restliche Orientierung
$l_{s,HP}$ = 255 kWh/m² · a der Dachflächenfenster mit Neigung < 30°

Hierbei ist unter „Orientierung" eine Abweichung der Senkrechten auf die Fensterflächen von nicht mehr als 45° von der jeweiligen Himmelsrichtung zu verstehen. In den Grenzfällen (NO, NW, SO, SW) gilt jeweils der kleinere Wert für l_s. Fenster in Dachflächen mit einer Neigung ≥ 30° sind wie Fenster in senkrechten Flächen zu behandeln.

Sind die Fensterflächen überwiegend verschattet, so ist der Wert l_s für die Nordorientierung anzusetzen.

Weitere zu berücksichtigende Faktoren sind:

● Ermittlung des Abminderungsfaktor Fc für Verschattung
● Gesamtenergiedurchlassgrad g der transparenten Bauteile
● Strahlungsabsorptionsgrad a verschiedener Oberflächen
● eventuell vorhandene Solarkollektorflächen

Eine gesonderte Ermittlung ist bei Wintergärten und transparenter Wärmedämmung anzusetzen.

Zu den genannten 4 beeinflussbaren Faktoren der bauphysikalischen Planung kommen folgende Aspekte hinzu, die berücksichtigt werden sollten:

● topografische Lage
● Klimaeinflüsse wie Sonne, Regen, Wind und Temperatur
● vorhandener bzw. geplanter Bewuchs, z.B. schützende Bäume, Sträucher, Kletterpflanzen
● Grundrissgestaltung, z.B. nordorientierte Nebenräume, Pufferzonen
● Gebäudeform und -größe
● Ausrichtung und Dimensionierung der Fenster
● passive Sonnenenergienutzung
● aktive Sonnenenergienutzung
● Art und Wahl der Heizung sowie Lüftung
● Art der Wärmerückgewinnung
● Formen der Wärmespeicherung
● Vermeidung von Wärmebrücken
● Feuchtigkeits- und Schlagregenschutz
● temporärer Wärmeschutz
● Luftdichtheit des Gebäudes

1.4.4   Zusammenfassung

Bauplatzanforderungen

Die günstige Gebäudeorientierung ist anhand
- der Himmelsrichtungen,
- der topografischen/klimatischen Bedingungen,
- der zu erwartenden Verschattungen und
- des vorhandenen bzw. geplanten Bewuchses

zu wählen. Die optimale Ausnutzung der Sonnenenergie wird durch eine Südorientierung und geringe Verschattung des Gebäudes erreicht.

Entwurfsgrundlagen

- Formfindung: kompakter Baukörper ohne Vor- bzw. Rücksprünge (optimal: Würfel) = energetisch günstige Form durch gutes A/V-Verhältnis

Fassadenplanung:
- großzügig geplante, vorwiegend verglaste Südseite
- klein ausfallende, kaum verglaste Nordseite

Grundrissplanung:
- Wohnräume nach Süden
- Neben- und Abstellräume nach Norden
= Temperaturgefälle von Süden (Wohnräume) nach Norden (Nebenräume)

Bauphysikalische Planung

Wärmeverluste reduzieren:
- Transmissionswärmeverlust
- Lüftungswärmeverlust

Wärmegewinne optimieren:
- interner Wärmegewinn
- solarer Wärmegewinn
= Heizwärmebedarf reduzieren

2　Gebäudehülle

Die gesamte Gebäudehülle erhält, um den Anforderungen eines Passivhauses gerecht zu werden, die größte Bedeutung. Sie beinhaltet den Wand-, Bodenplatten- und Dachaufbau, welcher hohe Ansprüche in Bezug auf das A/V-Verhältnis, die Wärmedämmung, Wärmebrücken sowie die Luft- und Winddichtheit erfüllen müssen.

Vorrangig wird die thermische Gebäudehülle betrachtet, da sie alle beheizten Räume umschließt, deren Temperatur auch im Winter über 15 °C liegen sollte. Bereits bei der Planung sollte eine größtmögliche Wohnfläche mit minimaler Umfassungsfläche angestrebt werden. Treffen beheizte Räume auf unbeheizte Zonen, sollten die zur Trennung angewandten opaken Bauteile (Außenwand-, Dach- und Bodenplattenbauteile) einen U-Wert $\leq 0{,}15$ W/(m² · K) oder besser noch ≤ 10 W/(m² · K) aufweisen, was zu einer Dämmstärke zwischen 25 und 40 cm führt. Die Bodenplatten stellen die Grenze zwischen kaltem und warmem Bereich dar. Daher wird bei einem beheizten Keller der Kellerboden, bei einem unbeheizten Keller bzw. nicht unterkellerten Haus der Erdgeschossboden betrachtet.

2.1　Außenwände

Die beschriebenen Anforderungen können massive Baustoffe alleine nicht erfüllen. Somit werden bei Passivhäusern mehrschichtige Wandaufbauten verwendet. Die Lastabtragung erfolgt dabei über die massive Wandkonstruktion, meist das Mauerwerk oder bei der Leichtbauweise über die Ständerkonstruktion aus Holz oder Metall. Der Einbau einer Wärmedämmung bringt den erforderlichen Wärmeschutz, wobei unterschiedliche Dämmstoffdicken in Abhängigkeit von der Wärmeleitfähigkeitsgruppe (WLG) des Wärmedämmstoffes abhängen. Liegt eine geringe WLG des Dämmstoffes vor, erreicht man bei gleicher Stärke einen besseren Wärmeschutz (siehe Abb. 2.1). Die neu auf dem Markt erschienene Vakuumdämmung (VIP) erreicht eine Wärmeleitfähigkeit von ca. 0,004 W/(m · K) und erlaubt somit wesentlich geringere Dämmstärken als herkömmliche Dämmstoffe.

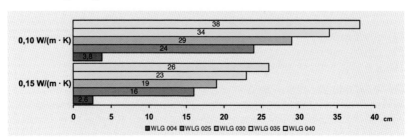

Abb. 2.1: Erforderliche Wärmedämmstoffdicke opaker Bauteile abhängig von der WLG der Dämmstoffe

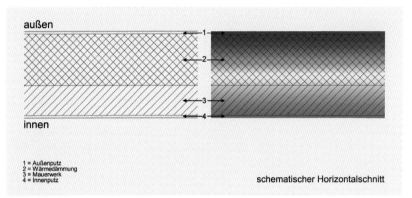

außen

1 = Außenputz
2 = Wärmedämmung
3 = Mauerwerk
4 = Innenputz

innen

schematischer Horizontalschnitt

Abb. 2.2: Beispielhafter Aufbau einer massiven Steinwand im WDVS mit schematischem Thermografieverlauf

Ebenso muss, um den erforderlichen Witterungsschutz zu erhalten, an der Außenseite der Wände bzw. der Dämmung eine zusätzliche Schicht wie ein Putzaufbau, ein vorgehängtes Fassadensystem oder eine Holzverschalung angebracht werden. Außenwände, die das Erdreich berühren, sollten einen Wandaufbau mit außenseitiger Wärmedämmung, der sog. Perimeterdämmung, erhalten. Wärmedämmstoffe benötigen für diese Anwendung eine Zulassung. Gegen drückendes Wasser muss eine zuverlässige Abdichtung im Wandaufbau enthalten sein.

Bei einem Passivhaus sind Bauweisen wie Massiv-, Holz- und Fertigbau, Schalungselementtechnik, Stahlbau und alle Formen von Mischbauten möglich. Bezüglich Gestaltung und Materialauswahl bieten sich vielfältige Möglichkeiten. Bei der Errichtung der Außenwände unterscheidet man zwischen Massiv- und Leichtbauweise, wobei diese individuell vor Ort oder aus industriell produzierten Fertigteilen errichtet werden können.

2.1.1 Massivbauweise

Das traditionelle Mauerwerk mit unterschiedlichen Steinarten (Kalksandstein, Ziegel, Gas- oder Leichtbeton), sog. **Massivwände,** sind am weitesten verbreitet und bilden mit der zusätzlichen außen liegenden Wärmedämmung ein Wärmedämm-Verbundsystem (WDVS). Auf die Innenschale mit einer statisch notwendigen Steinstärke von 15 bis 17,5 cm wird die außen angebrachte Wärmedämmung, die sog. Thermohaut, mit einer Stärke von 25 bis 40 cm aufgeklebt oder gedübelt und verputzt (siehe Abb. 2.2).

Seit über 30 Jahren ist das WDVS ein bewährtes System der Außenwanddämmung und kann bei fachgerechter Ausführung den überwiegenden Teil der auftretenden Wärmebrücken überdecken. Es werden unterschiedliche Dämmstoffe je nach Verwendungszweck gewählt.

Massivwände aus unterschiedlichen Steinarten bieten durch ihre hohe Wärmespeicherkapazität einen großen Vorteil. Durch die zeitversetzte Abgabe der Wärme in der massiven Wand erfolgt die Speicherung der Sonnenenergie im 24-Stunden-Rhythmus. Im Innenraum ergibt sich ein ausge-

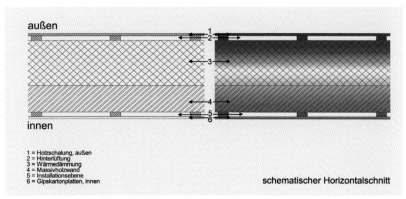

außen

innen

1 = Holzschalung, außen
2 = Hinterlüftung
3 = Wärmedämmung
4 = Massivholzwand
5 = Installationsebene
6 = Gipskartonplatten, innen

schematischer Horizontalschnitt

Abb. 2.3: Beispielhafter Aufbau einer massiven Holzwand im WDVS mit schematischem Thermografieverlauf

glichener Temperaturverlauf. Die Tiefe der solaren Speicherung reicht allerdings nur bis zu 12 cm. Somit bleiben die früher gängigen Wandstärken von 36 cm unwirksam hinsichtlich der kurzfristigen solaren Speicherfähigkeit.

Bei einem zweischaligen Mauerwerk mit Sichtmauerwerk, z. B. einer Klinkerfassade, können bei einem Passivhaus Probleme auftreten, die nach bisherigen Herstellungsmethoden kaum zu lösen sind. Da die Vorsatzschale aufgrund ihrer Rückverankerung bis maximal 17 cm vor der Innenwand stehen darf, kann selbst bei Weglassen der Hinterlüftung keine ausreichende Dämmstärke für Passivhäuser erreicht werden. Ließen sich diese Probleme aufgrund neuer Dämmstoffe wie die VIP-Vakuumdämmung lösen, so bilden die Rückverankerungen der Vorsatzschale das Problem von zahlreichen Wärmebrücken, da jeder Anker die Dämmschicht durchbricht. Somit wird bei einem Passivhaus von einem Sichtmauerwerk bzw. zweischaligem Mauerwerk abgeraten und daher nicht näher betrachtet.

Bei der **Holztafelwand** wirkt die gesamte Wand aus Massivholz als statische Scheibe. Dabei kann die Wandscheibe als Brettschichtholzwand oder Brettstapelement ausgeführt werden. Auch kreuzverleimte bzw. kreuzverdübelte Wände sind möglich. Die Dämmung wird in den meisten Fällen an der Außenseite angebracht.

Der Wandaufbau in Abb. 2.3 bietet den Vorteil, dass er als Bausatzsystem möglich und Holz als nachwachsender Rohstoff leicht verfügbar ist. Im Vergleich zur Holzständerleichtbauweise bietet die Massivholzwand eine bessere Wärmespeicherkapazität. Zugleich ist ein wärmebrückenfreier Aufbau durch die über die gesamte Hülle außen liegende Dämmung gewährleistet. Nachteilig sind der höhere Holzverbrauch sowie der dickere Wandaufbau bei gleicher Dämmeigenschaft. Eine Massivholzwand im Passivhaus birgt jedoch gegenüber der massiven Mauerwerkswand den Nachteil, dass sie eine geringere Wärmespeicherkapazität aufweist als eine Steinwand, da Holzbaustoffe über eine geringe Rohdichte verfügen.

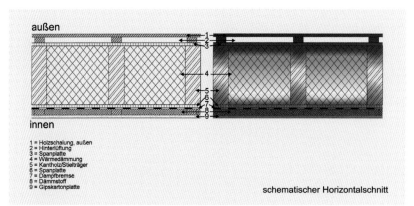

Abb. 2.4:   Beispielhafter Aufbau einer Vollholzstielträgerwand mit schematischem Thermografieverlauf

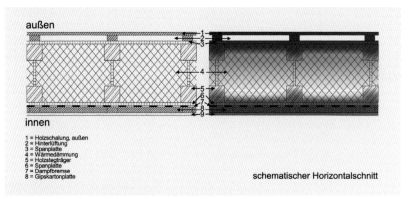

Abb. 2.5:   Beispielhafter Aufbau einer Holzstegträgerwand mit schematischem Thermografieverlauf

2.1.2   Leichtbauweise

Holzbaustoffe werden meistens für die Leichtbauweise verwendet. Dabei ist die **Holzrahmenkonstruktion** die gängigste Bauweise. Sie besteht aus einer beidseitigen Bekleidung aus Holzbauplatten mit dazwischen liegender Wärmedämmung. Die konstruktive Gesamtstärke der Leichtbauweise wird nicht durch statische Berechnungen, sondern durch die erforderlichen Dämmstoffdicken bestimmt. Der konstruktive Aufbau kann in mehreren Varianten ausgeführt werden: Neben der herkömmlichen Pfosten-Riegelkonstruktion sind die Holzrahmenbauweise, das Balloon-Framing, Dickholz- und Brettstapelkonstruktionen, Hohlkörperelemente aus Dreischichtplatten als auch Trägerelemente aus dem Gerüstbau anzutreffen.

Bei der in Abb. 2.4 dargestellten Konstruktion bildet der massive Vollholzriegel eine Problemstelle, da er im Gegensatz zur dazwischen liegenden Dämmung mehr Wärme entweichen lässt. Er sollte daher einzeln überdämmt werden, was mit zusätzlichem Arbeits- und Materialaufwand verbunden ist.

Um eine Abminderung dieser Wärmebrücken zu erreichen, hat sich im Holzbau beim Passivhaus das System der **TJI-Träger** durchgesetzt. Hierbei handelt es sich um einen patentierten Träger, der sich aus einem Ober- und Untergurt mit dazwischen liegender Holzwerkstoffplatte zusammensetzt. Der dünne Steg der T-Form des Trägers minimiert den Wärmedurchgang und somit weist der U-Wert der Wand eine Verbesserung von 20 % gegenüber den Vollholzprofilen auf. Gleichzeitig bieten sie eine sehr hohe statische Festigkeit und Kostenäquivalenz.

Der Aufbau der TJI-Trägerkonstruktion in Abb. 2.5 besteht aus der Beplankung der Träger innen wie außen mit Holzplatten und einer kompletten Auffüllung des Zwischenraums mit Dämmstoff. Eingesetzt wird diese Konstruktion im Wand-, Decken- und Dachbereich wie auch als Dämmkonstruktion über Betonbodenplatten.

Vorteil der Ständerkonstruktion ist, dass durch Nutzung der gesamten Wanddicke zur Dämmung eine gute Wärmedämmung erzielt werden kann und der geringere Wandaufbau einen Raumgewinn bringt. Für diese Konstruktion können unterschiedliche Dämmstoffe verwendet werden. Der Fassadengestaltung wird durch die Hinterlüftung eine größere Variantenmöglichkeit in Form von Holz, Putz oder auch einer Vormauerung aus Ziegel geboten. Nachteilig zeigt sich die geringere Speichermasse, vor allem wenn die Innenwände ebenfalls in Leichtbauweise ausgeführt werden.

2.1.3 Zusammenfassung

Außenwandkonstruktionen sind in verschiedenen Bauweisen möglich und geprägt durch mehrschichtige Wandaufbauten. Deren Prinzipien sind:

- Die Lastabtragung erfolgt über Massivwände oder Ständerkonstruktionen.
- Der erforderliche Wärmeschutz wird durch auf- bzw. eingebrachte Wärmedämmung gewährleistet.
- Die Dämmstoffdicken sind abhängig von der Wärmeleitfähigkeit der Dämmstoffe (WLG).
- Der Witterungsschutz erfolgt durch eine außen liegende Zusatzschicht (z. B. Putz oder Holzverschalung).
- Die sichere Abdichtung im Wandaufbau bei drückendem Wasser muss gegeben sein.

Bei der Errichtung der Außenwände unterscheidet man zwischen Massiv- und Leichtbauweise.

Massivbauweise

Massivsteinwand: Unterschiedliche Steinarten mit außen liegender Wärmedämmung (Thermohaut mit 25 bis 40 cm Stärke) und Witterungsschutz (meist Putz) ergeben ein WDVS.

Vorteile:

- hohe Wärmespeicherkapazität
- keine Wärmebrücken

Nachteile:
- Stein als Baumaterial, da es kein nachwachsender Rohstoff ist
- stärkerer Wandaufbau

Massivholzwand/Holztafelwand: Aufgebaut aus einer Brettschichtholzwand bzw. Brettstapelelement oder kreuzverleimten bzw. kreuzverdübel-
ten Wänden, werden sie mit außen liegender Wärmedämmung (Thermohaut mit 25 bis 40 cm Stärke) sowie einem Witterungsschutz (meist einer
Holzverschalung) versehen und bilden ein WDVS.

Vorteile:
- gute Wärmespeicherkapazität
- keine Wärmebrücken
- Einsatz von Holz als nachwachsendem Rohstoff

Nachteile:
- stärkerer Wandaufbau
- hoher Holzverbrauch

Leichtbauweise

Rahmenkonstruktion aus Vollholzriegeln: Sie bestehen aus beidseitiger
Bekleidung mit Holzbauplatten und dazwischen liegender Wärmedäm-
mung. Die konstruktive Gesamtstärke ergibt sich aus der erforderlichen
Dämmstoffdicke. Die Konstruktion erhält eine Hinterlüftung und einen
Witterungsschutz (meist eine Holzverschalung).

Vorteil:
- Nutzung der gesamten Wandstärke zur Wärmedämmung

Nachteile:
- Wärmebrücken im Bereich der Vollholzriegel
- geringe Wärmespeicherkapazität

Rahmenkonstruktion aus TJI-Trägern: Der Träger aus Holzbauplatten
mit beidseitiger Beplankung wird im Zwischenraum mit Dämmstoff auf-
gefüllt. Dabei ergibt sich die konstruktive Gesamtstärke durch die erforderliche Dämmstoffdicke. Zusätzlich wird die Konstruktion mit einer
Hinterlüftung und einem Witterungsschutz (meist einer Holzverschalung) versehen.

Vorteile:
- Nutzung der gesamten Wandstärke zur Wärmedämmung
- Wärmebrückenminimierung im Stegbereich
- Einsatz verschiedener Dämmstoffe möglich

Nachteile:
- trotz Minimierung nicht ganz ohne Wärmebrücken
- geringe Wärmespeicherkapazität

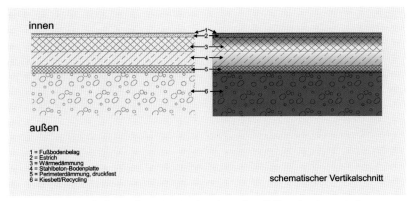

Abb. 2.6: Beispielhafter Aufbau einer Bodenplatte ohne Keller mit schematischem Thermografieverlauf

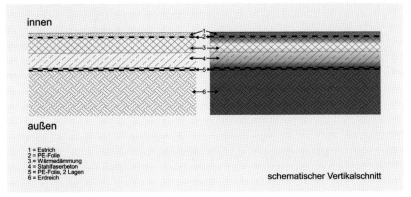

Abb. 2.7: Beispielhafter Aufbau einer Kellerdecke im beheiztem Keller mit schematischem Thermografieverlauf

2.2 Bodenplatten

Bodenplatten, die an das Erdreich stoßen, sollten unterhalb mit Perimeterdämmung gedämmt werden. Auch hier muss die gewählte Wärmedämmung eine Zulassung zur Anwendung unterhalb von Bodenplatten aufweisen. Besonders wichtig ist die Abdichtung der Platte gegen beheizte Räume (siehe Abb. 2.6).

Wird das Haus unterkellert, so ist es sinnvoller, die Wärmedämmung im darüber liegenden Fußbodenaufbau zu integrieren (siehe Abb. 2.7). In diesem Fall sollte bei der Planung eine ausreichende Geschosshöhe im Keller beachtet werden.

Die vom Erdreich aufgehenden Wände sollten generell mit außenseitiger Perimeterdämmung ausgeführt werden (siehe Abb. 2.8 und 2.9). Dabei sollten nur Dämmstoffe mit einer entsprechenden Zulassung verwendet werden. Wichtig ist bei Wandaufbauten an das Erdreich, dass man eine sichere Abdichtung anwendet, die auf drückendes Wasser abgestimmt ist.

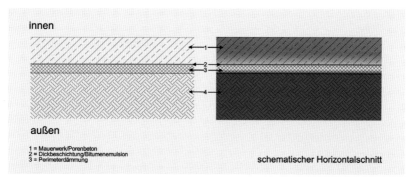

innen

außen

1 = Mauerwerk/Porenbeton
2 = Dickbeschichtung/Bitumenemulsion
3 = Perimeterdämmung

schematischer Horizontalschnitt

Abb. 2.8: Beispielhafter Aufbau einer Kellerwand mit beheiztem Keller mit schematischem Thermografieverlauf

Perimeter-Dämmung Kelleraußenwand, gesamt 24 cm

Bitumenanstrich Fußpunkt EG-Mauerwerk,
und Ringanker auf der Echo-Decke

Abb. 2.9: Draufsicht eines massiven Wandaufbaus gegen Erdreich

2.3   Dächer

Bei Wohngebäuden machen Dächer bzw. die oberste Decke unter einem Dachboden 20 bis 40 % der thermischen Hüllfläche aus. 15 bis 30 % der Wärmeverluste der Gebäudehülle fließen über diese Flächen ab und verlangen beim Passivhaus die stärkste Dämmung. Die Dämmstoffstärken betragen 30 bis 54 cm, dabei liegen die U-Werte zwischen 0,14 und 0,07 W/(m² · K). Diese sind jedoch relativ kostengünstig einzubringen und unterschiedliche Materialien können zur Anwendung genutzt werden.

2.3.1   Massivbauweise

Die Grundkonstruktion des Massivdachelements ist vergleichbar mit einer Elementdecke. Jedoch wird als Tragkonstruktion ein spezieller Gitterträger mit besonderer Ausbildung im Obergurtbereich verwendet. Das Massiv-

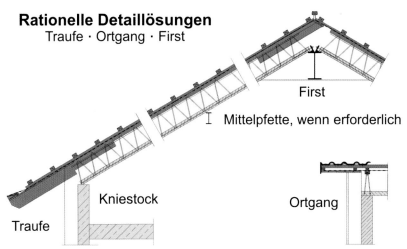

Abb. 2.10: Konstruktiver Aufbau eines Massivdaches (Quelle: A. Ambrosch – M&A Massivdach e. K., Wiesenstr. 39, 64331 Weiterstadt)

Abb. 2.11: Montage eines Massivdaches (Quelle: A. Ambrosch – M&A Massivdach e. K., Wiesenstr. 39, 64331 Weiterstadt)

dach wird werkseitig bereits mit der erforderlichen Unterspannfolie, dem aufgesetztem Kantholz und der kompletten Dachlattung hergestellt. Die Elemente werden mit einem Kran direkt vom Lkw gehoben und montiert. Daher ist ein Massivdach schnell und Kosten sparend montiert (siehe Abb. 2.10 und 2.11).

Das Massivdach bietet gegenüber der Leichtbauweise Vorteile wie hohen Brand- und Schallschutz, Wärme- sowie Wetterschutz. Durch die massive und verbindungssteife Konstruktion ist es dauerhaft luftdicht. Jedoch bleiben Individualität sowie Gestaltungsfreiheit sehr begrenzt. Ein nachträgliches Einbauen von Dachfenstern oder Gauben ist kaum möglich.

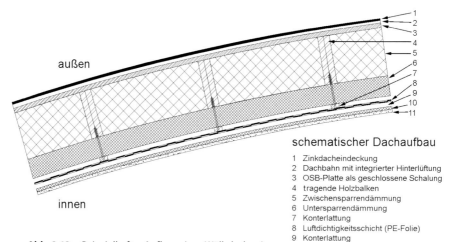

außen

innen

schematischer Dachaufbau

1   Zinkdacheindeckung
2   Dachbahn mit integrierter Hinterlüftung
3   OSB-Platte als geschlossene Schalung
4   tragende Holzbalken
5   Zwischensparrendämmung
6   Untersparrendämmung
7   Konterlattung
8   Luftdichtigkeitsschicht (PE-Folie)
9   Konterlattung
10 Wärmedämmung
11 Gipskartonplatte

Abb. 2.12: Beispielhafter Aufbau eines Wölbdaches in Leichtbauweise

Abb. 2.13: Wölbdachkonstruktion während der Bauphase, bevor die letzte Dämmschicht und die Gipskartonplatten angebracht werden

Wird im Passivhaus das Dachgeschoss lediglich als Abstellraum genutzt, so ist es wärmetechnisch sinnvoller, die obere Geschossdecke anstatt des Daches zu dämmen. Die Wärme abgebende Hüllfläche und das daraus resultierende zu beheizende Volumen ist dann kleiner. Dies führt zu geringerem Energieverbrauch, da die Wärmeverlustfläche eines gedämmten Daches größer ist als die einer gedämmten Geschossdecke. Folglich sollte im Vorfeld der Planungen die spätere Nutzung des Dachgeschosses überlegt werden.

2.3.2   Leichtbauweise

Die häufigsten Dachkonstruktionen bei Passivhäusern weisen Stegträger auf, deren Zwischenräume mit Wärmedämmung gefüllt werden. An der Außenseite sollte eine Dampfsperre, welche auch zur Winddichtheit erforderlich ist, und an der Innenseite die Luftdichtigkeitsfolie angebracht werden (siehe Abb. 2.12 und 2.13).

2.3.3 Zusammenfassung

Außenwandkonstruktionen und Dachkonstruktionen sind in verschiedenen Bauweisen möglich, sie sind jedoch immer durch mehrschichtige Aufbauten geprägt. Bei der Erstellung der Konstruktionen unterscheidet man zwischen

- Massivbauweise (massive Stein- oder Holzwand bzw. Decke) und
- Leichtbauweise (Holzständer- oder Rahmenkonstruktionen, Holzdachstuhlkonstruktionen).

Der Aufbau der Bodenplatten bzw. Kellerwände hängt von der thermischen Zonierung ab, d. h., ob die Außenhüllflächen beheizte oder unbeheizte Zonen abgrenzen.

2.4 Wärmedämmung

Da auf dem Baustoffmarkt viele unterschiedliche Arten von Wärmedämmstoffen angeboten werden, muss für den speziellen Anwendungsfall die am besten geeignete Dämmung gewählt werden. Als ausschlaggebendes Kriterium gelten dabei nicht nur die Wärmeleitfähigkeit und die Druckfestigkeit, sondern auch das Brandverhalten, die Temperaturbeanspruchung, die Alterungsbeständigkeit als auch die Umweltverträglichkeit.

Besitzt ein Werkstoff die Eigenschaft, Wärme von der warmen zur kalten Seite eines Bauteils zu transportieren, spricht man von der **Wärmeleitfähigkeit.** Dieser von Prüfinstituten gemessene Wert wird in der Beschreibung des Dämmstoffes als Rechenwert in W/(m · K) aufgeführt. Dabei gilt, je weniger Wärme durch die Wärmedämmung verloren geht, desto geringer ist die Wärmeleitfähigkeit dieses Stoffes.

Der Widerstand, den jede Schicht von Außenbauteilen gegen **Wasserdampfdiffusion** vom Innern des Gebäudes nach außen aufweist, nennt sich Wasserdampfdiffusionswiderstand und wird mit der Wasserdampfdiffusionswiderstandszahl beschrieben. Diese gibt an, wie viel mal größer der Widerstand der Wärmedämmung gegen Wasserdampfdiffusion bei gleicher Schichtdicke und Temperatur im Vergleich zu einer ruhenden Luftschicht ist. Der Anfall des Tauwassers innerhalb eines Bauteils kann durch die Wasserdampfdiffusionswiderstandszahl berechnet werden. Hierzu werden spezielle Rechenverfahren angewandt, die aufgrund der Ergebnisse anzeigen, ob der Einbau einer Dampfsperre erforderlich ist. Es darf bei allen Wärmedämmstoffen weder durch Tauwasseranfall infolge von Wasserdampfdiffusion noch durch anderweitige Wassereinwirkung der Feuchtegehalt erhöht werden, da dadurch eine erhöhte Wärmeleitfähigkeit entstehen kann und der Heizenergiebedarf steigt.

Die **Druckfestigkeit** bildet ein weiteres Unterscheidungskriterium von Wärmedämmstoffen. Bestimmte Einsatzgebiete erfordern Mindestwerte der Druckfestigkeit. So muss z. B. die Druckfestigkeit der Wärmedämmung auf einemFlachdach größer sein als bei einer Dämmung in einer Wand, da das Betreten des Flachdaches zu Wartungszwecken möglich sein muss. Eine dauerhafte Verformung sowie eine Verringerung der Dicke der Dämmung wird durch ausreichende Druckfestigkeit gesichert.

Die **Rohdichte** gibt das Gewicht der Wärmedämmstoffe wieder. Wird das Dämmstoffmaterial an statisch beanspruchten Bauteilen wie einem Dachstuhl oder anderweitigen Holzkonstruktionen angewandt, muss diese berücksichtigt werden. Das Gewicht der Wärmedämmung nimmt mit der Rohdichte zu.

Die Einteilung der Wärmedämmstoffe in die Baustoffklassen A und B gibt das **Brandverhalten** an. Baustoffe aus der Klasse A1 und A2 sind nicht brennbar. Die Baustoffe der Klasse B sind brennbar, werden jedoch durch weitere Unterkategorien in B1 als schwer entflammbar, B2 als normal entflammbar und B3 als leicht entflammbar unterschieden. Die Mindestanforderungen an den Brandschutz werden durch Gebäudeart oder -höhe gestellt, wobei die Baustoffklassen in den jeweiligen Landesbauordnungen der einzelnen Bundesländer geregelt sind.

Die Unterscheidung der Wärmedämmstoffe findet auch in der oberen Temperaturanwendungsgrenze statt. Diese können z. B. bei Langzeitbeanspruchung zwischen 80 und 85 °C (Polystyrol-Hartschaumplatten) und 430 bis 460 °C (Schaumglas) betragen. Beim Einbau ist besonders auf diese **Temperaturbeanspruchung** zu achten, da z. B. beim Flachdach die abdichtenden Bitumenbahnen mithilfe eines Gasbrenners verschweißt werden und somit sehr hohe Temperaturen entstehen. Diese dürfen die darunter liegende Wärmedämmung nicht verformen oder gar durch Brände zerstören.

Die **Alterungsbeständigkeit** von Wärmedämmstoffen ist abhängig von der Einbauart (ungeschützt oder geschützt), der Art des Werkstoffes, der klimatischen Beanspruchung bezüglich Sonneneinstrahlung, Feuchte und Temperatur sowie dem Widerstand gegen tierische und pflanzliche Schädlinge. Auch chemische Beanspruchungen in Form von Kontakt mit Zement, Kalk, Gips oder weiteren Baustoffen während des Bauvorgangs beeinflussen den Alterungsprozess eines Wärmedämmstoffes.

Bei der **Umweltverträglichkeit** sind die Herkunft und Verfügbarkeit eines Rohstoffes sowie der Energieeinsatz und die Umweltbelastung bei der Herstellung, beim Transport und beim Einbau wichtig. Auch die Abgabe von gesundheitsschädlichen Stoffen und die damit verbundene Gesundheitsgefahr bei der Verarbeitung für die Handwerker und Bewohner des Hauses sind zu beachten. Die Emission im Brandfall als auch die Recyclingmöglichkeit nach der Verwendung sind ebenso wesentlich.

Im Folgenden werden die unterschiedlichen Arten und Eigenschaften der am häufigsten verwendeten Wärmedämmstoffe dargestellt.

2.4.1   Polystyrol-Hartschaum (EPS)

Polystyrol-Hartschaum (EPS) ist ein aus Rohstoffen der organischen Chemie hergestellter, überwiegend geschlossenzelliger und harter Wärmedämmstoff. Expandiertes Polystyrol entsteht durch Polymerisation von Styrol, wobei eine geringe Menge des Treibmittels Pentan beigefügt wird. Bei der Anwendung von EPS darf jedoch eine maximale kurzzeitige Gebrauchstemperatur von ca. 100 °C und eine langfristige Temperatur von ca. 80 bis 85 °C nicht überschritten werden. Auch können schädliche Wechselwirkungen auftreten, wenn bestimmte Werkstoffe in direkten Kontakt mit

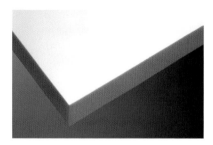

Abb. 2.14: Polystyrol-Hartschaumplatten (Quelle: URSA Deutschland GmbH, Leipzig)

Polystyrol kommen. Im Handel werden Polystyrol-Hartschaumplatten (EPS oder Styropor) als block-, platten- oder bandgeschäumtes Material angeboten (siehe Abb. 2.14).

Vorteile:
- gute Wärme- und Schalldämmung
- beständig gegen Feuchtigkeit, Alterung und Verrottung
- resistent gegen Ungeziefer
- gesundheitlich unbedenklich
- ökologisch akzeptabel bei Anwendung von CO_2-geschäumten Produkten

Nachteile:
- im Fall eines Brandes starke Qualmbildung
- Rohstoffe begrenzt verfügbar
- nur sortenreiner Abfall recycelbar
- Umweltbelastung bei der Herstellung von Styrol durch Emissionen (Erdölraffinerieprodukt)
- keine UV-Beständigkeit, da Oberfläche unter Sonneneinstrahlung spröde wird
- vergleichsweise diffusionsdicht
- als gelochte Platte (diffusionsoffen) teurer im Vergleich

Anwendungsbereiche:
- Außenwand:
  - Innen-, Kern- und Außendämmung
  - WDVS
- Dach:
  - geneigtes Dach über, unter und zwischen den Sparren
  - Flachdach
- Massivdecke:
  - Trittschalldämmung
  - unter Estrich

Eigenschaften

Wärmeleitfähigkeit λ (W/[m · K])	0,035-**0,04**
Baustoffklasse für Brandschutz	B1
Wasserdampfdiffusionswiderstandszahl μ	20/50–40/100 je nach Rohdichte
Rohdichte (kg/m³)	15–30
Materialdicke (cm)	2–20
Materialpreis für 10 cm Stärke (€/m²)	ca. 8,00

Abb. 2.15: Extruderschaumplatten
(Quelle: Dow Deutschland Anlagengesell-
schaft mbH, Schwalbach)

2.4.2 Polystyrol-Extruderschaum (XPS)

Beschreibung

Polystyrol-Extruderschaum (XPS) ist ebenfalls ein überwiegend harter
Wärmedämmstoff, der eine homogene und geschlossene Zellstruktur besitzt (Abb. 2.15). Bei der Herstellung wird meist geschmolzenes Polystyrol
mit CO_2, teilweise auch mit halogenisiertem FCKW, als Treibmittel aufgeschäumt. XPS (grün oder rosa) nimmt praktisch kein Wasser auf und wird
häufig als Dämmstoffplatte im Nassbereich eingesetzt. Weitere Einsatzbe-
reiche sind feuchtigkeitsbelastete Orte wie z. B. Perimeterbereiche, Flachdä-
cher, Sockelbereiche oder auch für Last abtragende Dämmungen aufgrund
der hohen Druckfestigkeit.

Vorteile:
- hohe Druckfestigkeit
- beständig gegen Feuchtigkeit, Alterung und Verrottung
- vorteilhafte Dichtheit für die ausgewiesenen Anwendungsbereiche
- gesundheitlich unbedenklich
- ökologisch akzeptabel bei Anwendung von CO_2-geschäumten Produkten

Nachteile:
- im Falle eines Brandes starke Qualmbildung
- keine UV-Beständigkeit, da Oberfläche unter Sonneneinstrahlung spröde
  wird
- Umweltbelastung bei der Herstellung von Styrol durch Emissionen
  (Erdölraffinerieprodukt)

Anwendungsbereiche:
- Außenwand:
  - Innen-, Kern- und Außendämmung
  - WDVS
  - Perimeterdämmung
- Dach:
  - geneigtes Dach über und unter den Sparren
  - Flachdach
  - Umkehrdach
- Massivdecke:
  - unter Bodenplatte
  - als Perimeterdämmung

Eigenschaften

Wärmeleitfähigkeit λ (W/[m · K])	0,03/**0,035**/0,04
Baustoffklasse für Brandschutz	B1
Wasserdampfdiffusionswiderstandszahl μ	80–250 je nach Treibmittel
Rohdichte (kg/m³)	25–45
Materialdicke (cm)	2–12
Materialpreis für 10 cm Stärke (€/m²)	ca. 22,00

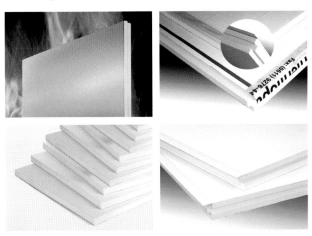

Abb. 2.16: Hartschaumplatten (Quelle: Recticel Dämmsysteme GmbH, Wiesbaden)

2.4.3 Polyurethan-Hartschaum (PU, PUR)

Beschreibung

Polyurethan-Hartschaum ist ein aus dem Rohstoff Erdöl mit Zugabe von Katalysatoren und Treibmitteln (Pentan) hergestellter Schaum, der überwiegend eine geschlossene Zellstruktur aufweist. Bei der Herstellung geht aufgrund einer chemischen Reaktion mit hoher Wärmeentwicklung die flüssige Grundsubstanz in eine Gasform über. Die Abkühlung führt zum erstarrten Hartschaum. PU und PUR sind als Platte hoch belastbar und weisen, insbesondere mit Alukaschierung, äußerst gute Dämmwerte auf. PUR findet Anwendung z. B. als alukaschierte Platte für Aufsparrendämmungen oder als Ortschaum zum Dichten von Fenstern, Türen oder Mauerdurchführungen (Abb. 2.16).

Vorteile:
- sehr gute Wärmedämmung mit diffusionsdichten Deckschichten
- beständig gegen Feuchtigkeit, Schimmel, Fäulnis, Alterung und Verrottung

Nachteile:
- im Fall eine Brandes Entstehung toxischer gesundheitsgefährdender Gase (Produkte meist mit halogenisiertem FCKW aufgeschäumt)
- Platten nicht recycelbar

- nicht kompostierbar
- hoher Energieaufwand bei der Herstellung
- gesundheitsgefährdender Montageschaum bei der Verarbeitung
- ökologischer fraglich, da Erdölprodukt mit bedenklichen Zwischenprodukten

Anwendungsbereiche:
- Außenwand:
  - Innen-, Kern- und Außendämmung
  - WDVS
- Dach:
  - geneigtes Dach über, unter und zwischen den Sparren
  - Flachdach
- Massivdecke:
  - unter Estrich und Rohdecke

Eigenschaften

Wärmeleitfähigkeit λ (W/[m · K])	0,025/**0,03**/0,035
Baustoffklasse für Brandschutz	B1/B2
Wasserdampfdiffusionswiderstandszahl μ	30–100
Rohdichte (kg/m³)	30–35
Materialdicke (cm)	2–12
Materialpreis für 10 cm Stärke (€/m²)	ca. 17,00

2.4.4 Mineral-, Stein- und Glaswolle

Beschreibung

Mineral-, Stein- und Glaswolle bestehen zu 90 % aus mineralischen Rohstoffen und werden nur durch die Zusammensetzung der Ausgangsprodukte unterschieden, wobei die Eigenschaften praktisch identisch sind (siehe Abb. 2.17). Für die Herstellung werden z. B. Mineralfasern aus Altglas bzw. Glasrohstoffen meist durch Zentrifugieren gewonnen. Durch Beifügen von Kunstharzen und anderen Zuschlagstoffen werden die Eigenschaften modifiziert. Im Handel wird Stein- oder Glaswolle als Filz bzw. Platte angeboten. Neben Polystyrol zählt Steinwolle zu den am meisten in Deutschland verwendeten Dämmstoffen.

Vorteile:
- sehr gute Wärme- und Schalldämmung
- beständig gegen Verrottung
- resistent gegen Schimmel und Ungeziefer
- diffusionsoffen
- leichte Verarbeitung
- nicht brennbar
- als Rohstoff ausreichend vorhanden
- deponiefähig

Nachteile:
- empfindlich gegen Feuchtigkeit
- hoher Energieaufwand bei der Herstellung
- nicht kompostierbar

Abb. 2.17: Mineralwolle
(Quelle: Promat GmbH, Ratingen)

Anwendungsbereiche:
- Außenwand:
  - Innen-, Kern-, Außendämmung
  - WDVS
- Dach:
  - geneigtes Dach über, unter und zwischen den Sparren
  - Flachdach
- Massivdecke:
  - unter Estrich
  - Trittschalldämmung
- Leichtbau (Trennwand/-decke):
  - zwischen Holz- bzw. Metallständern
  - zwischen Holzbalken

Eigenschaften

Wärmeleitfähigkeit λ (W/[m · K])	0,035/ **0,04**–0,07
Baustoffklasse für Brandschutz	A1/A2
Wasserdampfdiffusionswiderstandszahl μ	1–2
Rohdichte (kg/m³)	8–500
Materialdicke (cm)	3–22
Materialpreis für 10 cm Stärke (€/m²)	5,00–20,00

2.4.5   Holzfaser-, Holzweichfaserplatten

Beschreibung

Holzfaser- und Holzweichfaserplatten werden aus Rest- bzw. Abfallholz hergestellt, indem es zu Hackschnitzeln zerkleinert und danach zerfasert wird (Abb. 2.18). Der unter Zugabe von Wasser entstehende Faserbrei wird ohne Zusätze unter Druck und mit erhöhter Temperatur (ca. 350 °C) zu Platten verarbeitet. Die Verbindung der Fasern erfolgt nur über die holzeigenen Harze. Feuchtigkeitsbeständige Platten werden zusätzlich mit Naturharzen oder Bitumen imprägniert. Da aus diesen bituminierten Holzfaserplatten Schadstoffe ausgasen könnten, sollte ein Einsatz im Innenbereich vermieden werden.

Vorteile:
- sehr gute Wärme- und Schalldämmung
- sehr gute Speicherfähigkeit
- diffusionsoffen

Abb. 2.18: Holzfaserplatten
(Quelle: Pavatex GmbH, Leutkirch,
www.pavatex.com)

- Herstellung aus Abfallprodukten vom nachwachsenden heimischen Roh-stoff
- recycelbar

Nachteile:
- hoher Energieaufwand bei der Herstellung
- Schadstoffausgasung bei bituminierten Platten möglich
- imprägnierte Platten nicht kompostierbar

Anwendungsbereiche:
- Außenwand:
  - Innendämmung
  - hinterlüftete Außendämmung
- Dach:
  - geneigtes Dach über, unter und zwischen den Sparren
  - Flachdach
- Massivdecke:
  - Trittschalldämmung unter Estrich
- Leichtbau (Trennwand/-decke):
  - zwischen Holzständern bzw. -balken

Eigenschaften

Wärmeleitfähigkeit λ (W/[m · K])	0,035/**0,045**–0,07
Baustoffklasse für Brandschutz	B2
Wasserdampfdiffusionswiderstandszahl μ	5–10
Rohdichte (kg/m³)	110–450
Materialdicke (cm)	2–8
Materialpreis für 10 cm Stärke (€/m²)	ca. 28,00

2.4.6   Holzwolle-Leichtbauplatten

Beschreibung

Holzwolle-Leichtbauplatten werden aus langfasrigen Holzwollefasern (Hobelspäne), gebunden mit Zement, Gips oder Magnesit, hergestellt (Abb. 2.19). Die mineralischen Bindemittel machen die Platten zwar schwer entflammbar, verringern aber die Dämmwirkung. Die Materialstruktur der Platten, gekennzeichnet durch offene Poren und Kapillaren, weist ohne zusätzliche Beschichtung einen hohen Wasseraufnahmekoeffizienten auf. Meist werden die Leichtbauplatten als Putzträger verwendet.

Abb. 2.19: Holzwolle-Leichtbauplatten (Quelle: Bundesverband der Leichtbauplattenindustrie e.V., Heidelberg)

Vorteile:

- sehr gute Wärme- und Schalldämmung
- hohe Speicherfähigkeit
- diffusionsoffen
- Herstellung aus Abfallprodukten vom nachwachsenden heimischen Rohstoff
- gesundheitlich unbedenklich
- kompostierbar

Nachteile:

- Bindemittel verschlechtern die Dämmeigenschaften
- hoher Energieaufwand bei der Herstellung

Anwendungsbereiche:

- Außenwand:
  - WDVS
- Dach:
  - unter den Sparren
  - Flachdach
- Massivdecke:
  - unter der Kellerdecke
- Leichtbau (Trennwand/-decke):
  - unter der Zwischendecke
  - als Trennwandbeplankung

Eigenschaften

Wärmeleitfähigkeit λ (W/[m · K])	0,065–**0,09**
Baustoffklasse für Brandschutz	B1
Wasserdampfdiffusionswiderstandszahl μ	2–5
Rohdichte (kg/m³)	360–460
Materialdicke (cm)	1,5–10
Materialpreis für 10 cm Stärke (€/m²)	ca. 28,00

Abb. 2.20: Korkplatte
(Quelle: Henjes GmbH & Co. KG, Oyten, www.henjes.de)

2.4.7 Kork

Beschreibung

Kork in Form von Schüttungen (Schrot) oder Platten ist ein reines Naturprodukt und wird in Natur- oder Recyclingkorkschrot, expandiertes Korkschrot und Backkork unterschieden (Abb. 2.20). Der Naturkorkschrot wird aus der zermahlenden Rinde der in südlichen Ländern wachsenden Korkeiche hergestellt. Nach dem Zermahlen der Rinde zu Korkschrot wird dieser unter Luftabschluss mit Heißdampf erhitzt. Der daraus entstehende Blähkork wird durch korkeigene Harze oder Bindemittel (Bitumen) zu Dämmstoffplatten verarbeitet. Bei Recyclingkorkschrot bilden zermahlene Flaschenkorken die Basis. Expandierter Korkschrot entsteht durch geschroteten Naturkork, der durch Wasserdampf auf ein Vielfaches seines Volumens ausgedehnt wird. Backkork entsteht, wenn durch Überhitzung mit Wasserdampf in einem Druckbehälter ausgedehntes Granulat Naturharze an der Oberfläche bindet.

Vorteile:
- sehr gute Wärme- und Schalldämmung
- unempfindlich gegen Feuchtigkeit
- beständig gegen Fäulnis, Alterung und Verrottung
- resistent gegen Ungeziefer
- hohe Speicherfähigkeit
- hohe Belastbarkeit
- diffusionsoffen
- Herstellung aus nachwachsendem Rohstoff
- ökologisch einwandfrei, da ohne Binde- oder Flammschutzmittel
- deponiefähig

Nachteile:
- bei Korkschrot Setzungsverhalten
- nicht für alle Anwendungsbereiche geeignet
- Bitumenkork (imprägniert) gesundheitlich bedenklich
- nicht kompostierbar
- weite Transportwege, da Hauptvorkommen in Portugal
- im Vergleich zu Alternativen wie z. B. Zellulose sehr teuer

Anwendungsbereiche:
- Außenwand:
  - Innen-, Kern- und Außendämmung
  - WDVS

- Dach:
  - geneigtes Dach über, unter und zwischen den Sparren
  - Flachdach
- Massivdecke:
  - Trittschalldämmung
  - unter Estrich
- Leichtbau (Trennwand/-decke):
  - als Schüttung zwischen den Holzständern bzw. -balken

Eigenschaften

Wärmeleitfähigkeit λ (W/[m · K])	0,04/**0,045**–0,06
Baustoffklasse für Brandschutz	B2
Wasserdampfdiffusionswiderstandszahl μ	5–10
Rohdichte (kg/m³)	80–500
Materialdicke (cm)	1–20
Materialpreis für 10 cm Stärke (€/m²)	ca. 23,00

2.4.8 Zellulose, Zelluloseflocken und -platten

Beschreibung

Zellulose wird aus zerfasertem und gemahlenem Altpapier (Zeitungen) hergestellt (Abb. 2.21). Zum Brandschutz und zur Schädlingsresistenz erfolgt eine Beimischung von Borsalz oder Borax (Flammschutzmittel). Zellulose kann als Schüttung oder Einblasdämmung angewendet und auf senkrechte Schalungen durch Anfeuchtung der Fasern aufgespritzt werden. Zellulose wird ebenso als steife Platte aus Zellulosefasern angeboten. Das Einblasen der Zellulosefasern erfordert hohe Sachkenntnis und sollte daher von einem lizenzierten Fachbetrieb ausgeführt werden.

Vorteile:
- sehr gute Wärme- und Schalldämmung
- feuchtigkeitsregulierend
- beständig gegen Schimmel und Ungeziefer
- diffusionsoffen
- hohe Elastizität von Zelluloseplatten
- Herstellung mit niedrigem Energieaufwand
- geringe Brandgefahr
- wieder verwertbar nach Absaugung
- ökologisch einwandfrei
- kostengünstig

Nachteile:
- geringe Druckbelastbarkeit
- Belastung durch Feinstaub beim Einblasen möglich (Atemschutz notwendig)
- Verarbeitung der Zelluloseplatten anspruchsvoll, da sie beim Schneiden zerfasern
- Entsorgung erst nach Vorbehandlung möglich (Borverbindungen)
- nicht kompostierbar aufgrund der Borate

Abb. 2.21: Zelluloseflocken (Quelle: isofloc Wärmedämmtechnik GmbH, Lohfelden)

Anwendungsbereiche:

- Außenwand:
  - zwischen den Holzständern
- Dach:
  - geneigtes Dach zwischen den Sparren
  - leichtes Flachdach zwischen den Balken
- Massivdecke:
  - nicht geeignet
- Leichtbau (Trennwand/-decke):
  - zwischen den Ständern bzw. Balken

Eigenschaften

Wärmeleitfähigkeit λ (W/[m · K])	**0,04**/0,045–0,05
Baustoffklasse für Brandschutz	B1/**B2**
Wasserdampfdiffusionswiderstandszahl μ	1–2
Rohdichte (kg/m³)	35–75
Materialdicke (cm)	–
Materialpreis für 10 cm Stärke (€/m²)	ca. 12,00

2.4.9   Schaumglas, Foamglas

Beschreibung

Schaumglas wird aus natürlichen Rohstoffen wie Quarzsand oder Recyclingglas (z. B. alten Autoscheiben) hergestellt. Bei der Erzeugung wird der Rohstoff bei Temperaturen von über 1.000 °C erhitzt und durch ein Treibmittel (Kohlenstoff) aufgeschäumt. Durch Freisetzung von CO_2 bilden sich viele kleine Glaszellen, die das Gas einschließen. Da hohe Temperaturspannungen beim Abkühlen des Schaumglases entstehen und somit eine Strangabfertigung nicht möglich ist, wird es in Formen hergestellt und zu Platten verarbeitet. Die Industrie bietet auch besonders druckfeste Platten in Steinmaßen an, um die Wärmebrückenwirkung als unterste Steinreihe bei Wänden zu minimieren (siehe Abb. 2.22).

Vorteile:

- sehr gute Wärmedämmung, selbst bei Nässe
- unempfindlich gegen Feuchtigkeit

Abb. 2.22: Schaumglas, Foamglas
(Quelle: Deutsche FOAMGLAS® GmbH, Erkrath)

- dicht gegen Wasser und Dampf
- beständig gegen Frost
- resistent gegen Schädlinge, Fäulnis und Verrottung
- resistent gegen Säure und beständig gegen Chemikalien
- hohe Druckfestigkeit
- ohne Stauchung formstabil
- FCKW-frei
- nicht brennbar
- im Außenbereich Ersatz für Polystyrol
- kurze Transportwege
- gesundheitlich unbedenklich
- Rohstoffe unbegrenzt verfügbar
- deponierbar als Bauschutt

Nachteile:
- bei Verarbeitung teilweise Verklebung mit Bitumen
- Auflagerung der Platte plan, da durch Sprödigkeit keine Aufnahme von Punktlasten
- hoher Energieaufwand bei der Herstellung
- relativ teuer

Anwendungsbereiche:
- Außenwand:
  - Innen- und Kerndämmung
  - Perimeterdämmung
- Dach:
  - Flachdach
  - begeh- bzw. befahrbare Kompaktdächer
- Massivdecke:
  - unter Estrich und Bodenplatte
  - Perimeterdämmung
- Leichtbau (Trennwand/-decke):
  - nicht einsetzbar

Eigenschaften

Wärmeleitfähigkeit λ (W/[m · K])	**0,04**–0,06
Baustoffklasse für Brandschutz	A1
Wasserdampfdiffusionswiderstandszahl μ	dampfdicht
Rohdichte (kg/m³)	105–165
Materialdicke (cm)	4–13
Materialpreis für 10 cm Stärke (€/m²)	ca. 45,00

Abb. 2.23: Perlite, Blähperlite
(Quelle: KNAUF PERLITE GmbH, Dortmund)

2.4.10 Perlite, Blähperlite, Perlite-Dämmplatten

Beschreibung

Perlite werden aus Perlitgestein (erstarrte Lavamasse), das unter sehr hoher Temperatur von ca. 1.000 °C schockartig aufgebläht wird, hergestellt (siehe Abb. 2.23). Das Gesteinswasser dehnt sich als Wasserdampf stark aus und bläht das Volumen des gemahlenen Rohperlits dadurch bis auf das 20-Fache auf. Das Produkt wird ohne Zusätze als Trockenschüttung verwendet. Besteht Feuchteeinwirkung, sollte es durch Zusätze (Bituminierung) behandelt werden. Perlite-Dämmplatten sind Platten aus expandiertem Perlitgestein, die unter Zugabe von Bindemittel (Kunstharze, Bitumen) gepresst werden.

Vorteile:
- feuchtigkeitregulierend
- beständig gegen Ungeziefer und Verrottung
- gute Belastbarkeit bei verdichteter Schüttung
- geringes Eigengewicht
- sehr gute Rieselfähigkeit für Hinterfüllung von Hohlräumen
- nicht brennbar
- natürlicher vorkommender Rohstoff

Nachteile:
- geringe Wärme- und Schalldämmung
- Entwicklung von Staub bei unsachgemäßer Anwendung
- gesundheitlich und ökologisch bedenklich aufgrund bituminierten Materials
- hoher Energieaufwand bei der Herstellung
- Rohstoff eingeschränkt verfügbar
- lange Transportwege

Anwendungsbereiche:
- Außenwand:
  – Kerndämmung
- Dach:
  – Gefälledämmung im Flachdach
- Massivdecke:
  – Trittschalldämmung unter Estrich
- Leichtbau (Trennwand/-decke):
  – zwischen den Holzbalken

Eigenschaften

Wärmeleitfähigkeit λ (W/[m · K])	0,04/**0,05**–0,07
Baustoffklasse für Brandschutz	A1
Wasserdampfdiffusionswiderstandszahl μ	3–5
Rohdichte (kg/m³)	80–300
Materialdicke (cm)	–
Materialpreis für 10 cm Stärke (€/m²)	ca. 18,00

2.4.11 Schafwolle, Schafwollmatten

Beschreibung

Schafwolldämmung wird aus Schafschur- oder Recyclingwolle hergestellt und ist als Matte, Filz und Stopfmaterial erhältlich (Abb. 2.24). Durch chemische Mittel wird die Schafwolle resistent gegen Schädlinge und durch Borsalz gegen Flammen gemacht. Bei Schafwollmatten weben einige Hersteller Stützfasern aus Polyester mit ein, um ein Auffasern zu verhindern. Zugelassene Schafwollprodukte lassen eine unterschiedliche Zusammensetzung zu. Eine qualitative Bewertung des Materials ist nur dann möglich, wenn man die genaue Zusammensetzung der Art und des Anteils der Zusatzstoffe kennt. Diese sollten vom Hersteller erfragt werden, um mögliche Preisdifferenzen nachzuvollziehen.

Vorteile:
- hohe Wärme- und Schalldämmung (Verarbeitung auch als Trittschalldämmung)
- Feuchtigkeit regulierend
- diffusionsoffen
- resistent gegen Schädlinge durch Behandlung mit Borsalz
- leichte Verarbeitung
- ökologisch einwandfrei, da nachwachsender Rohstoff

Nachteile:
- Kompostierung durch Borsalzimprägnierung erschwert
- lange Transportwege für Importrohstoff
- im Vergleich etwas teurer

Anwendungsbereiche:
- Außenwand:
  - Innendämmung
  - hinterlüftete Außendämmung
  - zwischen den Holzständern
- Dach:
  - geneigtes Dach zwischen und unter den Sparren
- Massivdecke:
  - nicht einsetzbar
- Leichtbau (Trennwand/-decke):
  - zwischen den Ständern bzw. Balken

Abb. 2.24: Schafwollmatten
(Quelle: Fritz Doppelmayer GmbH, Kempten)

Eigenschaften

Wärmeleitfähigkeit λ (W/[m · K])	**0,04**
Baustoffklasse für Brandschutz	B2
Wasserdampfdiffusionswiderstandszahl μ	1–2
Rohdichte (kg/m³)	15–60
Materialdicke (cm)	2–22
Materialpreis für 10 cm Stärke (€/m²)	ca. 25,00

2.4.12   Baumwolle, Baumwollmatten, -filze

Beschreibung

Baumwolldämmung wird aus der pflanzlichen Baumwollfaser hergestellt. Unter Zugabe von Borsalz wird die Schimmelgefahr reduziert und ein verbesserter Brandschutz erreicht. Neben Matten, Filzen und als Stopfwolle, die zur Zwischensparrendämmung dienen, kann Baumwolldämmung auch in Form von Flocken zum Einblasen verwendet werden.

Vorteile:
• sehr gute Wärme- und Schalldämmung
• resistent gegen Ungeziefer und Schimmel durch Behandlung mit Borsalz
• hohe Elastizität
• einfache Verarbeitung
• gesundheitlich unbedenklich
• keine Schadstoffbelastung
• nachwachsender Rohstoff

Nachteile:
• keine Beständigkeit gegen Feuchte (Schimmelbildung)
• ökologisch bedenklich, da Anbau als Monokultur mit Pestizideinsatz
• lange Transportwege

Anwendungsbereiche:
• Außenwand:
  – zwischen den Holzständern
• Dach:
  – geneigtes Dach zwischen den Sparren
  – leichtes Flachdach zwischen den Balken
• Massivdecke:
  – Trittschalldämmung

- Leichtbau (Trennwand/-decke):
  – zwischen den Ständern bzw. Balken

Eigenschaften

Wärmeleitfähigkeit λ (W/[m $\cdot$ K]) **0,04**
Baustoffklasse für Brandschutz B1/B2
Wasserdampfdiffusionswiderstandszahl μ 1–2
Rohdichte (kg/m³) 20–60
Materialdicke (cm) 5–18
Materialpreis für 10 cm Stärke (€/m²) ca. 15,00

Abb. 2.25: Flachsmatten
(Quelle: Flachsdämmplatte DP;
Flachshaus GmbH, Tannenkoppelweg 1,
16928 Falkenhagen)

2.4.13 Flachs

Beschreibung

Wärmedämmung aus Flachs besteht aus Flachsabfällen und Fasern aus Polyester, die als Stützfasern fungieren. Um Ungezieferbefall zu verhindern, werden bei der Herstellung Borsalze eingebracht. Flachsdämmung wird als Platten, Filze oder Stopfmaterial angeboten (siehe Abb. 2.25).

Vorteile:
- sehr gute Wärme- und Schalldämmung
- beständig gegen Feuchte
- resistent gegen Ungeziefer und Schimmel
- gesundheitlich unbedenklich
- nachwachsender sowie einheimischer Rohstoff (Anbau pestizidfrei)

Nachteile:
- ökologisch bedenklich aufgrund von Bor- und Polyesterzusätzen
- Kompostierbarkeit bzw. Recycling durch Borsalze und Polyesterfasern erschwert

Anwendungsbereiche:
- Außenwand:
  – hinterlüftete Außendämmung
  – zwischen den Holzständern
- Dach:
  – geneigtes Dach über, unter und zwischen den Sparren
- Massivdecke:
  – nicht einsetzbar
- Leichtbau (Trennwand/-decke):
  – zwischen den Holzständern bzw. -balken

Eigenschaften

Wärmeleitfähigkeit λ (W/[m · K])	**0,04**
Baustoffklasse für Brandschutz	B2
Wasserdampfdiffusionswiderstandszahl μ	1–2
Rohdichte (kg/m³)	20–160
Materialdicke (cm)	3–16
Materialpreis für 10 cm Stärke (€/m²)	ca. 20,00

2.4.14 Hanf

Beschreibung

Hanf wird als natürlich vorkommender Rohstoff zu Matten oder Filzen verarbeitet (Abb. 2.26). Auch bei Hanf werden häufig zur Stützung Polyesterfasern mit eingearbeitet. Die leichte Brennbarkeit des Hanfmaterials wird
durch Zugabe von Borsalzen reduziert. Stopfwolle ist lose Hanfwolle, die
zur Wärme- und Schalldämmung eingesetzt werden kann. Hanf-Leicht-
lehmschüttung wird aus Hanfspänen, die mit Lehm ummantelt werden,
hergestellt. Das stabile und leichte Schüttmaterial eignet sich hervorragend
zur Trittschall-, Raumschall- und Wärmedämmung.

Vorteile:
● sehr gute Schall- und Wärmedämmung
● beständig gegen Feuchtigkeit
● resistent gegen Schädlinge (ohne Zusätze)
● ökologisch unbedenklich (lediglich Polyesterfasern)
● nachwachsender, einheimischer Rohstoff (Anbau pestizidfrei)
● kurze Transportwege

Nachteile:
● leicht brennbar trotz Borsalzen
● aufwendige Verarbeitung
● Kompostierbarkeit bzw. Recycling durch Polyesterfasern erschwert

Anwendungsbereiche:
● Außenwand:
  – hinterlüftete Außendämmung
  – zwischen den Holzständern
● Dach:
  – geneigtes Dach über, unter und zwischen den Sparren
  – Steildach
  – Flachdach
● Massivdecke:
  – Trittschalldämmung
  – Material zum Einbetten von Fußbodenheizung
  – Ausgleichsschüttung
● Leichtbau (Trennwand/-decke):
  – zwischen den Holzständern bzw. -balken
  – Dämpfung von Hohlräumen in Zwischenwänden

Abb. 2.26: Hanfmatte
(Quelle: Thermo-Hanf)

Eigenschaften

Wärmeleitfähigkeit λ (W/[m · K])	**0,05**–0,06
Baustoffklasse für Brandschutz	B1/B2
Wasserdampfdiffusionswiderstandszahl μ	1–2
Rohdichte (kg/m³)	40–60
Materialdicke (cm)	12–20
Materialpreis für 10 cm Stärke (€/m²)	ca. 7,00

2.4.15   Kokos, Kokosfasern

Beschreibung

Kokoswärmedämmung wird aus den Fasern der Bastschicht der Kokos-
nuss gewonnen. Dazu wird die Nussschale einem Fäulnisprozess in einem
Sumpfbecken ausgesetzt, wobei lediglich die fäulnisresistenten Fasern übrig
bleiben und nach einem Wasch- und Trocknungsprozess im Handel eingebracht werden. Diese Fasern werden dann mechanisch genadelt und zu Roll-
filzvliesen verarbeitet. Der Brandschutz wird meist durch Zugabe von Borsalz
verbessert. Die Kokosfaserdämmung wird in Form von Matten, Platten oder
bitumenimprägnierten Kokosmatten angeboten (Abb. 2.27 und 2.28).

Vorteile:
- sehr gute Wärme- und Schalldämmung
- Feuchtigkeit ausgleichend und beständig gegen Feuchtigkeit
- natürliche Resistenz gegen Verrottung, Fäulnis und Insekten
- diffusionsoffen
- hohe Elastizität der Fasern
- formstabil
- geruchsneutral
- keine elektrostatische Aufladung
- nachwachsender Rohstoff mit ausreichend Ressourcen
- Wiederverwendung möglich
- z. T. kompostierbar

Abb. 2.27: Streifen einer Kokosfasermatte (Quelle: www.abwshop.de)

Abb. 2.28: Stopfwolle
von Kokosfasern
(Quelle:
www.abwshop.de)

Nachteile:
- aufwendige Verarbeitung
- leicht brennbar
- Haut- und Augenreizungen durch Ammoniumsulfat möglich
- Anbau in Monokulturen
- sehr lange Transportwege

Anwendungsbereiche:
- Außenwand:
  - hinterlüftete Außendämmung
  - zwischen den Holzständern
- Dach:
  - geneigtes Dach über, unter und zwischen den Sparren
- Massivdecke:
  - nicht einsetzbar
- Leichtbau (Trennwand/-decke):
  - zwischen den Holzständern bzw. -balken

Eigenschaften

Wärmeleitfähigkeit λ (W/[m · K])	0,045–**0,05**
Baustoffklasse für Brandschutz	B3
Wasserdampfdiffusionswiderstandszahl μ	1
Rohdichte (kg/m³)	50–75
Materialdicke (cm)	4–10
Materialpreis für 10 cm Stärke (€/m²)	ca. 45,00

2.4.16 Kapillardämmplatte, Kalziumsilikatplatte

Beschreibung

Kapillardämm- bzw. Kalziumsilikatplatten sind geschichtete Dämmplatten, deren einzelne Schichten aus Materialien mit hoher kapillarer Saugfähigkeit bestehen (Abb. 2.29). Häufig werden poröse Kalksilikate, aber auch hydrophobe (Wasser abweisende) Schichten verwendet. Diese kapillar aktiven Dämmstoffplatten werden vorwiegend zur Innenwanddämmung verwendet, da sie sporadisch auftretende Feuchtigkeit der inneren Außenwandseite zwischenspeichern können. Der geringe Diffusionswiderstand der Kalzi-

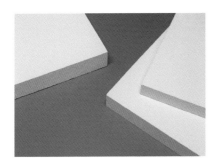

Abb. 2.29: Kapillardämmplatte, Kalziumsilikatplatte (Quelle: Promat GmbH, Ratingen)

umsilikatplatten lässt die aufgenommene Feuchte im Innenraum gut austrocknen und erfordert somit keinen weiteren Einsatz von Dampfbremsen bzw. -sperren.

Vorteile:
- gute Schalldämmung
- bei schwierigen Wänden gut als Innendämmung einsetzbar
- hohe Beständigkeit gegen Feuchte
- resistent gegen Pilze
- hohe Druckfestigkeit und Formstabilität
- nicht brennbar bzw. schwer entflammbar
- recycelbar

Nachteile:
- im Verhältnis zu anderen Dämmstoffen relativ teuer (jedoch sollte das Gesamtsystem, also alle erforderlichen Schichten und die erforderliche Arbeitszeit, verglichen werden)

Anwendungsbereiche:
- Außenwand:
  - Innendämmung
  - WDVS
- Dach:
  - nicht einsetzbar
- Massivdecke:
  - nicht einsetzbar
- Leichtbau (Trennwand/-decke):
  - nicht einsetzbar

Eigenschaften

Wärmeleitfähigkeit λ (W/[m · K])	0,05–**0,06**–0,07
Baustoffklasse für Brandschutz	A2
Wasserdampfdiffusionswiderstandszahl μ	2–6
Rohdichte (kg/m³)	200–300
Materialdicke (cm)	2,00–10,00
Materialpreis für 10 cm Stärke (€/m²)	ca. 90

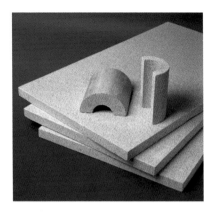

Abb. 2.30: Vermikulitplatten
(Quelle: Promat GmbH, Ratingen)

2.4.17 Vermikulit

Beschreibung

Vermikulit ist ein Mineral, welches als natürlich vorkommender Rohstoff durch Verwitterung entsteht, der sog. Glimmerschiefer. Die Ausdehnung des Rohvermikulit auf das 10- bis 35-fache Volumen entsteht durch Hitze, in der das in der Blättchenstruktur des Minerals enthaltene Kristallwasser schockartig ausgetrieben wird und so die Aufblähung des Rohstoffes erreicht wird. Im Handel werden Vermikulitgranulat, aber auch Vermikulitplatten angeboten (Abb. 2.20). Vermikulit wird auch als Farb- oder Putzzuschlag verwendet.

Vorteile:
- sehr gute Wärme- und Schalldämmung
- faserfrei
- nicht brennbar
- geruchsneutral
- keine Ausgasung
- in der Anwendung gesundheitlich unbedenklich
- recycel- und deponierbar

Nachteile:
- mögliche Entstehung gesundheitsschädlicher Stäube bei der Verarbeitung
- gelegentlich mit Bitumen oder Silikonen behandelt
- lange Transportwege

Anwendungsbereiche:
- Außenwand:
  - hinterlüftete Außendämmung
  - zwischen den Holzständern
- Dach:
  - geneigtes Dach über, unter und zwischen den Sparren
- Massivdecke:
  - nicht einsetzbar
- Leichtbau (Trennwand/-decke):
  - zwischen den Holzständern bzw. -balken

Eigenschaften

Wärmeleitfähigkeit λ (W/[m · K])	**0,07**
Baustoffklasse für Brandschutz	A1
Wasserdampfdiffusionswiderstandszahl μ	3–4
Rohdichte (kg/m³)	100–220
Materialdicke (cm)	–
Materialpreis für 10 cm Stärke (€/m²)	ca. 10,00

2.4.18 VIP-Vakuumisolationspaneel, Vakuumdämmplatte

Beschreibung

VIP-Vakuumdämmplatten bestehen aus einer Kernkammer, die aus mikroporöser Kieselsäure oder Polyurethan hergestellt wird und mit einer hoch gasdichten Verbundfolie (Hüllfolie) umgeben und dann luftleer eingeschweißt wird (siehe Abb. 2.31). Das Kernmaterial wird häufig aus pyrogener Kieselsäure hergestellt, doch kommen auch andere organische oder anorganische Dämmstoffe mit sehr offenen Zellstrukturen und kleinen Poren zur Verarbeitung. Das umgebende Folienmaterial setzt sich aus verschiedenen Folientypen zusammen, die bestimmte Funktionen wie z. B. Gas- und Wasserdichtheit übernehmen. Mögliche Folienbeschichtungen sind Aluminiumverbundfolien, metallbedampfte Folien oder SiOx-bedampfte Folien. Zur Steigerung der Lebensdauer werden auch gasabsorbierende Stoffe zugesetzt.

Vorteile:
- sehr gute Wärme- und Schalldämmung bei geringer Materialstärke (vorteilhaft bei der Altbausanierung)
- extrem geringe Wärmeleitfähigkeit (10-mal geringer als herkömmliche Dämmstoffplatten)
- langlebig
- nicht brennbar
- hitzebeständig

Nachteile:
- hohe Wärmeleitfähigkeit an den Plattenrändern bzw. den Aluminiumteilen der Folien
- steigende Wärmeleitfähigkeit mit technischer Nutzungsdauer, da das Vakuum nicht beständig erhalten bleibt
- sorgfältige Planung notwendig, da die Platten nicht nachträglich zugeschnitten werden können
- empfindlich gegen mechanische Beschädigung
- Freisetzung von Gasen durch das Kernmaterial
- relativ teuer (jedoch sollte die geringe Materialstärke bedacht werden)

Anwendungsbereiche:
- Außenwand:
  - Innen-, Kern- und Außendämmung
  - WDVS
  - im Verbund mit Posten-Riegelkonstruktion
- Dach:
  - Innendämmung

Abb. 2.31: VIP-Vakuumdämmplatte
(Quelle: va-Q-tec AG, Würzburg)

● Massivdecke:
  – unter Estrich bei geringer Aufbauhöhe, insbesondere bei Bauerneue-
    rung
● Leichtbau (Trennwand/-decke):
  – zwischen Holzständern bzw. -balken

Eigenschaften

Wärmeleitfähigkeit λ (W/[m · K])	0,004/**0,006**–0,010
Baustoffklasse für Brandschutz	A2
Wasserdampfdiffusionswiderstandszahl μ	dampfdicht
Rohdichte (kg/m^3)	150–250
Materialdicke (cm)	2–3,6
Materialpreis für 10 cm Stärke (€/m^2)	150,00–200,00

2.4.19 Zusammenfassung

Entscheidende Kriterien der Wärmedämmung je nach Anwendung:

● Wärmeleitfähigkeit
● Wasserdampfdiffusion
● Druckfestigkeit
● Brandverhalten
● Temperaturbeanspruchung
● Alterungsbeständigkeit
● Umweltverträglichkeit

Stoffe für Wärmedämmungen:

● Kunststoffe (geschäumt), z. B. Polystyrol und Polyurethan
● Elastomere (geschäumt), gummiartiges Material wie z. B. Neopren-
  Kautschuk, Ethylen-Propylen-Dien-Kautschuk (EPDM)
● anorganische Dämmstoffe, z. B. Perlite und Mineralwolle
● Schüttungen (Einblasverfahren), z. B. Zelluloseflocken und Kork
● organische Dämmstoffe oder Dämmstoffe aus tierischen bzw. pflanz-
  lichen Fasern, z. B. Hanf und Schafwolle
● Vakuumdämmplatten (in Folien verpackte Dämmstoffe), z. B. VIP-
  Vakuumdämmung

2.5   Fenster und Verglasung

In einem Passivhaus dienen die Fenster, neben der Belichtung der Räume, zur Nutzung der passiven Solarenergie. Gerade in der Winterzeit sollte möglichst viel Solarenergie in das Gebäude gelangen, gleichzeitig sollten die Verluste tagsüber und nachts weitgehend reduziert werden. Fenster weisen einen ca. 3-mal höheren Wärmeverlust als die sonstigen Außenbauteile auf, wobei die Verglasung des Fenstersystems im Gegensatz zum Fensterrahmen der energetisch hochwertigere Teil ist. Zu den solaren Energiegewinnen tragen lediglich die Verglasungen bei, die Rahmen stellen nur Verluste dar. Daher ist es sinnvoller, einige große als mehrere kleinere Fenster zu planen.

Folgendes Beispiel demonstriert den Vorteil von hoch wärmegedämmten, 3-fach verglasten Fenstern:

Abb. 2.32: Unsanierter Altbau mit einfacher Isolierverglasung (Quelle: Passivhaus Institut, Darmstadt)

Abb. 2.33: Sanierter Altbau mit Dreischeibenverglasung (Quelle: Passivhaus Institut, Darmstadt)

Die Außenthermografieaufnahme des unsanierten Altbaus in Abb. 2.32 zeigt im Vergleich zum sanierten Altbau mit Dreischeibenverglasung in Abb. 2.33, dass die Außenwandoberfläche des sanierten Altbaus gleichmäßig kalt ist (blau, d.h. ca. 5 °C). Beim unsanierten Altbau hingegen sind die Flächen farbig, d.h., es herrschen unterschiedliche Oberflächentemperaturen von bis zu 9 °C. Somit sind deutlich die hohen Wärmeverluste zu erkennen.

Daher gilt es nicht nur die Fenster als Glasscheibe, sondern das gesamte Fenstersystem zu betrachten. Neben der Verglasung und der Rahmenkonstruktion gehören auch die Rollläden dazu. Beim gesamten Fenstersystem eines Passivhauses muss der Fensterwärmeverlustkoeffizient $\leq 0{,}8$ W/(m² · K) sein, um die gewünschte Behaglichkeit in den Räumen eines Passivhauses zu erreichen.

Abb. 2.34 vergleicht ein Passivhausfenster mit einem Niedrigenergiehausfenster:

Der **existente Wärmedurchgangskoeffizient** für die gesamte Fenstersituation errechnet sich aus folgenden Kriterien:

- $U_{w,eff}$ effektiver Wärmedurchgangskoeffizient des Fensters (w = window) (W/[m² · K])

Abb. 2.34: Fenstervergleich; ewitherm® 0,8 Passivhaus; ewitherm® 1,0 Niedrigenergiehaus (Quelle: Winter Holzbau GmbH, Thedinghausen)

- A_g Fläche der Verglasung (g = glazing) (m²)
- U_g Wärmedurchgangskoeffizient der Verglasung (W/[m² · K])
- A_f Fläche des Rahmens (f = frame) (m²)
- U_f Wärmedurchgangskoeffizient des Rahmens (W/[m² · K])
- s_g Umfang des Glasrands (m)
- Ψ_{1+2} Wärmebrückenverlustkoeffizient (psi) des Glasrands (W/[m · K])
- s_{Einbau} Einbauumfang des Fensters (m)
- Ψ_{Einbau} Wärmebrückenverlustkoeffizient (psi) durch den Einbauzustand (W/[m · K])

Er kann über

$$U_{w,eff} = \frac{A_g \cdot U_g + A_f \cdot U_f + s_g \cdot \Psi_{1+2} + s_{Einbau} \cdot \Psi_{Einbau}}{A_w}$$

errechnet werden.

Die Forderung nach passiven solaren Energiegewinnen, d. h. größeren Wärmegewinnen über die Gesamtfensterfläche als Wärmeverluste durch Transmission, ist ein weiteres wichtiges Kriterium beim Passivhaus.

Der **Grenzwert der energetischen Kennwerte** eines Passivhausfensters wird dabei über

$$U_g - W/(m² · K) \cdot 1,6\ g < 0$$

errechnet.

2.5.1   Verglasungen

Bisher galten bei Isolierglas U-Werte von 1,8 bis 2,5 W/(m² · K) als gut. Dies entspricht einer 6 cm starken, beidseitig verputzten Hochlochziegelwand. Heute stehen Isoliergläser mit Werten von 0,4 bis 0,7 W/(m² · K) zur Verfügung, was einer Ziegelwandstärke von 41 bis 21 cm entspricht.

Isolierverglasungen mit dieser guten Wärmedämmung setzten sich aus 3 Glasscheiben statt den bisher üblichen 2 zusammen. Der Zwischenraum wird zur Verbesserung der Wärmedämmung nicht nur mit Luft, sondern ab einem bestimmten Scheibenabstand mit speziellen Gasen gefüllt, z. B. Argon, Krypton oder Xenon. Bei einem Scheibenzwischenraum bis 12 mm wird Argon, bei einem Abstand von 8 bis 10 mm Krypton eingefüllt. Diese

Abb. 2.35: Passiv-hausfensterrahmen (Quelle: Rehau AG + Co., Erlangen)

Abb. 2.36: Passivhausfens-terrahmen flächenversetzt (Quelle: Rehau AG + Co., Erlangen)

Abb. 2.37: Passivhausfenster-rahmen mit Festverglasung (Quelle: Rehau AG + Co., Erlangen)

Edelgase leiten die Wärme schlechter als Luft. Durch einen größeren Schei-benabstand kann keine bessere Dämmwirkung erzielt werden, da durch die einsetzende Konvektion verstärkt die Wärme von der inneren zur äußeren Scheibe befördert wird.

Um möglichst wenig der im Raum vorhandenen langwelligen Wärmestrah-lung nach außen dringen zu lassen, wird eine nicht sichtbare, hauchdünne Metalloxidschicht, meist Silber, aufgetragen. Das Emissionsvermögen der Glasoberflächen wird damit von 84 % bei unbeschichtetem Glas auf 4 % gemindert. Der Randbereich der Verglasung sollte dabei eingehender be-trachtet werden: Herkömmliche Isoliergläser verwenden am Glasrand me-tallische Abstandhalter, die jedoch eine Wärmebrücke darstellen. Durch ihre hohe Wärmeleitfähigkeit tragen die Aluminiumelemente bis zu 20 % der Wärmeverluste des Fensters bei. Daher sollten in Passivhausfenstern nur Verglasungen mit nichtmetallischen Abstandhaltern verwendet wer-den.

Auf dem heutigen Markt werden neben dem normalen Fensterrahmen mittlerweile auch vielfältige Lösungen der Rahmengestaltung angeboten. So sind neben flächenversetzten Rahmen auch Festverglasungen in Passiv-hausfensterausführung zu erhalten (siehe Abb. 2.35 bis 2.37).

2.5.2 Rahmenkonstruktionen

Der Anteil der Rahmen macht einen Flächenanteil von 30 bis 35 % des gesamten Fensters aus. Bisher war der Rahmen die eigentliche Schwach-stelle. Die herkömmlichen Konstruktionen stellten mit U-Werten um 3,3 W/(m² · K) extreme Wärmebrücken dar. Aus diesem Grund wurden speziell für die Anforderungen des Passivhauses die Entwicklungen im Rahmenbereich vorangetrieben. Inzwischen bieten meist mittelständische Betriebe eine ganze Reihe von Rahmen an, die für den Einsatz in Passiv-häusern geeignet sind. Zusätzlich zur Wärmedämmung garantieren Drei-fachdichtungen die Luftdichtigkeit zwischen Flügel und Rahmen.

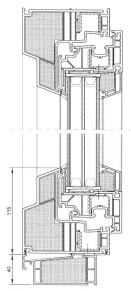

Abb. 2.38: Vertikalschnitt Blendrahmen/ Flügel (Quelle: Rehau AG + Co., Erlangen)

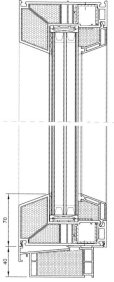

Abb. 2.39: Vertikalschnitt Festverglasung (Quelle: Rehau AG + Co., Erlangen)

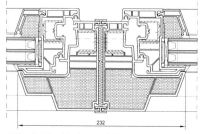

Abb. 2.40: Horizontalschnitt Kopplung Drehkippflügel (Quelle: Rehau AG + Co., Erlangen)

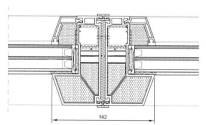

Abb. 2.41: Horizontalschnitt Kopplung Festverglasung (Quelle: Rehau AG + Co., Erlangen)

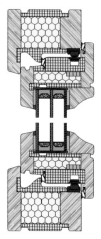

Abb. 2.42: Horizontalschnitt eines Passivhausholz-fensters, Flügel (Quelle: Sachsen-land Bauelemente GmbH, Chemnitzer Platz 1, 08371 Glauchau, www.warmfenster.de)

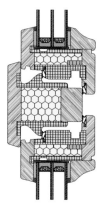

Abb. 2.43: Horizontalschnitt eines Passivhausholz-fensters mit Pfostenelement (Quelle: Sachsen-land Bauelemente GmbH, Chemnitzer Platz 1, 08371 Glauchau, www.warmfenster.de)

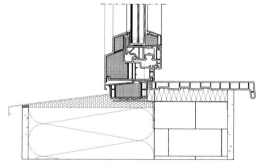

Abb. 2.44: Montage eines Passivhausfensters in einem WDVS (Quelle: Rehau AG + Co., Erlangen)

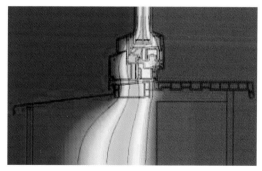

Abb. 2.45: Isothermenverlauf bei Einbau in einem WDVS (Quelle: Rehau AG + Co., Erlangen)

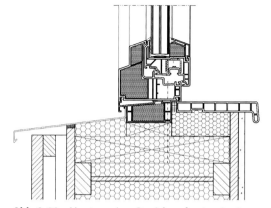

Abb. 2.46: Montage eines Passivhausfensters in einer Holzfassade (Quelle: Rehau AG + Co., Erlangen)

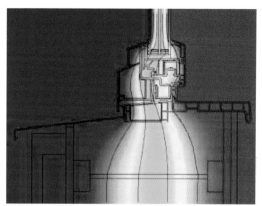

Abb. 2.47: Isothermenverlauf bei Einbau in einer Holzfassade (Quelle: Rehau AG + Co., Erlangen)

Abb. 2.38 bis 2.41 zeigen in Schnitten verschiedene Ausführungen von **Kunststofffenstern.**

Abb. 2.42 und 2.43 zeigen in Schnitten verschiedene Ausführungen von **Holzfenstern.**

2.5.3 Anschlüsse

Um die thermische Behaglichkeit in einem Passivhaus zu erhalten, muss beim Einbau der Passivhausfenster besonders auf die Anschlüsse geachtet werden. Obwohl sie als thermischen Komfort das Einfangen der Sonnenenergie bieten, muss sichergestellt werden, dass keine höheren Wärmeverluste durch die Fensterkonstruktionen zustande kommen (siehe Abb. 2.44 bis 2.47).

Hauptproblemstelle ist der Anschluss der Fenster an die Wärmedämmung der Außenwandkonstruktion bzw. Dachkonstruktion.

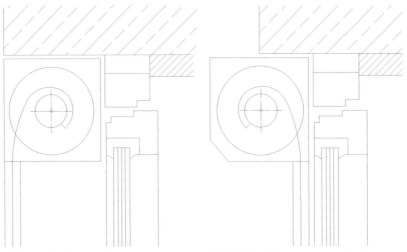

Abb. 2.48: Montage in der Laibung
(nach: www.t3d.de)

Abb. 2.49: Montage versetzt in der
Laibung (nach: www.t3d.de)

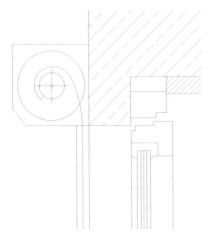

Abb. 2.50: Montage auf der Wand
(nach: www.t3d.de)

2.5.4   Rollläden und Sonnenschutz

Rollläden

Es gibt unterschiedliche Arten Rollläden am Gebäude anzubringen (siehe
Abb. 2.48 bis 2.50). Die erhältlichen Rollladenkästen lassen sich in verschiedene Kategorien einteilen:

- **Sturzkästen** nennt man U-förmige Hohlkörper, die es in verschiedenen
  Ausführungsformen gibt. Bereits beim Mauern der Außenwände werden
  die Rollladenkästen in die Gebäudehülle eingebracht. Dabei werden gut
  dämmende Baustoffe aufgrund der geforderten Wärmedämmung eingesetzt.
- **Rollladenaufsatzkästen** sind bereits mit dem Fenster- bzw. Türelement
  fest verbunden und werden als Komplettelement montiert.

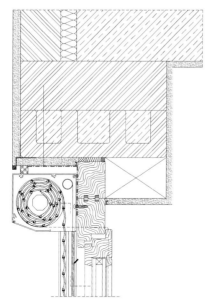

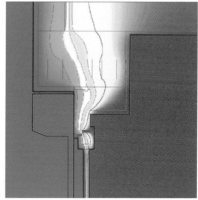

Abb. 2.51: Prinzip eines Außenvorsatz-rollladens (Quelle: Roma Rollladensysteme GmbH, Burgau)

Abb. 2.52: Wärmeverlauf eines Außen-vorsatzrollladens (Quelle: Roma Rollladen-systeme GmbH, Burgau)

● **Vorbaurollladenkästen** werden entweder direkt auf der Außenseite des Fensters oder auf der Außenwand des Hauses angebracht. Dadurch ist, bei der Anbringung auf der Außenwand, auch eine nachträgliche Montage möglich.

Die Abb. 2.50 zeigt eine für das Passivhaus geeignete Montage, da sich der Rollladenkasten auf der Außenwand befindet. Rollladenkästen, die eine Wandintegration benötigen, stellen beim Passivhaus immer einen Schwachpunkt in der Wärmedämmung dar und sollten daher außerhalb der Dämmebene angebracht werden. Dies kann problemlos bei Verwendung eines vorgesetzten Rollladenkastens ausgeführt werden. Es entsteht dann, durch die Montage vor dem Fenster, keine Wärme- oder Schallbrücke. Da zwischen Rollladenelement und dem Raumenneren keine Wärmebrücke entsteht und sich zwischen Fenster und Rollladenpanzer ein stark isolierendes Luftpolster bildet, kann ein Vorbaurollladen gegenüber einem Sturzkasten eine Primärbrennstoffeinsparung erreichen. Zusätzlich wird ein optimaler Wärmeschutz bei geschlossenen Rollläden geboten.

Besteht keine Möglichkeit, die Rollläden vor die Dämmung zu setzen, sollten die Rollladenkästen sehr gut wärmegedämmt sein, um eine lückenlose Umschließung der Gebäudehülle mit Dämmung zu gewährleisten (siehe Abb. 2.51 bis 2.54). Auf Gurtdurchführungen sollte bei Passivhäusern verzichtet werden. Solche Durchführungen stellen immer Schwachstellen der Luftdichtheit dar, die nicht vollständig beseitigt werden können. Besser ist es, die Rollläden entweder mechanisch über eine Kurbel oder elektrisch zu bedienen.

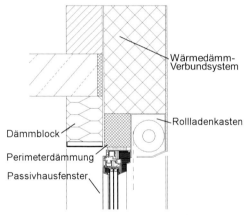

Wärmedämm-
Verbundsystem

Rollladenkasten

Dämmblock

Perimeterdämmung

Passivhausfenster

Abb. 2.53: Beispielhafte Anwendung eines Außenvorsatzrollladens (Quelle: Roma Rollladensysteme GmbH, Burgau)

Abb. 2.54: Detail zum Einbau eines Rollladenkastens

Sonnenschutz

Bei einem Passivhaus wird über die großflächigen Südfenster ein wesentlicher Anteil der solaren Wärmegewinne erreicht, welche in der kühleren Jahreszeit den Energieeintrag fördern und ohne die das Passivhaus nicht funktionieren würde. So wichtig die solaren Gewinne in den kühleren Jahreszeiten sind, so unerwünscht sind sie bei sehr warmen Außentemperaturen im Sommer. Um das Gebäude vor einer Überhitzung zu schützen, sollte ein Sonnenschutz an der Südfassade angebracht werden. Je größer der Anteil der südorientierten Fensterflächen ist, desto zwingender wird ein Sonnenschutz benötigt, besonders wenn keine Rollläden vorgesehen sind.

Dabei gibt es mehrere Alternativen, um das Gebäude vor zur großer Einstrahlung zu schützen. Zum einen kann die Verschattung der Südseite bereits durch den Entwurf von Dachüberständen oder Balkonen integriert sein. Durch solche Überstände kann im Winter das schräg einfallende Sonnenlicht die Fenster erreichen und im Sommer bei hohem Sonnenstand die Einstrahlung verhindert werden. Solche fest installierten Konstruktionen bergen jedoch den Nachteil, dass an trüben Wintertagen weniger Licht einfällt. Zum anderen gibt es bewegliche Verschattungseinrichtungen, die temporär und individuell eingesetzt werden können. Der Handel bietet verschiedene Systeme wie z. B. Jalousien, Markisen oder vertikale Lamellensysteme an (siehe Abb. 2.55 bis 2.57).

Um den nötigen Überhitzungsschutz zu bieten, sollten diese in der Regel außenseitig angebracht werden. Innen liegende Systeme dienen lediglich dem Blendschutz, da die solare Wärmeeinstrahlung trotzdem über die Fenster in den Innenbereich transportiert wird. Für die Ost- und Westseite wird ebenso eine bewegliche Verschattungseinrichtung empfohlen, da auch dort die Sonne tief einstrahlt. Diese sind jedoch nicht zwingend erforderlich, da die solare Wärmeeinstrahlung im Sommer wesentlich geringer ist.

Die Steuerung der Sonnenschutzsysteme kann entweder manuell oder automatisch erfolgen, wobei bei der automatischen Steuerung die Kosten für

Abb. 2.55: Kassetten-Fallarm-Markise
(Quelle: Warema Renkhoff GmbH,
Marktheidenfeld; Sonnenschutztechnik;
www.warema.de)

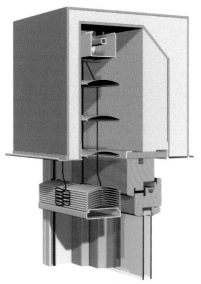

Abb. 2.56: Neubau-Aufsetzraffstore
(Quelle: Warema Renkhoff GmbH,
Marktheidenfeld; Sonnenschutztechnik;
www.warema.de)

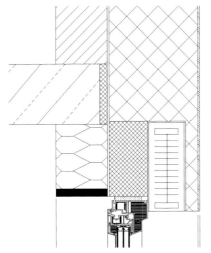

Abb. 2.57:   Einbau eines Aufsetzraffstores

einen Wind- und Sonnenwächter sowie die benötigte Elektronik anfallen.
Zeitgemäße Sonnenschutzsysteme sollten folgende Anforderungen erfüllen:

• Klimaregulierung
• Schutz vor Sonnenblendung
• Lichtregulierung
• Kälteschutz
• Wirtschaftlichkeit

2.5.5   Zusammenfassung

Planungshinweise und Ausführungsregeln:

• Das gesamte Fenstersystem eines Passivhauses darf den Wärmedurchgangskoeffizienten von 0,8 W/(m² · K) nicht überschreiten.
• Der gesamte Energiedurchlassgrad sollte > 0,45 sein.
• Die Südseite sollte überwiegend verglast, die Nordseite möglichst wenig
verglast werden.

- Die Fensterrahmen sollten in der Fassadenwärmedämmung integriert werden, sodass eine Überlappung der Rahmen mit der Wärmedämmung entsteht.
- Der Fensterrahmenanteil sollte gemessen an der Fensterfläche minimiert werden.
- Bei Anwendung von Rollläden sollte die Anordnung außerhalb der Dämmebene stattfinden, die Bedienung sollte über eine Kurbel bzw. elektrisch erfolgen und nicht über ein Gurtsystem.
- Das Anbringen eines Sonnenschutzes gegen sommerliche Überhitzung ist vorrangig für die Südfenster, aber auch für die Ost- und Westfenster ratsam.

2.6   Wärmebrücken

Wärmebrücken entstehen an Stellen in der Gebäudehülle, an denen der Wärmedurchgang abweichend von dem der Regelbauteile wie Wand, Dach und Decke ist. Beim Passivhaus spielt das Konzept der geschlossenen wärmegedämmten Gebäudehülle eine wichtige Rolle, um den Jahresheizwärmebedarf von 15 kWh/a bezogen auf die Wohnfläche und die damit verbundene Behaglichkeit im Rauminneren zu erreichen. Daher sollten Problemstellen wie der Anschluss von Zwischen- und Geschossdecken, der Übergang vom aufgehenden Mauerwerk zum Dach und der Anschluss der Fenster an die Dämmung ausführlich geplant werden.

Ist der Regelwärmeschutz eines Gebäudes sehr hoch, kann der Einfluss von Wärmebrücken erheblich sein und folglich die wärmeschützende Gebäudehülle unwirksam werden. Bei Wärmebrücken wird zwischen linien- und punktförmigen Wärmeverlusten unterschieden, wobei die punktförmige Form eher weniger vorkommt und in den meisten Fällen vernachlässigt werden kann. Wärmebrücken mit linienförmigem Wärmeverlust werden nochmals in geometrische wie Kanten und Ecken (siehe Abb. 2.58 und 2.59) sowie materialbedingte bzw. konstruktive Wärmebrücken wie bei Durchdringungen und Anschlüssen (siehe Abb. 2.60 und 2.61) unterschieden. Bei Letzteren kann man den Verlust der Wärme durch eine bauphysikalisch einwandfreie Konstruktion vermeiden bzw. minimieren (Abb. 2.62).

Im Massivbau entstehen häufig Wärmebrücken in schweren, stark Wärme leitenden Materialien wie z. B. Metall, Beton oder Kalksandstein. Diese transportieren durch ihre hohe Wärmeleitfähigkeit sehr viel Energie nach außen. Vorzufinden ist dies häufig bei einer direkten Verbindung von einer Betonbalkonplatte oder einer Podestplatte zur Betondecke. Im Leichtbau hingegen sind weniger Wärmebrücken von großer Auswirkung zu erwarten, da selten einschalige Konstruktionen ausgeführt werden, in denen von innen nach außen durchlaufende Holzbalken wie z. B. Holzständer verwendet werden.

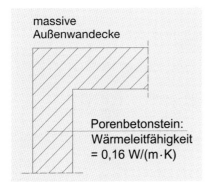

Abb. 2.58: Geometrische Wärmebrücke

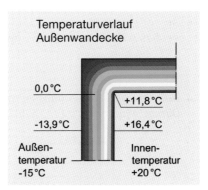

Abb. 2.59: Temperaturverlauf in geometrischer Wärmebrücke

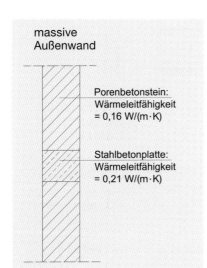

Abb. 2.60: Konstruktive bzw. stoffliche Wärmebrücke

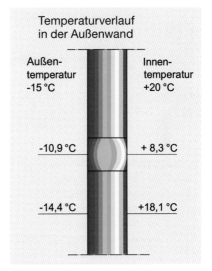

Abb. 2.61: Temperaturverlauf in konstruktiver bzw. stofflicher Wärmebrücke

2.6.1   Vermeidung von Wärmebrücken

Das wärmebrückenfreie Konstruieren verhindert einen Wärmeverlust über Stellen mit erhöhtem Wärmestrom innerhalb eines Regelbauteils. Ebenso werden Bauschäden in Form von Tauwasseranfall und daraus resultierende Schimmelpilzbildung vermieden.

Die Planung eines Passivhauses erfordert eine Optimierung aller Wärmebrückendetails, um den nötigen Energieeinsatz zu minimieren und das technische sowie ökonomische Optimum zu erreichen (siehe Abb. 2.62 bis 2.68).

Typische Beispiele für die Entstehung von Wärmebrücken sind:

- **Betondecken, die die Außenwand durchdringen,** führen zur Wärmebrücke, auch wenn ihre Ober- bzw. Unterseite gedämmt ist. Mit einer durchgehenden, gleich starken Außendämmung oder einer durchgehenden, sog. Kerndämmung, kann diese Schwachstelle vermieden werden.

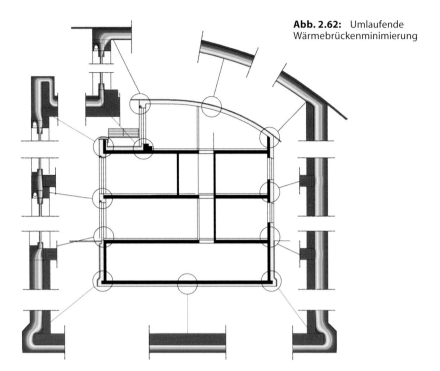

Abb. 2.62: Umlaufende Wärmebrückenminimierung

- **Auskragende Baukörper** sollten komplett außerhalb des Dämmbereiches angebracht werden, um sie energetisch vollständig vom Baukörper zu trennen. Dabei sollte eine separate statische Aufhängung genutzt werden, um die Außendämmung eines Gebäudes nicht mit dem Befestigungselement zu durchdringen.
- **Der Sockelbereich** eines Gebäudes führt schnell zu Wärmebrücken. Werden z. B. Kellerdecken kellerseitig gedämmt, um passive Solarenergiegewinne zu speichern, sollten sie keinesfalls durchgehend konstruiert sein. Führt man hingegen die Außendämmung bis unter die Bodenplatte hinunter, so vermeidet man eine Wärmebrücke.
- **Eine kalte Kellerdecke,** d. h., sie ist nur oberseitig gedämmt, führt zu einer durchgehenden Wärmebrücke, wenn die auf ihr stehende, erste Steinreihe der warmen Innenmauern hoch wärmeleitfähig ist. Die Verluste lassen sich minimieren, wenn man einen Stein wählt, z. B. Porenbeton, der schlecht Wärme leitet.
- **Fensterlaibungen,** die ungedämmt eingebaut werden, stellen eine sehr hohe Wärmebrücke dar, da die Wärme nur einen kleinen Teil der Außenwand überwinden muss. Um dies zu verhindern, sollten die Laibungen gut gedämmt sein, in der gleichen Ebene wie die Wanddämmung liegen und noch etwas über die Laibung fortlaufen.
- **Rollladenkästen** sollten eine Innendämmung erhalten, sodass die Rollläden energetisch außerhalb des Gebäudes liegen.
- **Dämmschichten,** die verrutschen, führen zu Wärmeverlusten und sollten ausreichend verklebt oder mechanisch befestigt werden. Eine Durchdringung der Dämmschicht durch metallische Befestigungselemente sollte aber weitgehend vermieden werden. Um das Entstehen von

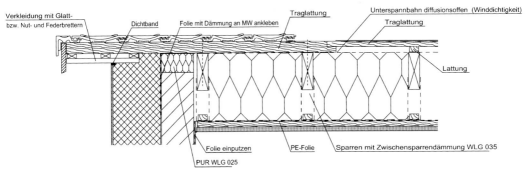

Abb. 2.63:   Detail Ortgang in Massivbauweise mit Leichtbaudach

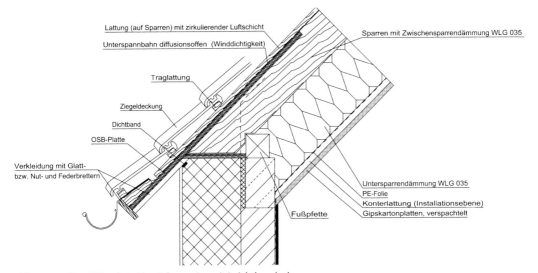

Abb. 2.64:   Detail Traufe in Massivbauweise mit Leichtbaudach

Wärmebrücken zu vermeiden, sollten Durchdringungen der dämmenden Gebäudehülle am besten vermieden werden. Erfordert das Bauwerk dennoch ein Durchstoßen der Dämmung, so sollten Bauteile gewählt werden, die einen geringen Wärmedurchgangswiderstand aufweisen und die Dämmlagen sollten an diesen Bauteilanschlüssen ineinander übergehen.

2.6.2   Zusammenfassung

Planungshinweise und Ausführungsregeln:

- Beim Passivhaus muss die gesamte beheizte Gebäudehülle lückenlos von der Wärmedämmung umfasst werden. Diese sollte möglichst überall die gleiche Stärke sowie Qualität aufweisen.
- Trifft die Wärmedämmung unterschiedlicher Bauteile aufeinander, so sollte an den Stoßfugen die Dämmung möglichst in gleicher Dicke ausgeführt werden. Erfordert die Konstruktion eine geringere Dämmstärke, so sollte diese trotzdem die gleiche Wärmeleitfähigkeit aufweisen.
- Um Wärmelecks zu verhindern, muss die Gebäudehülle luftdicht ausgeführt werden.

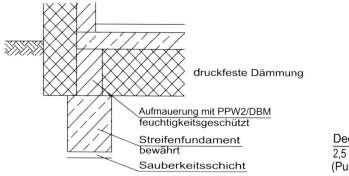

druckfeste Dämmung

Aufmauerung mit PPW2/DBM
feuchtigkeitsgeschützt

Streifenfundament
bewährt

Sauberkeitsschicht

Abb. 2.65: Detail Streifenfundament

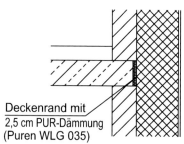

Deckenrand mit
2,5 cm PUR-Dämmung
(Puren WLG 035)

Abb. 2.66: Detail Deckenbalken

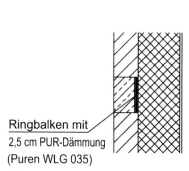

Ringbalken mit
2,5 cm PUR-Dämmung
(Puren WLG 035)

Abb. 2.67: Detail Ringbalken

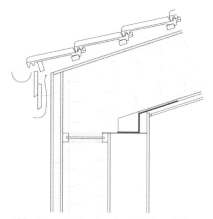

Abb. 2.68: Detail Traufe mit wärmebrückenfreiem Anschluss in Holzbauweise
(Quelle: Passivhaus Institut, Darmstadt)

- Die Wärmedämmebene sollte weitgehend frei von Durchdringungen sein.
- Die Verwendung eines Wärmedämmsteins als erste Steinlage bei massivem Mauerwerk ist ratsam, wenn durch eine außen liegende Wärmedämmung der Wärmeschutz gesichert ist.
- Erfordert die Konstruktion auskragende Bauteile, so sollten diese thermisch getrennt werden. Besser ist jedoch die Vermeidung von Auskragungen.
- Fordert der Entwurf Balkone, so sollten diese als selbsttragende, vorgestellte Konstruktionen angebracht werden.
- Die Fassadenwärmedämmung sollte auf die Fensterrahmen geführt werden.
- Bei Anwendung von Rollladenkästen sollten diese außerhalb der Wärmedämmebene angebracht werden. Ist dies nicht möglich, so sollten sie sehr gut wärmegedämmt sein.
- Hauseingangstüren benötigen einen erhöhten Wärmeschutz.
- Vor der Wärmedämmung sollte raumseitig eine separate Installationsebene eingeplant werden.

2.7 Luftdichtheit

Die Luftdichtheit im Passivhaus ist ein wichtiges Kriterium, um Heizenergiebedarf zu reduzieren und Feuchteschäden im Bauwerk zu verhindern. Somit sollten Luftbewegungen von innen nach außen durch offene Bauteilfugen, in die feuchte Raumluft eindringt und bei Abkühlung Tauwasser ausfallen kann, vermieden werden (siehe Kapitel 1.1.1).

Zudem ist für den effizienten Betrieb einer Lüftungsanlage die Luftdichtheit ausschlaggebend. Ist diese noch mit einer WRG ausgestattet, unterbindet sie unkontrollierte Zuluftströme in den einzelnen Räumen. Unkontrollierter Luftaustausch entsteht durch die zwischen innen und außen herrschenden Luftdruckunterschiede. Das Aufsteigen warmer Luft in den oberen Teil eines Gebäudes lässt dort einen Überdruck entstehen. Liegen nun in der Konstruktion Undichtigkeiten vor, wird diese erwärmte Luft durch den Überdruck nach außen gedrückt. Durch den daraus resultierenden Unterdruck im unteren Bereich des Gebäudes strömt kalte Außenluft durch vorhandene Fugen ins Gebäudeinnere. Windkräfte auf der windzugewandten Seite eines Gebäudes führen zu einem noch größeren Druck und ziehen zusätzlich Außenluft in den Innenbereich. Gegenteilig zeigt sich die windabgewandte Seite, da dort durch entstehenden Unterdruck das Ausströmen der Raumluft verhindert wird.

Wärmedämmstoffe sind im Allgemeinen nicht luftdicht und es sollte eine Planung bezüglich der luftdichtenden Hülle erfolgen, die ohne Unterbrechung konstruiert wird. Dabei ist die Abstimmung des Dichtheitskonzepts auf das Dämmsystem wesentlich.

Im Massivbau nutzt man einen durchgehenden Innenputz als luftdichtende Ebene, wobei im Holzbau vorwiegend Holzwerkstoffplatten mit verklebten Stößen verwendet werden. Als Materialien bieten sich Aluminium- oder Polyethylen-Folien bzw. Gipskarton- oder Holzwerkstoffplatten als Bekleidungen an.

2.7.1 Konzept zur Luftdichtheit

Die **Kriterien** für ein Konzept zur Luftdichtheit sind:

- Welche Bauteilschicht übernimmt für jedes der Außenbauteile die Luftdichtung?
  Dies kann bei einer gemauerten Wand der Innenputz, bei einer Dachkonstruktion die OSB-Platte oder die Dampfbremsfolie, zwischen Keller und Erdgeschoss die Betondecke sein. Im Schnitt bzw. im Grundriss sollte dabei die Lage dieser luftdichtenden Ebene als rote Linie eingezeichnet werden. Es gilt, das beheizte Volumen vollständig von luftdichtenden Ebenen einzuschließen.
- Wie werden an den Stößen die luftdichten Bauteilschichten dauerhaft luftdicht verbunden?
  Ein Fensterrahmen sollte z. B. durch ein überputzbares Klebeband an die luftdichtende Ebene der Außenwand (z. B. an den Innenputz) beständig luftdicht angeschlossen werden.

- Wie werden eventuell erforderliche Durchdringungen z. B. Elektroleitungen und Rohre, die durch eine Kellerdecke gehen, oder Steckdosen in Außenwänden abgedichtet?

Allgemeine **Grundregeln** zur Ausführung der luftdichten Ebene sind

- Luftdichtheit der verwendeten Materialien,
- Abstimmung der eingesetzten Materialien aufeinander, da nicht alle Werkstoffe untereinander verträglich sind (z. B. passender Klebstoff zur Dichtungsbahn),
- dauerhafte Dichtigkeit der gebrauchten Materialien z. B. gegen Feuchte und UV-Strahlen,
- Anbringen der Luftdichtheitsschicht immer raumseitig (innenseitig der Dämmebene),
- Beachtung der Verarbeitungsrichtlinien,
- trockene und staubfreie Fugenflanken und
- Voranstrich bei porösen Materialien.

2.7.2 Anschlüsse und Übergänge

Um Problemstellen von Anfang an zu vermeiden, sollten schon bei der Planung bauliche Durchdringungen, z. B. innen sichtbare Sparren, vermieden werden. Auch die Fensteranschlüsse müssen sorgfältig geplant werden, da ein Versetzen mit Bauschaum und Mörtel nicht ausreicht. Risikostellen sind jedoch nicht nur Durchdringungen von Bauteilen, sondern auch alle Bauteilanschlüsse und ausgeführten Materialwechsel (siehe Abb. 2.69 und 2.70).

Eine **Trennung von Rohrdurchführungen** wie in Abb. 2.71 ist zu empfehlen, da Abdichtungen gebündelter Rohrdurchführungen durch PU-Schaum schwierig sind und keine dauerhafte Dichtheit sicherstellen. Lösungen zur **Abdichtung von Rohrdurchführungen** sind z. B. spezielle Bänder oder Manschetten (siehe Abb. 2.72).

Innerhalb der Gebäudehülle kann die **Belüftung des Abwassersystems** mit einem Ventilaufsatz erfolgen und damit die Durchdringung vermieden werden. Dabei sind die jeweiligen Einbaubedingungen dieser Rohrbelüfter zu beachten.

Dichte Ausführungen von **Gurtführungen der Rollläden** sind kaum möglich, daher wird ein Elektroantrieb empfohlen, wobei aber auch hier auf eine dichte Leitungsführung zu achten ist.

Damit massive Mauerwerkswände dauerhaft luftdicht sind, müssen sie mindestens an einer Seite eine Putzschicht aufweisen. Diese Luftdichtheit wird meist durch den Innenputz erreicht und muss den gesamten Bereich des Bauteils überdecken. Es dürfen keine Lücken, selbst in nicht einsehbaren Bereichen, entstehen. Dabei sollte immer vom Rohfußboden bis zur Rohdecke geputzt werden, selbst wenn der Fußbodenaufbau dies optisch nicht nötig macht. Des Weiteren sollten auch die Stirnseiten der Türöffnungen verputzt werden, um mögliche Undichtigkeiten zu vermeiden. Betonbauteile hingegen gelten auch ohne Putz als luftdicht. Um Undichtheiten am Giebel, Kniestock oder bei Übermauerungen und Brüstungen zu vermeiden, sollten auch diese komplett verputzt werden. Fensterbrüstungen

Waagerechte Abklebung mit Bituthenebahn inkl. Voranstrich Fugen und Übergänge geklebt

Abb. 2.69: Waagerechte Abklebung

Waagerechte Abklebung am Übergang

Abb. 2.70: Abklebung am Übergang KG Wand – KG Decke – EG Wand

Abklebung Mauerelementfuge und Mauerdurchführung Erdwärmetauscher

Abb. 2.71: Rohrdurchführungen

Abb. 2.72: Manschetten (Quelle: Fa. Eisedicht, Inh. Michael Eisenhauer, Behrenstr. 3, 31737 Rinteln/OT Exten)

sollten mit Bitumenpappe oder Mörtel abgeschlossen sein, bevor die Fenster eingebaut werden. Beim späteren luftdichten Einbau der Fenster ist sauberer Glattstrich hilfreich.

Massivwände sollten auch bei einem Trockenputz mit Ausbauplatten (Gipskartonwand) verputzt werden, ansonsten ist wie bei der Leichtbauweise eine Dampfbremse nötig. Erfolgt eine Vormauerung im Sanitärbereich oder eine Leichtbaudrempelwand, wird durch Verputzen der Massivwand die luftdichte Ebene hergestellt. Bevor Bade- und Duschwannen oder Spülkästen montiert werden, müssen die Außenwände zuvor verputzt sein. Ebenso Stellen wie der Montagebereich der Lüftungskanäle, die später nicht mehr zugänglich sind. Da der Estrich auf dem Boden keine Luftdichtheit herstellt, sollten bei Fertigteildecken die Fugen verschlossen oder verputzt werden. Die Aussparungen für den Gasanschluss oder Elektroverteiler sollten von allen Seiten verputzt werden. Nach dem Einbau der Installationsleitungen werden die Schlitze mit Mörtel verfüllt.

Die Funktion der Luftdichtheitsschicht wird bei der Leichtbauweise als auch beim Dachbereich meist von der Dampfbremse bzw. der -sperre übernommen (siehe Abb. 2.73). Die eingesetzten Folien überdecken dabei lückenlos den gesamten Bereich und werden luftdicht an die angrenzenden

Abb. 2.73: Luftdichtheits-schicht im Wölbdach

Anschlussbereiche angebracht. Hierbei sollte große Sorgfalt auf die luft-dichte Verlegung der Dampfbremse gelegt werden, gerade bei Durchdrin-gungen wie Sanitär- und Elektroverrohrung, Halogenspots, Entlüftungs-rohre usw. als auch bei Bauteilanschlüssen wie Dachflächenfenster, Giebelwand und Abseitenwand. Schließt die Dampfbremse an das Mauer-werk an, sollte die Folie ausreichend lang in die Putzschicht stehen. Als Putzträger dient ein Streckmetall. Die Folie muss mit eingeputzt und darf nicht irrtümlich abgeschnitten werden (siehe auch Abb. 2.79). In den Ecken treten häufig durch unsaubere Verklebungen und Überlappungen Problem-stellen auf. Diese sollten durch sorgfältige Ausführung vermieden werden, d. h., Überlappungen sollten dicht verklebt oder verschweißt werden. Für einen ausreichenden Anpressdruck beim Verkleben sorgt die Verarbeitung auf einem festen Untergrund. Ist dieser nicht vorhanden, sollte eine zusätz-liche Unterkonstruktion angebracht werden. Eine Installationsebene vor der Dampfbremse verhindert viele mögliche Fehlerquellen.

Wenn es für eine der o. g. Lösungen zu spät ist, können kleine Undichthei-ten auch mit einem speziellen Zweikomponentenschaum verklebt werden. Normaler Bauschaum oder auch Silikon ist als dauerhaftes Dichtungsmittel ungeeignet.

Im Folgenden soll die Unterscheidung zwischen diffusionsoffen und un-dicht geklärt werden. Die Diffusionsoffenheit der Wände hat nichts mit einer Undichtigkeit des Bauwerkes zu tun. Trotz der Forderung nach Luft-dichtheit sollte ein Haus diffusionsoffen sein, um eine Austrocknung von eventueller Feuchtigkeit in der Konstruktion zu ermöglichen. Diffusion ist aber ein sehr langsamer Vorgang und hat nichts mit der Durchströmung des Bauteils mit Luft zu tun. Wenn die Dämmung von der Luft durchströmt wird, ist sie wirkungslos, da die Wärme dann mit der Luft durch die Däm-mung hindurch das Haus verlässt. Außerdem kann die Feuchtigkeit der warmen Luft an den kalten Teilen der Konstruktion kondensieren, was zu Tauwasseranfall und Bauschäden führt. Die Feuchtigkeit im Haus muss in jedem Fall durch aktives Lüften beseitigt werden. Nur bei sehr undichten Häusern kann der unkontrollierte Luftaustausch über die Fugen ausrei-chen. Diese Häuser haben aber einen viel zu hohen Energieverbrauch und ein eher zugiges und unkomfortables Raumklima.

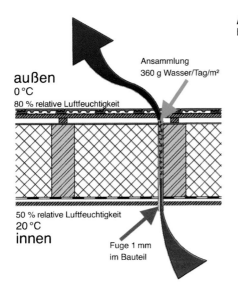

Abb. 2.74: Fugendurchströmung bei Leckage

Das Passivhaus „atmet" durch die gezielte und kontrollierte Lüftung, nicht durch die Wände. Die Dämmung (Isolierung) ermöglicht normalerweise die Diffusion. Nur spezielle Materialien verhindern vollständig die Diffusion, wie z. B. XPS oder Schaumglas. Der Zweck der Isolierung ist die Verringerung des Wärmeflusses aus dem Haus und die Verringerung des Energieverbrauchs, nicht die Verhinderung eines Feuchteaustausches durch Diffusion.

2.7.3   Typische Konstruktionsfehler

Warme, feuchte Luft kann von der Innenseite zur Außenseite strömen, wenn keine ausreichend luftdichten Bauteile konstruiert wurden (siehe Abb. 2.74). Ein erheblicher Tauwasseranfall entsteht dann an den kalten Teilen der Konstruktion. Solche Fehlkonstruktionen verursachen einen Großteil von Bauschäden.

Fehlender Putzauftrag und mangelnde Folienverbindung

Massivwände müssen überall an der Rauminnenseite, an der keine Folienabdichtung stattfindet, verputzt werden, da die massive Steinwand selbst keine Luftdichtheit aufweist. Hier entstehen häufig die größten Fehler bei der Ausführung. In Abb. 2.75 wurde hinter einer Rigipsverkleidung ein Teil der Massivwand nicht verputzt und führte so unweigerlich zu einer Leckage in der Luftdichtheitsschicht.

In Abb. 2.76 tritt durch eine nach oben und außen offene Steinwand eine Leckage am Toilettenspülkasten auf, da die Wand nicht abgedichtet wurde.

Die Luftdichtheitsfolie des Dachaufbaus in Abb. 2.77 ist nicht am gesamten Drempel heruntergeführt worden, die nicht verputzte Massivwand führt zum Außenlufteintritt zwischen Folie und Gipskartonplatten.

Abb. 2.75: Fehlender Putz an der Wand (Quelle: Dipl.-Ing. H. Trauernicht, Gebäudemesstechnik, Sehnde, www.luftdicht.de)

Abb. 2.76: Fehlender Putz unter der Fensterbank (Quelle: Dipl.-Ing. H. Trauernicht, Gebäudemesstechnik, Sehnde, www.luftdicht.de)

Abb. 2.77: Fehlende Luftdichtheitsfolie (Quelle: Dipl.-Ing. H. Trauernicht, Gebäudemesstechnik, Sehnde, www.luftdicht.de)

Abb. 2.78: Loser Anschluss (Quelle: Dipl.-Ing. H. Trauernicht, Gebäudemesstechnik, Sehnde, www.luftdicht.de)

Übergang der Luftdichtheitsfolie an Massivwände

Die Übergangsstellen von der luftdichten Folie an das massive Mauerwerk bzw. an den angebrachten Innenputz tragen erheblich zur luftdichten Schicht der Gebäudehülle bei. Bei der Ausführung muss eine professionelle Arbeitsweise vorausgesetzt werden, da Leckagen in diesem Bereich später schwer zu orten sind und nur mit erheblichem Aufwand behoben werden können.

In Abb. 2.78 besteht ein loser Übergang zwischen Folie und Mauerwerk aufgrund eines unzweckmäßigen Klebers, der mit der Folie keine Verbindung eingeht. Die unverputzte Massivwand bietet einen schlechten Klebeuntergrund.

In Abb. 2.79 wurde die angebrachte Luftdichtheitsfolie nicht, wie zwingend erforderlich, mit eingeputzt, sondern noch nach oben getackert.

Abb. 2.79: Fehlender Anschluss
(Quelle: Dipl.-Ing. H. Trauernicht, Gebäudemesstechnik,
Sehnde, www.luftdicht.de)

Abb. 2.80: Falscher Anschluss
(Quelle: Dipl.-Ing. H. Trauernicht, Gebäudemesstechnik,
Sehnde, www.luftdicht.de)

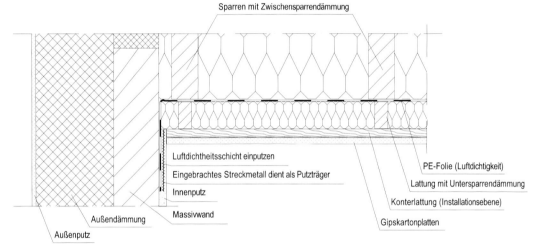

Abb. 2.81: Horizontalschnitt

In Abb. 2.80 wurde die Folie nur über einen Kleber fixiert, welcher jedoch keine Bewegungen des Bauwerks zulässt. Der angebrachte Putz wurde zudem unter der Folie aufgetragen.

Ein sauberer luftdichter Übergang zwischen Massivwand und Luftdichtfolie kann man mit einem sog. Anschlussband erreichen. Durch Klebestellen wird das Band an der Wand dauerhaft fixiert und die Folie mit dem Klebestreifen verbunden. Anschließend wird das Armierungsgewebe überputzt.

Übergang zwischen Luftdichtigkeitsschicht und Massivwand

Der Schnitt in Abb. 2.81 zeigt exemplarisch den Übergang zwischen Luftdichtigkeitsschicht und Massivwand. Die Luftdichtigkeitsschicht wird mittels eines Putzträgers unter dem Putz eingebracht. Der Putzträger erreicht das dauerhafte Anhaften des Putzes an die Folie.

Abb. 2.82: Falsch eingebrachtes Passivhausfenster (Quelle: Velux Deutschland GmbH, Hamburg)

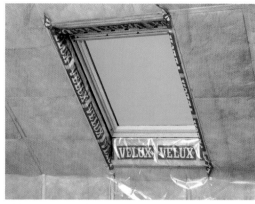

Abb. 2.83: Dachflächenfenster mit Anschlussschürze (Quelle: Velux Deutschland GmbH, Hamburg)

Abb. 2.84: Mit Luftdichtheitsfolie eingebautes Passivhausfenster

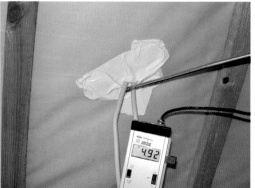

Abb. 2.85: Mangelhafte Kabeldurchführung (Quelle: Fa. Eisedicht, Inh. Michael Eisenhauer, Behrenstr. 3, 31737 Rinteln/OT Exten)

Anschlüsse der Fensterrahmen

Die Fensterrahmen in einem Passivhaus müssen absolut luftdicht und diffusionsdicht eingebracht werden, da ansonsten erhebliche Leckagen in diesem Übergangsbereich entstehen können. Häufig kommt es jedoch gerade hier zu erheblichen Konstruktionsfehlern, da die Rahmen, wie im konventionellen Hausbau oft üblich, mittels Bauschaum eingesetzt werden. Der angewandte Bauschaum ist jedoch nicht luftdicht und diffusionsoffen.

In Abb. 2.82 wurde mittels Bauschaum ein Fenster eingesetzt, was später zu erheblichen Leckagen führt.

Eine Lösung des Problems zeigt die Abb. 2.83, bei der ein Dachflächenfenster mit einer vorgefertigten Anschlussschürze an die Masse des Fensters angepasst wird. Ebenso möglich ist ein mit Luftdichtheitsfolie eingesetztes Fenster wie in Abb. 2.84, bei dem die Folie im weiteren Bauverlauf eingeputzt wird.

Abb. 2.86: Fehlende Abklebung der Kabeldurchführung (Quelle: Fa. Eisedicht, Inh. Michael Eisenhauer, Behrenstr. 3, 31737 Rinteln/OT Exten)

Abb. 2.87: Mangelhafte Abdichtung der Kabeldurchführung (Quelle: Fa. Eisedicht, Inh. Michael Eisenhauer, Behrenstr. 3, 31737 Rinteln/OT Exten)

Durchdringungen der Luftdichtheitsschicht

Manche Durchdringungen der Luftdichtheitsschicht z. B. durch Kabelführungen lassen sich nicht vermeiden. Daher sollte dieser Ausführung genaue Beachtung geschenkt werden, um im Nachhinein keine großen Leckagen zu erhalten.

Abb. 2.85 zeigt Kabeldurchdringungen der Luftdichtheitsschicht, die mit einer ungeeigneten Klebefolie ungenau abgedichtet sind und zu großen Luftdurchströmungen führen.

Eine Aussparung in einer Gipskartonwand wie in Abb. 2.86 zwecks Kabeldurchführung führt ohne Abklebung zu einer Leckage.

Die Durchdringung der Luftdichtheitsfolie aufgrund eines Lüftungsrohres in Abb. 2.87 zeigt erhebliche Luftdurchströmungen an, da auch hier mit ungeeigneter Folie abgedichtet wurde.

Eine weitere Möglichkeit der Abdichtung bieten vorgefertigte Kabeldurchführungen, die für die verschiedensten Kabeldurchmesser erhältlich sind.

2.7.4   Zusammenfassung

Planungshinweise und Ausführungsregeln:

- Die Planung des Luftdichtheitskonzepts muss eine lückenlose Umschließung des Passivhauses mit einer luftdichten Schicht beinhalten.
- Für die spezielle Anwendung der Luftdichtheit müssen alle verwendeten Werkstoffe vom Hersteller hierfür zugelassen sein.
- Die zur Anwendung kommenden Werkstoffe müssen eine Verträglichkeit miteinander aufweisen.
- Luftdichtheit beim Mauerwerk liegt nur dann vor, wenn mindestens eine Putzschicht aufgetragen wurde.
- Eine Installationsebene sollte raumseitig an der luftdichtenden Schicht angebracht werden.
- Bevor Bekleidungen angebracht werden, müssen alle Anschlussstellen überprüft werden.
- Während der Bauphase sollte eine Überprüfung der Luftdichtheit durch eine Blower-Door-Messung stattfinden. Dabei sollten die Luftdichtheitsschicht und die Anschlüsse noch zugänglich und Fenster bzw. Türen bereits eingebaut sein.

3   Gebäudetechnik

Das Passivhaus benötigt nur noch eine geringe Menge an Heizenergie, da die Gebäudehülle aus heutiger Sicht ein Optimum erreicht hat und auf ein konventionelles Heizsystem verzichten kann. Trotzdem ist der Warmwasserbedarf in einem Passivhaus genauso hoch wie in einem herkömmlichen Gebäude. Infolgedessen benötigt ein Passivhaus hinsichtlich des sehr niedrigen Jahresheizwärmebedarfs, des dennoch hohen Warmwasserwärmeanteils und der äußerst geringen Heizlast eine gute Versorgungstechnik, die auf unterschiedliche Arten ausgeführt werden kann. Dabei steht die Versorgungstechnik in engem Bezug zum Gebäude selbst, da mehrere Parameter der Gebäudehülle die benötigte Technik beeinflussen. Der Heizwärmebedarf und der Gesamtenergieverbrauch werden durch unterschiedliche Einflussgrößen bestimmt, welche im Nachfolgenden beispielhaft veranschaulicht werden.

Ausgangsbasis der in den Abb. 3.1 bis 3.3 dargestellten Abhängigkeiten bildet ein Passivhaus, welches eine hohe kompakte Gebäudehülle aufweist und wärmebrückenfrei konstruiert wurde. Des Weiteren wird angenommen, dass der mittlere U-Wert der opaken Gebäudehülle 0,1 W/(m² · K) und der mittlere U-Wert der gesamten Fensterfläche 0,8 W/(m² · K) beträgt. Die Gesamtfensterfläche beträgt 0,4-mal die Wohnnutzfläche, der südorientierte Fensterflächenanteil 70 % und die gewünschte Raumtemperatur 20 °C.

Aus den Ergebnissen wird deutlich, dass ein geringer U-Wert der opaken Bauteile, eine Raumtemperatur von 20 °C sowie ein höherer Anteil der nach Süden ausgerichteten Fenster den Heizwärmebedarf günstig beeinflussen. Legt man den durchschnittlichen täglichen Warmwasserverbrauch von 180 Litern in einem Vierpersonenhaushalt (ca. 45 Liter pro Person) zugrunde,

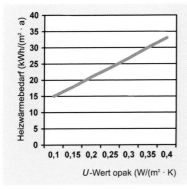

Abb. 3.1: Heizwärmebedarf abhängig vom U-Wert

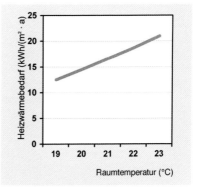

Abb. 3.2: Heizwärmebedarf abhängig von der Raumtemperatur

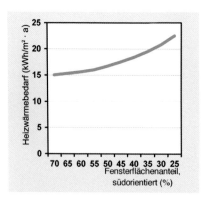

Abb. 3.3: Heizwärmebedarf abhängig vom südseitigen Fensterflächenanteil

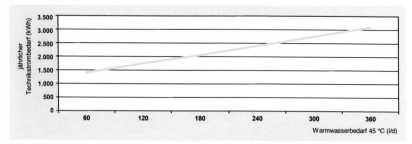

Abb. 3.4: Abhängigkeit Technikstrombedarf vom Warmwasserverbrauch

so zeigt die Abb. 3.4 den sinkenden bzw. steigenden jährlichen Strombedarf, sobald eine Abweichung dieses Wertes entsteht. Der gesamte Strombedarf der Technik wird vorwiegend durch den Warmwasserverbrauch bestimmt, der infolgedessen im Passivhaus eine einflussreiche Rolle spielt.

Versorgungstechnik

Ein Passivhaus benötigt 90 % weniger Energie als übliche Gebäude, da es einen außergewöhnlichen thermischen Komfort bietet. Zugleich herrscht in einem Passivhaus durch eine mechanisch betriebene Lüftungsanlage stets eine wohltuende Luftqualität. Eine Heizungsanlage im üblichen Sinne ist nicht notwendig, da ein Passivhaus einen so geringfügigen Heizwärmebedarf aufweist, dass dieser mithilfe der installierten Lüftungsanlage abgedeckt werden kann. Ob für den Restwärmebedarf in einem Passivhaus eine Heizung, z. B. in Form eines Brennwertgeräts, zum Einsatz kommt, ist individuell zu entscheiden und hängt, wie bereits geschildert, von mehreren Faktoren ab. So trägt auch die Einstellung der Bewohner zu ökologischen Aspekten zur Entscheidungsfindung bei.

Doch während eine Heizanlage optional ausgewählt werden kann, ist es nicht möglich, in einem Passivhaus auf eine Lüftungsanlage zu verzichten, da das Gebäude aus energetischer und bauphysikalischer Sicht nicht mehr funktionieren würde.

Die Dimensionierung einer Technikanlage sollte im Optimalfall über das PHPP erfolgen, in dem neben dem Jahresheizwärmebedarf auch die Heizlast errechnet wird. Resultiert die Ermittlung der Heizlast aus der Berech-

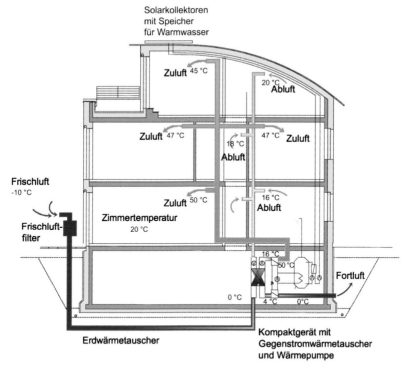

Abb. 3.5: Schematische Darstellung einer Grundversorgungstechnik in einem Passivhaus mit ungefähren Temperaturangaben

nung nach der DIN 4701-1, so findet man häufig überdimensionierte Heizanlagen vor, da die Norm solare Wärmegewinne nur eingeschränkt und interne Wärmegewinne gar nicht berücksichtigt. Im PHPP dagegen werden generell alle Wärmegewinne bezüglich der Bewohneranzahl, der solaren Gewinne und auch der elektrischen Wärmeleistungen von Haushaltsgeräten mit einbezogen.

Die optimierte Gebäudehülle führt zu einer thermischen Trägheit des Passivhauses, d. h., äußere Temperaturschwankungen beeinflussen nur sehr langsam das Gebäude und führen so kaum zu Leistungsspitzen und zu einer geringen Heizlast. In einem Passivhaus könnten z. B. zur Erwärmung eines 20 m² großen Wohnraums 2 Glühlampen von je 100 W eingesetzt werden oder die im Raum befindliche Personenzahl und ihre daraus resultierende abstrahlende Körperwärme erhöht werden.

Hauptaufgabe der Technikanlage in einem Passivhaus ist die Deckung des Bedarfs an Restheizwärme und Warmwasser sowie die Sicherung der Versorgung der Lüftungsanlage. Nebenbei sollte sie eine hohe WRG erzielen, um möglichst wenig der internen Wärmegewinne aus dem Gebäude zu transportieren.

Die beispielhafte Grundversorgungstechnik eines Passivhauses in Abb. 3.5 beinhaltet Details, die in Kapitel 3 weiter definiert werden.

Die Lüftungsanlage sollte einen hohen Wirkungsgrad von über 80 % der WRG aufweisen, um die Wärmeverluste durch die Lüftung so niedrig wie möglich zu halten. In Kombination mit einem EWT, welcher die Außenluft durch das Erdreich vorerwärmt, wird durch diesen hohen WRG-Grad eine ganzjährige Zulufttemperatur von über 17 °C erreicht und führt dazu, dass selbst bei einer Außentemperatur von –10 °C häufig kein Heizbedarf auftritt. Ein EWT wird vorgeschaltet, um eine Vereisung der WRG durch einströmende Außenluft von Temperaturen unter –5 °C zu verhindern. Der EWT gibt nicht nur die Wärmeenergie des Erdreiches an das Lüftungsgerät ab, sondern verhindert zusätzlich ein Gefrieren des Kondensatwassers, welches in der kalten Abluft entsteht (siehe Kapitel 3.1.2).

Zur Deckung des Restheizwärmebedarfs stehen verschiedene Energieträger wie Holz, Pellets oder Direktstrom, aber auch Strom für kleine Wärmepumpen zur Verfügung. Moderne Kleinstwärmepumpen liefern Jahresarbeitszahlen oberhalb der Primärenergiekennzahl, d. h., für 1 kWh investierten Strom werden ca. 3,5 kWh thermische Energien eingefahren. Im Einfamilien- und Reihenhausbau bieten sie die niedrigsten Investitionskosten und sind ökologisch als auch wirtschaftlich sehr gut zu vertreten. Speziell in Verbindung mit einer Solaranlage können diese effizienten Wärmepumpen zeitgleich für die Brauchwassererwärmung genutzt werden.

3.1   Lüftung

Da für den Menschen Luft lebenswichtig ist, sollte die Lüftungsanlage und die damit verbundene Frischluftzufuhr in einem Passivhaus bestimmte hygienische Voraussetzungen erfüllen. So gilt es neben der Begrenzung des CO_2- Gehaltes der Raumluft auch die relative Luftfeuchte zu regulieren. Des Weiteren sollte sie Gerüche und Luftschadstoffe beseitigen und zu einem behaglichen Raumklima führen (siehe Kapitel 1.1.2).

3.1.1   Luftwechsel

Der CO_2-Gehalt in der Luft ist ein wichtiger Indikator, um die Raumluftqualität zu bestimmen, da die überwiegende Mehrheit der Bewohner die Raumluftqualität als sehr angenehm empfindet, wenn ein Konzentrationswert des CO_2-Gehalts von 0,1 % nicht überschritten wird. Kommt es zu höheren Konzentrationen innerhalb der Wohnbereiche, kann es zu Müdigkeit, Mangel an Konzentrationsfähigkeit und zum Eindruck von stickiger und verbrauchter Luft kommen. Die menschliche CO_2-Abgabe und die Beseitigung aller weiteren Luftverunreinigungen, die durch menschliche Nutzung von Wohnräumen entstehen, bilden die Basis zur Bestimmung der benötigten Frischluftmenge. So kann bei einem Erwachsenen in Abhängigkeit der Aktivität die CO_2-Abgabe zwischen 10 und 75 Litern pro Stunde schwanken.

In Abb. 3.6 wird die CO_2-Abgabe eines Bewohners in Abhängigkeit seiner Aktivität veranschaulicht.

Aufgrund der in Abb. 3.6 aufgeführten Werte sollte für eine vierköpfige Familie pro Tag eine geforderte Frischluftmenge von 2.000 bis 3.000 m³ eingebracht werden, welche dann zu einem behaglichen Wohnklima und einer

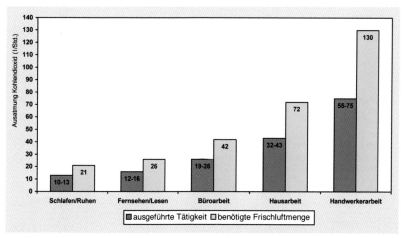

Abb. 3.6: CO_2-Abgabe und benötigte Frischluftmenge eines Bewohners in Abhängigkeit seiner Aktivität

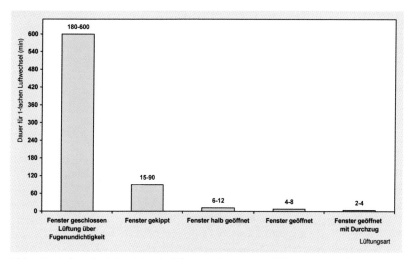

Abb. 3.7: Luftwechsel durch Fensterlüftung bei unterschiedlicher Fensterstellung

optimalen Raumluftqualität führt. Der Zeitabstand, um einen Luftwechsel von vorhandener Raumluft gegen frische Außenluft zu tauschen, wird durch die einfache Luftwechselrate wiedergegeben.

In Abb. 3.7 wird die Luftwechseldauer ausschließlich über herkömmliche Fensterlüftung, d. h. ohne kontrollierte mechanische Lüftungsanlage dargestellt.

Da ein Luftaustausch bei der Fensterlüftung nicht nur in Abhängigkeit zu Windrichtung, Windgeschwindigkeit und Temperaturdifferenzen sowie dem individuellen Benutzerverhalten steht, ohne den dabei zusätzlich entstehenden Wärmeverlust zu betrachten, ist ein zuverlässiger Luftaustausch nur durch mechanisch betriebene Lüftungsanlagen sicherzustellen. Der in einem Passivhaus aufgrund der Lüftungsanlage vorhandene Luftvolumenstrom begrenzt den CO_2-Gehalt auf ein hygienisches Höchstmaß. Dabei

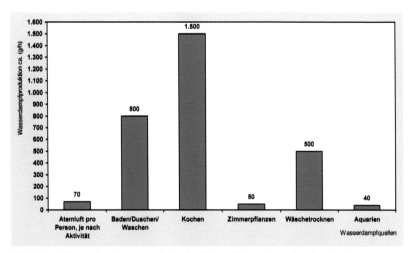

Abb. 3.8: Wasserdampfmengen bei aufgeführten Wasserdampfquellen in einem Wohnhaus

reicht ein Luftvolumenstrom von 20 bis 30 m³, in Kinderzimmern bis 35 m³ Luft je Person und Stunde aus. Mit einer mechanischen Lüftungsanlage wird ein dauerhafter Luftwechsel je nach Anzahl der Bewohner, zwischen 0,3 und 0,8 Luftwechsel pro Stunde ausgeführt. Zur Orientierung liegt der Wert von ca. 30 m³ Außenluftmenge pro Person und Stunde zugrunde.

3.1.2 Wasserdampf

Neben den Bewohnern, die durch Atmen ständig Wasserdampf innerhalb des Wohnbereiches abgeben, tragen auch andere Wasserdampfquellen wie Baden, Duschen oder Kochen zur entstehenden Wassermenge bei. Diese befinden sich als unsichtbarer Wasserdampf in der Luft. Bleiben Fenster überwiegend geschlossen, was häufig in den Wintermonaten der Fall ist, steigt die Wasserdampfkonzentration innerhalb des Gebäudes im Gegensatz zum Außenbereich deutlich an. Dabei steht die an die Innenraumluft abgegebene Wassermenge nicht nur in Abhängigkeit von der Wasserdampfquelle, sondern auch von der zeitlichen Dauer.

Die tägliche Abgabe von Wasserdampfmengen innerhalb eines Wohnraumes wird auch durch die Anzahl der Bewohner bestimmt (siehe Abb. 3.8). So produziert beispielsweise ein Vierpersonenhaushalt eine Wasserabgabemenge von 6 bis 10 kg. Um die daraus resultierende Luftfeuchtigkeit abzuführen, müssen bei Wohngebäuden ohne mechanische Lüftungsanlagen die Wassermengen in der Luft über Fensterlüftung abgeführt werden. Ansonsten entstehen Tauwassererscheinungen bzw. Feuchteschäden.

Sogenannte atmende Wände, in denen durch Diffusion Wasserdampf nach außen dringen kann, reichen nicht aus, die Wohnungslüftung zu ersetzen, da lediglich geringe Mengen abtransportiert werden können. Auch hier bietet das Passivhaus durch die mechanisch betriebene Lüftungsanlage und den daraus resultierenden regelmäßigen Luftwechsel einen gesicherten Abtransport der Wasserdampfmengen und verhindert mögliche Feuchtigkeitsschäden.

3.1.3 Luftschadstoffe

Neben den aufgeführten Gründen zur Notwendigkeit der Lüftung kommt noch die Abfuhr von Luftschadstoffen hinzu. So gilt es nicht nur, den von Bewohnern erzeugten CO_2-Gehalt abzulüften, sondern auch entstehende unangenehme Gerüche, wie sie häufig in Bad oder Küche entstehen, aus der Luft zu entfernen. Auch von Möbeln, Teppichen und Textilien sowie von vorhandenen Bauteilen können Schadstoffe abgegeben werden, die zu gesundheitlichen Schäden führen können. Bei einer kontrollierten Wohnraumbelüftung werden diese Schadstoffe regelmäßig abgesaugt. Umgekehrt bedingt ein Filter am äußeren Lufteintrittsrohr, dass z. B. Schadstoffe oder Pollen nicht in den Lüftungskreislauf eintreten können und so von den Bewohnern ferngehalten werden.

In einem Passivhaus wird durch den Einsatz einer mechanisch betriebenen Lüftungsanlage mit hoher WRG nicht nur eine ausreichende Lüftung mit hygienischen Bedingungen gewährleistet, sondern zeitgleich auch die Lüftungswärmeverluste auf ein Minimum reduziert.

3.1.4 Zusammenfassung

Eine effiziente Lüftung im Passivhaus wird nur erreicht, wenn einige wichtige Voraussetzungen erfüllt werden:

- Die Gebäudehülle muss eine Luftdichtheit von $n_{50} \leq 0{,}6/h$ aufweisen, da ansonsten kalte Außenluft einströmen bzw. warme Innenluft ausströmen kann und dies zu unkontrollierten Wärmeverlusten führt. Diese Wärme kann nicht innerhalb des Gebäudes als Energie zurückgeführt werden und geht unnötigerweise verloren.
- Die elektrischen Hilfsenergien oder Gleichstrommotoren, die vorrangig zum Arbeiten der Lüfter eingesetzt werden, müssen eine Energieeffizienz von $< 0{,}4$ Wh/m³ Luft aufweisen, langlebig und laufruhig sein.
- Die Luftdurchströmung im Passivhaus muss als gerichtete Strömung ausgeführt werden, d. h., Wohnräume wie z. B. Schlafzimmer und Wohnzimmer zählen als Zulufträume, Feuchtbereiche wie Küche, Bad und WC als Ablufträume. Flure und Treppenhäuser bilden den Überströmungsbereich.

3.2 Erdreichwärmetauscher

EWT bestehen meist aus Kunststoffrohren oder Soleleitungen, welche im frostfreien Erdreich verlegt werden. Durch das relativ gleich bleibende Temperaturgefüge des Erdreichs ist im Winter der Boden wärmer und im Sommer kühler als die Außenluft. Der vor dem Lüftungsgerät geschaltete EWT dient daher im Winter zur Vorerwärmung und im Sommer zur Kühlung der angesaugten Frischluft bzw. Zuluft. Die im Winter eintretende Luft muss vor dem Lüftungsgerät die Frostgrenze überschreiten. Die erreichbaren Temperaturdifferenzen über den EWT hängen von dessen Eigenschaften und Verlegung ab.

Um eine Vereisung des Lüftungsgerätes bzw. des Wärmetauschers in der WRG-Anlage zu vermeiden, muss sichergestellt werden, dass die einströ-

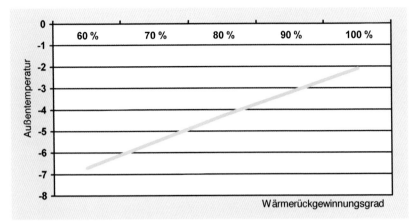

Abb. 3.9: Abhängigkeit des WRG-Grads zur Außentemperatur, bei der die Vereisungs-gefahr beginnt

mende Frischluft bzw. Zuluft auf Temperaturen über den Gefrierpunkt erwärmt werden. Die Erhöhung der Temperatur hängt vom jeweiligen Tauscherwirkungsgrad der WRG-Anlage ab, so entsteht z. B. bei einer Au-ßentemperatur von –10 °C und einer WRG von 80 % eine Erwärmung von –4 °C und beim Einbau einer WRG-Anlage mit 99 % würde eine Zuluft-temperatur von +1 °C erreicht. Bei solch einer niedrigen Außentemperatur muss eine Vorwärmung der Zuluft stattfinden. Ansonsten würde die Tem-peratur der aufgewärmten Abluft des Gebäudes im Wärmetauscher des Lüftungsgerätes unter den Gefrierpunkt sinken und dann nicht nur der Wasserdampf der Abluft auskondensieren, sondern auch zu Eis gefrieren und den Wärmetauscher blockieren.

Selbst bei WRG-Anlagen mit integriertem Frostschutz, welcher lediglich die Drosselung oder Abschaltung des Zuluftventilators regelt, sollte dennoch nicht auf eine Vorerwärmung der Außenluft verzichtet werden. Ohne die eingebrachte Zuluft kann keine WRG stattfinden, da lediglich Abluft hinaus-transportiert wird. Durch den daraus resultierenden Unterdruck im Gebäu-de dringt die fehlende Zuluft über mögliche Fugen innerhalb der Gebäude-hülle ein, was zu unangenehmen Zugerscheinungen führen kann. Eine effiziente Ausnutzung der WRG und eine ausgewogene Lüftung in den kal-ten Wintermonaten kann nur durch eine Vorerwärmung der Zuluft ge-währleistet werden (siehe Abb. 3.9).

Um eine unerwünschte Überhitzung im Sommer zu vermeiden, sollte der direkte Zugang der heißen Außenluft ins Rauminnere vermieden werden. Dies wird auch durch eine Lüftungsanlage mit vorgeschaltetem EWT er-reicht. Da das Erdreich im Sommer bei einer Tiefe von 1 bis 3 m wesentlich kühler als die heiße Außenluft ist, wird im Haus durch die Vorkühlung im Erdreich kältere Zuluft eingeblasen und heiße Abluft abgeführt. Neben der Lüftungsanlage mit EWT trägt auch die gute Wärmedämmung des Passiv-hauses sowie eine Verschattung und Verschließung der Fenster dazu bei, auf eine Klimaanlage und den damit verbundenen hohen Stromverbrauch verzichten zu können.

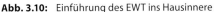

Abb. 3.10: Einführung des EWT ins Hausinnere **Abb. 3.11:** Vorläufige Verlegung des EWT

3.2.1 Bauarten

EWT gibt es in verschiedene Bauarten. Man unterscheidet zwischen Frischluftkanälen aus Kunststoff- bzw. Betonrohren, die ins Erdreich verlegt werden, und Soleleitungen, die in der Erde vergraben werden. Bei den Frischluftkanälen wird die vorhandene Erdwärme direkt auf die durchströmende Frischluft bzw. Zuluft übertragen und zum Wärmetauscher der Lüftungsanlage transportiert. Die Soleleitungen sind mit Sole, d.h. mit Wasser und Frostschutzmittel gefüllt, welche die Erdwärme aufnimmt. In einem Sole-Luft-Heizregister wird dann die Wärme an die Frischluft bzw. Zuluft abgegeben. Um die kostenlose Energie der Erdwärme nutzen zu können, benötigt man bei den Frischluftkanälen im Zuluftventilator einen leicht erhöhten Ventilatorstrom und bei den Soleleitungen geringe Strommengen für die Solepumpe.

3.2.1.1 Frischluftkanäle

Bei einem EWT mit erdverlegten Frischluftkanälen handelt es sich meist um verschweißte Kunststoffrohre mit einem Durchmesser von 150 bis 200 mm, die in ca. 1,5 bis 2 m Tiefe im Erdreich verlegt werden. Dabei besteht die Rohrleitungslänge bei einem Einfamilienhaus aus ca. 30 bis 50 m Länge. Um einen guten Wärmeübergang vom Erdreich an die Luft zu gewährleisten, sollten die Rohre dünnwandig sein, jedoch eine hohe Stabilität aufweisen, um nicht unter späteren Erd- bzw. Verkehrslasten zu brechen. Eine raue oder wellige Oberfläche optimiert eine Wärmeübertragung, sollte jedoch an der Innenoberfläche vermieden werden, da dies zu erhöhtem Stromverbrauch der Ventilatoren und zur Erschwerung des Kondensatablaufs führt. Die Rohre sollten ebenso eine Dichtigkeit gegen von außen drückendes Wasser aufweisen.

Häufig kommt es bei unsachgemäßer Planung nach starkem Regen oder hohem Grundwasserstand zu einem Volllaufen der Rohre. Dies sollte unbedingt vermieden werden. Die Reinigung und Inspektion des EWT erfordert ein Durchfahren der Rohrleitungen mit entsprechenden Geräten. Daher sollten im Verlegsystem nur Bögen und Abzweigungen gewählt werden, die dies zulassen. Revisionsschächte, die zur Reinigung dienen, müssen mit einem Geruchsverschluss (Siphon) ausgestattet werden.

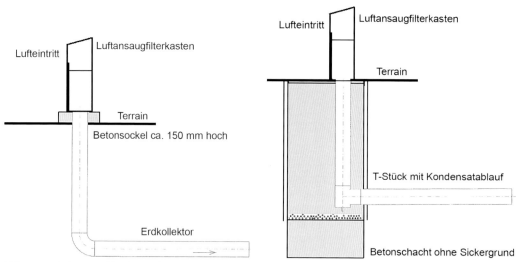

Abb. 3.12: Luftansaugfilterkasten bei Unterkellerung   **Abb. 3.13:** Luftansaugfilterkasten ohne Unterkellerung

Um die erdverlegten Frischluftkanäle vor Schimmelpilzbildung und Verschmutzung zu schützen und damit die geforderten hygienischen Bedingungen zu erfüllen, müssen vor dem EWT im Bereich der Luftansaugung hochwertige Filter angebracht werden, die in Abhängigkeit der Außenluftbedingungen ca. alle 3 Monate gewechselt werden sollten.

Die Kunststoffrohre des EWT lassen sich relativ leicht im Erdreich verlegen, wobei der umgebende Boden gut verdichtet werden sollte. Dabei wirkt sich eine hohe Feuchtigkeit, Rohdichte und Wärmeleitfähigkeit des Erdreichs günstig auf den Wirkungsgrad des EWT aus (siehe Abb. 3.10 und 3.11). Zur Verlegung der Rohre stehen unterschiedliche Verlegevarianten zur Verfügung, die individuell auf das Bauprojekt und deren Baugrund abgestimmt werden können.

Da das bei sommerlicher Kühlnutzung anfallende Kondensat abgeleitet werden sollte, müssen die Kanäle mit einem Gefälle von mindestens 2 bis 3 % abwärts in Luftströmungsrichtung verlegt werden. Das Kondensat muss zu einer Entwässerungseinrichtung an der tiefsten Stelle, dem Kondensatablauf mit Entwässerungsventil, geführt und dort entwässert werden, wobei kein außen rückströmendes Wasser eindringen darf.

Bei einem unterkellerten Gebäude findet die Entwässerung von Reinigungswasser und Kondensat meist im Keller statt, dies erfordert einen entsprechenden Ablauf (siehe Abb. 3.12). Der Luftansaugfilterkasten wird meist in Form von frei stehender Konstruktion bzw. Wandmontage im Freibereich des Gebäudes angebracht. Findet die Montage z. B. in einem Carport statt, so muss ein weiteres Rohr im Freien die Frischluft zum Filter führen. Die Kondensation an den Rohren und dem Gehäuse aufgrund höherer Temperaturen im platzierten Bereich kann durch entsprechende Isolation verhindert werden. Der Feinstaubfilter am Luftansaugstutzen kann mit einem Wetterschutzgitter ausgestattet werden.

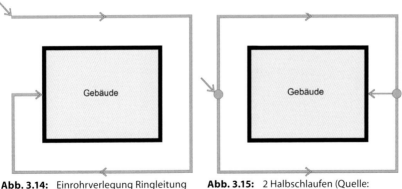

Abb. 3.14: Einrohrverlegung Ringleitung (Quelle: Ingenieurbüro Bauer-Solar, Kreisstr. 10, 24357 Esprehm, Tel.: 04354 444, Fax: 04354 799)

Abb. 3.15: 2 Halbschlaufen (Quelle: Ingenieurbüro Bauer-Solar, Kreisstr. 10, 24357 Esprehm, Tel.: 04354 444, Fax: 04354 799)

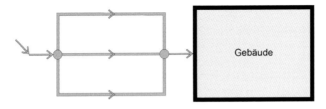

Abb. 3.16: Registerverlegung (Quelle: Ingenieurbüro Bauer-Solar, Kreisstr. 10, 24357 Esprehm, Tel.: 04354 444, Fax: 04354 799)

Bietet sich keine Möglichkeit im Keller zu entwässern, z. B. weil das Gebäude nicht unterkellert ist, muss ein Schacht gesetzt werden, in dem die Entwässerung möglich ist (siehe Abb. 3.13). Das Kondensat und Reinigungswasser kann dort zur Versickerung in ein Kiesbett geleitet werden. Befindet sich das Baugrundstück in einem grundwassergefährdeten Gebiet, so ist es möglich, den Schacht zu schließen und über eine Kondensatpumpe das T-Stück zu entwässern. Das gesamte Rohrsystem muss absolut dicht ausgeführt werden. Die Anbringung des Feinstaubfilters kann innerhalb des Schachtes oder aber im Freibereich erfolgen. Dabei ist eine Ausführung mit integriertem Wetterschutzgitter zu empfehlen.

In den meisten Fällen bestimmt die Grundstücksgröße die Verlegungsart der Frischluftkanäle des EWT, welche als Ringleitung (siehe Abb. 3.14), 2 Halbschlaufen (siehe Abb. 3.15) oder als Registerverlegung (siehe Abb. 3.16) ausgeführt werden kann. Bei Einfamilienhäusern wird vorzugsweise die Einrohrverlegung bzw. Ringleitung angewandt, da es sich um kleinere EWT-Anlagen handelt, die nur einige Formteile benötigen und deshalb wirtschaftlicher sind.

Die Auslegung des EWT, d. h. die Berechnung des Durchmessers und der Rohrlänge, wird in Abhängigkeit folgender Komponenten bestimmt:

- Volumen des Gebäudes
- Material der Rohre
- Tiefe der Verlegung
- Luftwechselrate
- Art der Verlegung (Ringleitung oder Register)
- Klima am Standort

Abb. 3.17: Sole-EWT
(Quelle: Niedrig-Energie-
Institut, Detmold)

• Kennwerte des Bodens
• Stand des Grundwassers

Eine maximale Strömungsgeschwindigkeit von ca. 3 m pro Sekunde ermittelt den Rohrdurchmesser. Bei Überschreiten dieses Wertes tritt eine negative Beeinflussung bezüglich des Druckverlustes und des Wärmeübergangs auf. Die Berechnung der Auslegung kann über ein spezielles Programm (Software PHLUFT) des Darmstädter Passivhaus-Instituts ermittelt werden.

3.2.1.2 Soleleitungen

Soleleitungen eines EWT werden aus einem biegbaren, aber sehr stabilen PE-Rohr, durch welches die Sole (Wasser und Frostschutzmittel) fließt und die Erdwärme übertragen wird, hergestellt. Bei einem Einfamilienhaus sind sie ca. 80 bis 150 m lang und werden in einer Bodentiefe von 1,5 bis 2,5 m vergraben. Sie weisen einen Durchmesser von 3,2 cm auf (DN 25). Da es noch keine Rechenprogramme zur Auslegung der Sole-EWT gibt, beruhen die Werte auf Anlagen, die bereits über Jahre vermessen werden. Aufgrund vorhandener Erfahrungen lässt sich die Länge der Soleleitungen an der Luftförderungsmenge der Lüftungsanlage festlegen, wonach die Leitungslänge der Hälfte der Luftfördermenge entspricht. So beträgt die Länge der Soleleitung 100 m bei einem Lüftungsgerät mit einer Luftförderung von 200 m³/h (siehe Abb. 3.17).

Um die Übertragung der Wärme von der Sole auf die Frischluft zu erreichen, wird in der Zuluftleitung vor dem Lüftungsgerät ein Sole-Luft-Wärmetauscher eingebaut. Zur Förderung der optimalen Menge an Sole in den verschiedenen Jahreszeiten und den damit verbundenen unterschiedlichen Temperaturen ist ein Pumpenregler im Sole-EWT integriert (siehe Abb. 3.18).

Soleleitungen können, um möglichst energieeffizient zu arbeiten, unterschiedlich verlegt werden. Ein geringer Verlegeaufwand unter Bezugnahme auf die vorhandenen Grundstücksbedingungen sollte bei der Planung angestrebt werden, um eine möglichst wirtschaftliche Lösung zu finden.

Bei einem Neubau mit Unterkellerung bietet sich durch die ohnehin vorhandene Baugrube eine Verlegung der Soleleitungen rund um das Kellergeschoss wie in Abb. 3.19 an. Die für die zu erwärmende Luftmenge erforder-

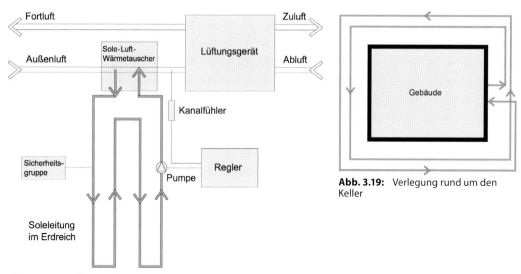

Abb. 3.19: Verlegung rund um den Keller

Abb. 3.18: Funktionsschema Sole-EWT (nach: www.villavent.de)

Abb. 3.20: Verlegung im Graben im Garten

Abb. 3.21: Verlegung unter der gedämmten Sohlplatte

liche Leitungslänge bei 1- bis 2-geschossigen Häusern ergibt meist eine Verlegung 2-mal rund um das Haus. Bei mehrgeschossigen Bauobjekten, die einen größeren Bedarf an Frischluftmenge brauchen, müssen die Leitungsringe erweitert werden.

Bei einem Neubau ohne Kellergeschoss, jedoch mit Garten, besteht die Möglichkeit, die Soleleitung in einem Graben im Garten wie in Abb. 3.20 zu verlegen, der eine Tiefe von mindestens 1,5 m aufweist. Erfordert die geringe Gartengröße ein Übereinanderlegen der Solestränge, so sollte der vom Haus kommende Vorlauf oben und der zurück zum Haus laufende Rücklauf unten eingebracht werden.

Bei einem Neubau ohne Keller und Garten ist eine Verlegung der Leitungen unterhalb der Sohlplatte wie in Abb. 3.21 möglich, jedoch muss diese dann eine unterseitige hohe Wärmedämmung aufweisen. Da im Sommer die Wärmezufuhr an das Erdreich entfällt, muss in dieser Zeit eine gezielte Wiedererwärmung der Erdmasse, z. B. durch überschüssige Wärme einer Solaranlage, geschehen. Bei einem Neubau auf Pfahlgründung ist eine Integration der Soleleitungen innerhalb der Bohrpfähle möglich.

3.2.2 Zusammenfassung

EWT aus **Frischluftkanälen:**
- Die Frischluftkanäle sind meist verschweißte Kunststoffrohre, deren Durchmesser 150 bis 200 mm betragen sollte.
- Die Länge der Frischluftrohre variiert abhängig von den Gegebenheiten zwischen 30 und 50 m.
- Die Verlegtiefe der Frischluftkanäle sollte 1,5 bis 2 m betragen, um Frostfreiheit zu garantieren.
- Die Rohrleitungen sollten zum Ablauf hin ein Gefälle von 2 bis 3 % aufweisen.
- Zwischen den einzelnen Rohren und zum Gebäude sollte der Abstand von mindestens 1 m eingehalten werden.
- Die Verlegung sollte möglichst in gewachsenem Boden stattfinden, der um das Rohrleitungssystem gut verdichtet werden muss, um einen effizienten Wärmeübergang zu erreichen.
- Zur Ableitung des anfallenden Kondensat- und Reinigungswassers innerhalb der erdverlegten Rohrleitungen ist bei unterkellerten Häusern ein Ablauf innerhalb des Hauses mittels Siphon, bei nicht unterkellerten Häusern ein Pumpenschacht vorzusehen.
- Die Bauplatzgröße entscheidet häufig über die Verlegart des EWT als Einrohrverlegung oder Register.

EWT aus **Soleleitungen:**
- Die Soleleitungen werden aus biegbarem, sehr stabilem PE-Rohr hergestellt, deren Durchmesser bei 3,2 cm (DN 25) liegt.
- Die Länge der Soleleitungen variiert zwischen 80 und 150 m bei einem Einfamilienhaus und ist von der Luftförderungsmenge der jeweiligen Lüftungsanlage abhängig (Leitungslänge = Hälfte der Luftförderungsmenge).
- Die Verlegtiefe der Soleleitungen sollte 1,5 bis 2,5 m betragen, um Frostfreiheit zu garantieren.
- Vor dem Lüftungsgerät wird in der Zuluftleitung ein Sole-Luft-Wärmetauscher eingebaut.
- Die Integration eines Pumpenreglers bestimmt die Fördermenge der Sole.
- Die Bauplatzgröße entscheidet häufig über die Verlegart des EWT, z. B. um das Gebäude herum, unterhalb der Bodenplatte oder in Bohrpfählen.

3.3 Luftvorwärmung ohne Erdreichwärmetauscher

Eine Luftvorerwärmung für den winterlichen Frostschutz hoch effizienter Lüftungsanlagen kann auch ohne Erdwärme erreicht werden. Alternativen zu Erdwärme sind elektrische oder Warmwasser-Luftvorheizregister mit Anschluss an die Zentralheizung, die in den Frischluftkanal eingebaut werden. Aufgrund seiner genannten Vorteile sollte ein vorgeschalteter EWT beim Bau eines Passivhauses immer in Erwägung gezogen werden.

Elektrische Luftvorheizregister sind meist mit Überhitzungsschutz und Luftstromüberwachung ausgestattet, jedoch ist eine genaue Regelung der

Heizregister problematisch. In vielen Fällen wird die eintretende Frischluft zu stark erwärmt und führt dann zu höherem Stromverbrauch sowie zu einer Minderung des WRG-Grads der Lüftungsanlage. Findet an den heißen Elektro-Glühdrähten eine Verschwelung von Staubpartikeln statt, erhält die einströmende Frischluft einen unangenehmen Geruch. Des Weiteren eignen sich diese Vorheizregister lediglich zur Vermeidung des winterlichen Frostschutzes, eine Vorkühlung der eindringenden Frischluft im Sommer ist nicht möglich.

Eine sehr aufwendige Installation benötigen Warmwasser-Luftvorheizregister, die aus dem Heizungskreislauf des Hauses beschickt werden. Ein Frostschutz-Thermostatventil des Heizwasserkreises drosselt den Heizwasserdurchgang anhand der Temperatur im Luftkanal. Auch dieses Heizregister lässt sich nur unpräzise regeln und führt wie das elektrische Luftvorheizregister zu höherem Gasverbrauch und zu einer Minderung des WRG-Grads der Lüftungsanlage. Ebenso kann die Pumpensteuerung der Heizungsanlage problematisch werden, wenn die Hausheizung nachts abgesenkt wird, das Frostschutz-Heizwasser aber herangepumpt werden muss.

Ein vorrangiges Problem der Warmwasser-Luftvorheizregister besteht in der Gefahr der Einfrierung, was durch Ausfall der Heizpumpe entstehen kann. In diesem Fall enthält der zum Sole-EWT führende Heizwasserkreislauf kein Frostschutzmittel mehr, obwohl die Lüftungsanlage weiterläuft. So kann es zum Platzen des Heizregisters oder Leerlaufen des Heizwasserkreises kommen. Ein Stillstand der ganzen Heizung des Hauses wäre die Folge. Vorbeugende Maßnahmen, wie ein gesondert installierter Heizkreis mit Frostschutzmittel, sind aufwendig und unwirtschaftlich.

3.4   Lüftungsanlage mit Wärmerückgewinnung

Eine mechanische Lüftungsanlage mit hoch effizienter WRG ist in einem Passivhaus unverzichtbar, da der Lüftungswärmebedarf minimiert, jedoch zeitgleich der benötigte Luftwechsel gewährleistet werden muss. Sie ist die Zentrale des Passivhauses bezüglich der Frischluft- und Wärmeversorgung (siehe Abb. 3.22). Das Lüftungszentralgerät bzw. WRG-System muss einige Kriterien erfüllen, um passivhaustauglich zu sein (siehe Abb. 3.24).

Die Frischluft (Außenluft), deren Ansaugung über einen Filter erfolgt, wird in einer konstanten Menge nach Durchströmen des EWT zum Zentralgerät der Lüftungsanlage befördert. Die Abluft, die aus den Bereichen wie Badezimmer oder Küche abgesaugt wird, erreicht zeitgleich das Lüftungsgerät. Der durchströmenden Abluft wird im Wärmetauscher des Lüftungsgerätes die Wärmeenergie entzogen und auf die einströmende Frischluft, ohne dass eine Vermischung der Luftströme stattfindet, übertragen. Durch die Trennung der Luftströme können keine Gerüche oder Schadstoffe auf die nun erwärmte Frischluft transportiert werden. Ebenso verhindert ein Filter vor dem Wärmetauscher, dass sich Staub- bzw. Schmutzpartikel absetzen können.

In den Wohnbereichen, wie Wohn- oder Schlafzimmer, wird die erwärmte und gefilterte Frischluft als sog. Zuluft eingebracht und erübrigt somit die Fensterlüftung, die hohe Wärmeenergieverluste mit sich bringen würde.

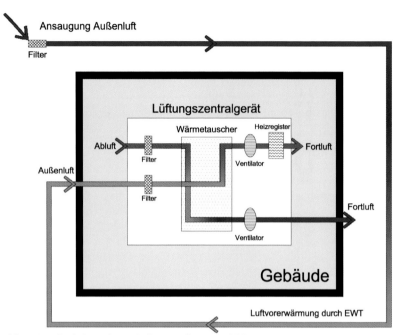

Abb. 3.22: Funktionsschema Lüftungsanlage mit WRG

Die nach Verlassen des Wärmetauschers abgekühlte, d. h. der Wärmeenergie entzogene, verbrauchte Abluft wird als sog. Fortluft über einen Lüftungskanal in den Außenbereich geführt. Der in die Zuluftbereiche eingebrachte Luftvolumenstrom liefert eine zuvor errechnete und eingestellte Luftmenge und führt so zu einer optimalen Raumluftqualität.

Der Wärmetauscher des Lüftungsgerätes (siehe Abb. 3.23) sollte einen hohen Wirkungsgrad haben, um der abgesaugten Abluft effizient die Wärmeenergie entziehen zu können. Liegen extrem niedrige Außentemperaturen vor, reduziert bereits der vorgeschaltete Wärmetauscher den Bedarf an benötigten Ergänzungsheizungen. Sollte dennoch eine Nachheizung erforderlich sein, so bieten sich verschiedene Techniken an, die in Kapitel 3.5 erläutert werden.

Die **Zulufttemperatur** muss $\geq 16,5\ °C$ sein, da sonst die benötigte Heizlast nicht erreicht werden kann. Ein Nachheizen kann bei extrem kalten Temperaturen, z. B. durch ein Nachheizregister, erfolgen.

Der **WRG-Grad** des Lüftungsgerätes sollte $\geq 75\ \%$ sein, ansonsten werden die Anforderungen der Energieeffizienz des Gerätes nicht erfüllt und das Passivhaus funktioniert nicht. Je höher der WRG ist, desto effizienter wird die Wärmeenergie des Gebäudes genutzt. Auf dem Markt werden heutzutage schon Geräte mit einem Wirkungsgrad bis zu 96 % angeboten.

Der spezifische **Strombedarf** des Lüftungsgerätes (Ventilatoren, Steuerung und Regelung) muss $\leq 0,45\ Wh/m^3$ sein, d. h., je $1\ m^3$ transportierter Luftmenge dürfen 0,45 W in der Stunde nicht überschritten werden. Um das Kriterium des geringen Stromverbrauchs zu erfüllen und der Energiebilanz des Passivhauses gerecht zu werden, muss dieser Wert eingehalten werden.

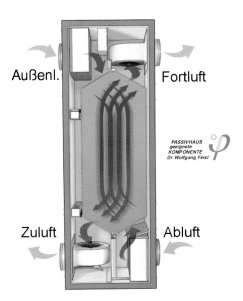

Außenl.

Fortluft

PASSIVHAUS
geeignete
KOMPONENTE
Dr. Wolfgang Feist

Zuluft

Abluft

Abb. 3.23: Wärmetauscher (Quelle: Sachsenland Bauelemente GmbH, Chemnitzer Platz 1, 08371 Glauchau, www.lueftungssysteme.de)

Abb. 3.24: Versorgungstechnik Passivhaus

Um die geforderte **Raumlufthygiene** zu erreichen, werden Filter eingesetzt. Dabei sollte der Außenluftfilter die Mindestfilterklasse F7 vorweisen und der für die Abluft eingesetzte Filter der Filterklasse G4 entsprechen. Das Auswechseln der Filter sollte einfach sein und in dreimonatigen Abschnitten erfolgen.

Des Weiteren sollte die Lüftungsanlage bezüglich der Dämmung, der Leckagen und des Ventilatorenstroms gute Voraussetzungen mitbringen, um eine hoch effiziente WRG zu erzielen:

- Die **Wärmedämmung des Lüftungsgerätes** sollte einen geringen U-Wert haben, optimal ist ein Wert von 0,5 W/(m² · K). Die Wärme würde ansonsten an die Umgebung abgegeben und den effektiven Wärmebereitstellungsgrad verschlechtern.
- Die WRG-Systeme sollten, um energieeffizient zu arbeiten und die Luftqualität zu erhalten, nur geringste **Leckagen** von ≤ 3 % aufweisen.

Abb. 3.25: Defroster (Quelle: Ingenieurbüro Bauer-Solar, Kreisstr. 10, 24357 Esprehm, Tel.: 04354 444, Fax: 04354 799)

- Das Lüftungsgerät sollte mit einer **guten Regelbarkeit,** d. h. mit mindestens 3 Stufen (Grund-, Standard- und Stoßlüftung) und einer Ausschaltung, ausgestattet sein. Integrierte Programme, die z. B. selbstständig nach einem bestimmten Zeitraum von einer Stoßlüftung in die Grundlüftung zurückschalten, sind zu empfehlen.
- Das **Verhältnis der Zu- und Abluftmenge** darf in keiner Lüftungsphase unausgeglichen sein, da ansonsten ein Über- bzw. Unterdruck innerhalb des Hauses entstehen könnte.
- Bei einer Lüftungsanlage ohne EWT müssen Vereisungen vermieden werden. Eine vor die Anlage geschaltete **Defrosterheizung** (siehe Abb. 3.25) verhindert die Vereisung der Frischluft und die Balance des Systems wird erhalten. Verzichtet man auf einen Defroster und wird zur Enteisung die Zuluft abgeschaltet, so kommt es zu einem Unterdruck im Gebäudeinneren, welcher kalte Außenluft durch die Gebäudehülle infiltriert. Dabei kann die Heizlast auf ein 3- bis 5-Faches erhöht werden.
- Befindet sich die Lüftungsanlage im Standardbetrieb, so darf der **Schalldruckpegel** ≤ 35 dB(A) sein. Strengere Anforderungen gelten für die Lüftungsleitungen, welche später aufgeführt werden.
- Die Lüftungsanlage im Passivhaus sollte bereits im Vorfeld genau geplant werden, um sie individuell auf verschiedene Kriterien abzustimmen.

3.4.1   Lüftungsverteilung und Zuluftmenge

Die beheizten Wohnbereiche eines Passivhauses werden, wie bereits erwähnt, durch die Lüftungsanlage be- und entlüftet, wobei die Lüftungsverteilung durch die installierten Lüftungskanäle stattfindet (siehe Abb. 3.26). Zur Erstellung des Lüftungsnetzes stehen unterschiedliche Rohrverteilungssysteme und Materialien zur Verfügung, die individuell auf das Bauprojekt abgestimmt werden sollten. Die Größe des Luftvolumenstroms ergibt sich aus den Nutzerbedingungen, wobei es pauschalierte Überschlagswerte zu beachten gilt.

In der Regel wird der Maximalvolumenstrom nach folgenden Kriterien ermittelt:

- Je Bewohner sollte 30 m³ Zuluft pro Stunde kalkuliert werden.
- Je Stunde sollte eine Luftwechselrate l/h ≥ 0,3 stattfinden.
- Die kennzeichnende Abluftbedingung für Funktionsräume sollte berücksichtigt werden.

Abb. 3.26: Rohrverteilungssystem mit kontrollierter Zu- und Abluftführung (Quelle: Westaflexwerk GmbH, Gütersloh)

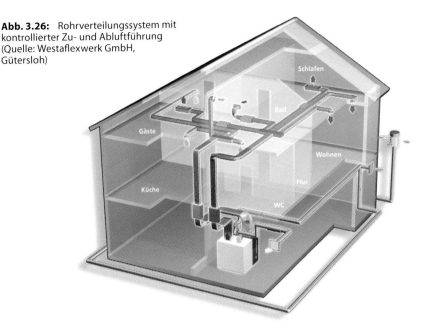

Die einströmende Zuluftmenge kann individuell eingestellt werden, da die Nutzungsbedingungen in den einzelnen Wohnräumen ganz unterschiedlich sind. So kann z. B. für Wohnbereiche mit hoher Aufenthaltsdauer die Standardlüftung eingestellt werden, in Abstellräumen läuft die Grundlüftung. Die Regelbarkeit funktioniert über in den Zuluftkanal eingebaute Klappen. Unangenehme Infiltrationen, z. B. wenn durch ein Ungleichgewicht entstandener Unterdruck kalte Außenluft durch Leckagen leichter einströmen lässt, sollten durch eine ausbalancierte Lüftungsverteilung vermieden werden. Die Einstellung der Luftmengenverteilung am Zentralgerät, welche dann variabel gesteuert und gleich bleibend in balancierter Lüftung läuft, hat sich als die wirtschaftlichste und einfachste Mengenverteilung erwiesen.

3.4.2 Rohrleitungen, Schallschutz und Raumlufthygiene

Normalerweise werden beim Bau des Lüftungskanalnetzes die Zu- und Abluftleitungen in oder auf den Decken und in Installationsschächten verlegt. Sollte dies nicht möglich sein, so können spezielle Kanäle auch auf den Putz verlegt werden. Vorzugsweise sollten glatte **Rohrleitungen** verwendet werden, denn sie verhindern die Ansammlung von Staub und unnötige Druckverluste. Umlenkungen sollten, um einen Druckabfall und Strömungsgeräusche zu vermeiden, einen großen Radius aufweisen.

Das **Lüftungssystem** sollte aus glattwandigen Rohren, die starr und dicht verlegt sind, bestehen. Neben runden gibt es auch eckige Rohrleitungen, wobei die runden den eckigen vorzuziehen sind, da sie zu niedrigeren Druckverlusten führen und daher energieeffizienter sind (siehe Abb. 3.27 und 3.28). Die Rohrleitungen dürfen im Betrieb keine Strömungsgeräusche verursachen und müssen den Forderungen nach Hygiene und Reinigungs-

Abb. 3.27: Rundkanäle

Abb. 3.28: Flachkanäle

Abb. 3.29: Montage Rundkanäle

Abb. 3.30: Verlegung Flachkanäle

möglichkeiten entsprechen. Dünnwandige Rohre aus verzinktem Stahlblech, z. B. Wickel- oder Spiralfalzrohre, entsprechen diesen Anforderungen und eignen sich daher optimal als Lüftungsrohre. Die Befestigung des Kanalsystems sollte mit Rohrschellen oder Lochbändern, immer mit Gummieinlagen, geschehen.

Rundkanäle wie in Abb. 3.29 finden meist Anwendung, um einzelne Geschosse über Stegleitungen zu verbinden. Auch können sie zur Verlegung in Schächten oder unter Kellerdecken verwendet werden. Flachkanäle wie in Abb. 3.30 weisen eine sehr geringe Höhe auf und werden daher meist im Fußbodenaufbau, in abgehängten Deckenkonstruktionen oder in engen Schächten verlegt.

Die **Zu- und Abluftventile,** die als Luftdurchlässe in den Wohnbereich geführt werden, sollten die unterschiedlichen Einstellungen des Luftvolumenstroms gewährleisten und durch eine ausreichende Dimensionierung eine zug- und geräuschfreie Luftführung ermöglichen. Momentan gibt es viele unterschiedliche Formen, z. B. Tellerventile, als Luftdurchlässe. Speziell die Abluftventile müssen mit integrierten großflächigen Vorsatzfiltern ausgestattet werden, um Lüftungsleitungen und Ventilatoren hygienisch sauber zu halten.

Der **Schallschutz** in den Zu- und Abluftleitungen wird durch einen unmittelbar nach dem Lüftungsgerät installierten Schalldämpfer erreicht. Telefonieschalldämpfer begrenzen die Schallübertragung zwischen den Räumen untereinander, vor allem wenn sich eine kurze Lüftungsleitung zwischen einzelnen Räumen befindet.

Die **Außenluft- und Fortluftdurchführungen** können in verschiedenen Bereichen der Gebäudehülle vorgenommen werden. Ausschlaggebend sind die baulichen Gegebenheiten und der Ort, an dem das zentrale Lüftungsgerät aufgestellt wird. So können die Lüftungsdurchführungen z. B. in der Wand oder im Dachbereich installiert werden. Dabei sollte jedoch darauf geachtet werden, dass sich die Luftströme nicht miteinander vermischen. So sollte der Abstand zwischen der Außenluft-Ansaugöffnung und der Fortluft-Ausblasöffnung mindestens 2 m betragen. Optimalerweise wird je eine Öffnung an unterschiedlicher Gebäudeseite, die jedoch windabgewandt sein sollte, angebracht. Das Hineinblasen von Verunreinigungen wird durch eine vorteilhafte Positionierung der Ansaugstelle der Außenluft, wie z. B. unter einem Dachüberstand, erreicht.

Das Kanalnetz der Lüftungsleitungen muss, wenn es durch einen unbeheizten Bereich verlegt wird, gut wärmegedämmt werden. Ansonsten treten hohe **Wärmeverluste und Kondenswasserbildung** auf. Geeignetes Dämmmaterial ist als vorgefertigte Halbschalen aus Mineral- oder Glaswolle, aber auch aus Schaummaterialien erhältlich. Die Leitungen, die den Transport zwischen Außen- und Innenluft leisten, also Außen- und Fortluftleitungen, müssen dampfdicht ummantelt werden, damit keine Durchfeuchtung der Wärmedämmung entsteht. Für das Lüftungszentralgerät ist kein nachträglicher Wärmeschutz nötig, da die Geräte bereits serienmäßig mit Wärmedämmung ausgerüstet sind.

3.4.3   Zusammenfassung

Lüftungsanlagen in Wohngebäuden ermöglichen eine besser dosierbare Luftzufuhr zu allen Aufenthaltsräumen und eine komfortablere Geruchs- und Feuchteabfuhr aus Küche, Bad und WC als bei der Fensterlüftung. Neben dem Komfortgewinn bringt die nur mit ihnen mögliche Abluft-WRG einen erheblichen Beitrag zur Energieeinsparung. Durch intensive Entwicklungsarbeit der Hersteller ist heute eine Reihe von Lüftungsanlagen mit WRG-Graden $\geq 80\,\%$ bei zugleich niedrigem Stromverbrauch verfügbar.

Um die bei Außentemperaturen unter 0 °C mögliche Vereisung der Fortluft im Wärmetauscher mit einfachen Mitteln zu vermeiden, wird in Passivhäusern die Frischluft im kalten Winter meist mit Erdwärme vorerwärmt. Dazu kommen neben erdvergrabenen Luftleitungen vor allem Sole-EWT infrage, die robust, hygienisch unbedenklich und gut regelbar sind. Im Sommer kann man mit EWT heiße Außenluft auch vorkühlen.

Um Lufthygiene langfristig sicherzustellen, müssen Lüftungsanlagen mit leistungsfähigen Primärfiltern ausgestattet sein, die einen Schmutzeintrag vor allem in die Zuluftwege verhindern. Ihr Leitungsnetz muss reinigungsfähig sein. Dies verlangt stabile, glattwandige und möglichst geradlinig verlegte Rohrmaterilien und bei längeren Rohrstrecken auch den Einbau zugänglicher Revisionsöffnungen. Weiterhin sind leicht zugängliche Anzeigen für Filterwechsel sinnvoll.

Bei der **Planung der Lüftungsanlage** sollten folgende Kriterien beachtet werden:

- Berechnung des Volumenstroms innerhalb des Gebäudes
- Dimensionierung der Kanäle aufgrund der Berechnungen
- Planung des Verlegsystems
- Abstimmung der gesamten Versorgungstechnik individuell auf das Gebäude
- Simulation des EWT
- Anlageabnahme durch Sachkundige
- Instruktion der Bewohner zum Umgang mit dem Lüftungssystem

Einer optimalen Planung der Versorgungstechnik im Passivhaus sollte eine große Sorgfalt, präzise Planung und eine vorzeitige Zusammenarbeit mit dem Bauherrn zugrunde liegen.

3.5   Heizungsanlage

Auch wenn der Heizwärmebedarf von Passivhäusern um etwa 75 % niedriger liegt als in üblichen Neubauten, ist i. d. R. während einer kurzen Periode, etwa von November bis März, ein kleines Heizsystem nötig. Messwerte aus zahlreichen Passivhäusern belegen, dass ein solches Heizsystem nur eine sehr geringe Heizleistung von maximal 10 W/m² Wohnnutzfläche erbringen muss. Diese sehr geringen Wärmemengen können ohne separates Wärmeverteil- und Wärmeabgabesystem bereitgestellt werden. Es müssen auch keine Heizungsrohrsysteme und Heizkörper installiert werden. Stattdessen kann die erforderliche Heizwärme über die ohnehin vorhandenen Lüftungsleitungen verteilt werden. Die Zuluft wird dazu an kalten Tagen auf maximal 50 °C erwärmt. Ein Teil der Wärme wird von den Lüftungsrohren bzw. der durch Zuluft erwärmten Decke als Wärmestrahlung an die Räume abgegeben. Der Rest dringt als warme frische Zuluft ein.

Voraussetzungen für eine optimale Lüftungszufuhr sind,

- dass eine Verschwellung des Staubes verhindert wird, indem die Wärmetauscherflächen des zentralen Lüftungsgerätes 55 °C nicht überschreiten und
- dass die relative Luftfeuchtigkeit im Winter nicht zu stark sinkt, indem nur die wirklich benötigte Luftmenge zugeführt wird.

Im Gegensatz zu konventionellen Gebäuden kann die Nachheizung der Zuluft über das Warmwasserbereitungssystem erfolgen und es wird nicht, wie bisher, das Warmwasser über die Heizungsanlage bereitet. Durch Einsatz einer Kleinstwärmepumpe wird Wärme aus der Fortluft hinter dem Luft-

Luft-Wärmetauscher entzogen und dem Gebäude erneut zugeführt. Durch Vorschalten eines EWT in der Frischluft ist die entzogene Wärme der Abluft, meist über 5 °C, höher temperiert als die Außenluft und reduziert so enorm den weiteren Wärmebedarf.

Dieses gut funktionierende Kompaktsystem kann in einem Passivhaus die Lüftung, Heizung und Warmwasserbereitung übernehmen, d. h., die Anlage deckt den gesamten Warmwasserbedarf und den Restheizwärmebedarf mit einem Stromeinsatz von nur 1.500 bis 2.200 kWh pro Jahr. Betrachtet man den gängigen Stromverbrauch eines Vierpersonenhaushalts mit ca. 3.500 bis 4.500 kWh Strom pro Jahr, so wird die Energieeffizienz einer Kompaktanlage erst deutlich. Weitere Vorteile sind die einfache Installation der Anlage während der Bauphase und dass keine weiteren Energieträger zur Versorgung des Hauses benötigt werden.

Wünscht der Bauherr trotzdem eine gängige Heizfläche, z. B. eine Fußboden- oder Wandheizung, so ist die Installation aufgrund der thermisch qualitativ guten Gebäudehülle überall möglich und muss nicht an der Fensterlage orientiert werden. Nachteilig sind jedoch die zusätzlichen Investitionskosten.

Eine weitere Alternative der Restwärmebereitstellung ist der Einsatz eines Ofens für Holzpellets oder eines Kaminofens für Stückholz, welche über eine von der Raumluft unabhängige Verbrennungsluftzufuhr betrieben werden und dadurch im Passivhaus eingesetzt werden können. Die begrenzte Regelbarkeit eines Kaminofens kann allerdings zu höheren Raumtemperaturen führen. Auf die Heizmöglichkeiten im Passivhaus wird detaillierter in Kapitel 3.5.2 eingegangen.

3.5.1   Restheizung und Warmwasserbereitung

Die geringe Heizlast von Passivhäusern von etwa 10 W/m² führt dazu, dass z. B. Einfamilienhäuser mit 150 m² Wohnfläche selbst am kältesten Tag nur eine Heizleistung um 1,5 kW benötigen, während des größten Teils der Heizperiode sogar noch weniger. Herkömmliche Heizanlagen für Gas, Öl, Holz oder Kohle mit so geringer Leistung sind bisher nicht auf dem Markt erhältlich. Für Einfamilien-Passivhäuser geeignete Heizleistungen gibt es jedoch schon bei Wärmepumpen und bei Gas-Warmlufterzeugern. Für größere Passivhäuser oder Gemeinschaftsheizanlagen können übliche Wärmeerzeuger in entsprechender Auslegung eingesetzt werden. Mehrere fertiggestellte Passivhäuser haben auch Fernwärmeanschlüsse oder sind über Nahwärmeleitungen an Heizanlagen anderer Gebäude angebunden.

Die im Passivhaus vorhandene Möglichkeit, die gering benötige Heizwärme ausschließlich über die Zuluft in die einzelnen Räume einzubringen, ermöglicht, wie bereits erwähnt, den Wegfall des gesamten konventionellen Heizwärmeverteilungssystems. Ein in der Lüftungsleitung der Zuluft eingearbeitetes Luftheizregister wird aus dem Warmwasser oder der warmen Raumluft gespeist. Bei der **Wärmeverteilung** zwischen einer zentralen Erzeugungsanlage und mehreren Brauchwasser- und/oder Heizwärmeverbrauchern werden üblicherweise nicht nur Heizwärme-, sondern auch Brauchwasserverteilungssysteme verlegt. Der niedrige Heizwärmebedarf eines Passivhauses kann aber auch als Rücklaufabsenkung aus dem Brauchwasserkreislauf entnommen werden. Allerdings sollte der Lufterhitzer trinkwassergeeignet und die Systemtemperatur auf zulässiger Mindesthöhe sein. Somit genügt ein Rohrsystem für die Versorgung von Heizung und Warmwasser.

Die **Brauchwasserversorgung** sollte wie bei gängigen Gebäuden gesichert sein, d. h., treten hohe Leistungsspitzen wie beim Duschen oder beim Befüllen einer Badewanne auf, muss genügend Warmwasser zur Verfügung stehen. Um für diese Leistungsspitzen keine groß angelegten Warmwassersysteme einbauen zu müssen, werden meist Speicher installiert. Sie ermöglichen kurzzeitig, unabhängig von der Leistungsfähigkeit des Wärmeerzeugers, eine hohe Warmwasserentnahme.

Der Passivhaus-Grundsatz, trotz halbem Energieverbrauch den doppelten Komfort zu erzielen, gilt auch beim **Warmwasserbedarf.** Dieser kann durch folgende Maßnahmen reduziert werden:

- Sämtliche Warmwasserleitungen sollten im beheizten Gebäudebereich verlegt werden.
- Das Leitungsnetz des Warmwassers sollte kurze Installationswege aufweisen und gut wärmegedämmt sein.
- Der Warmwasserspeicher sollte sich im beheizten Bereich befinden und gut wärmegedämmt sein.
- Der Träger der Badewanne sollte wärmegedämmt sein.
- Geräte mit Warmwasseranschluss wie Spülmaschine oder Waschmaschine sollten ebenso wassersparend sein wie die Armaturen.

3.5.2   Techniken zur Wärmeerzeugung

Die Anzahl der auf dem Markt befindlichen Heizungssysteme ist groß, jedoch sind im Zeitalter von Energiekrise und ökologischem Bewusstsein die mit erneuerbaren Energien betriebenen Heizanlagen im Vormarsch. Aber auch konventionell betriebene Heizsysteme wie der Gas-Brennwert-, der Öl-Brennwert- oder der Niedertemperaturkessel verfügen mittlerweile über eine wesentlich verbesserte Energieeffizienz.

3.5.2.1 Wärmepumpen

Eine der derzeit besten Alternativen zu konventionellen Heizungssystemen ist der Einsatz von Elektrowärmepumpen. Wärmepumpen verwenden die im Erdreich, im Grundwasser oder in der Luft gespeicherte Sonnenwärme mithilfe geringer Mengen an Strom zur Erzeugung von Wärme für ein Heizungssystem. Moderne Wärmepumpen können ganzjährig als Wärmelieferant sowohl für Heizzwecke als auch zur Trinkwassererwärmung eingesetzt werden. Wärmepumpen lassen sich am wirksamsten nutzen, wenn die Temperaturdifferenz zwischen Wärmequelle und Wärmeabnehmer möglichst gering ist. Grundsätzlich gilt, dass Wärmepumpen bevorzugt werden sollten, da sie unter den Heizungssystemen die höchste Effizienz erreichen.

Die Funktionsweise einer Wärmepumpe entspricht im Prinzip der eines Kühlschranks (siehe Abb. 3.31). In einem geschlossenen Kreislauf zirkuliert eine Wärmeträgerflüssigkeit (Sole), die z. B. beim Erdwärmesystem die

Abb. 3.31: Wärmepumpe (Quelle: Viessmann, Allendorf/Eder)

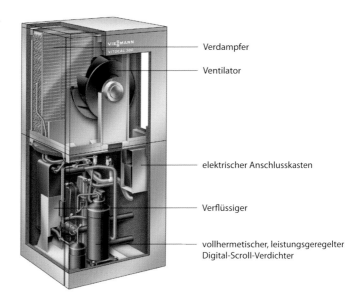

Verdampfer

Ventilator

elektrischer Anschlusskasten

Verflüssiger

vollhermetischer, leistungsgeregelter Digital-Scroll-Verdichter

Wärme aus dem Erdreich aufnimmt. In einem ersten Wärmetauscher, dem Verdampfer, wird die Wärmeenergie der Sole an ein flüssiges Kältemittel abgegeben, das dabei verdampft. Ein Kompressor erhöht den Druck und damit die Temperatur, das Kältemittel wird auf ein höheres Energieniveau gepumpt. Ein zweiter Verdampfer sorgt dafür, dass die Wärme in das Umlaufsystem der Lüftung abgegeben wird. Der abschließende Druckabbau erfolgt über das Expansionsventil und der Kreislauf beginnt von vorne. Das Verhältnis nutzbarer Heizenergie zu aufgewendeter Elektroenergie (für Pumpen und Verdichter) wird als Leistungszahl (COP) bezeichnet.

Wenn Erdwärmesysteme korrekt dimensioniert sind, erzielen sie eine Leistungszahl von > 4, d.h., aus 1 kWh Elektroenergie werden 4 kWh Heizenergie gewonnen. Für 100 % Heizwärme werden dabei 75 % der Energie aus der kostenlosen Erdwärme und 25 % über zugeführte Energie (Strom) eingesetzt. Zum Vergleich hat eine moderne Gasheizung eine Leistungszahl von ca. 1,02.

Mittlerweile stehen Wärmepumpen in den unterschiedlichsten technischen Ausführungen in Heizleistung, Brauchwasservolumen, Abmessung und Aussehen zur Verfügung.

Bei einer **Wärmepumpe mit reversibler Betriebsweise im Heizbetrieb** hat sich der Einbau eines 4-Wege-Ventils und eines zweiten Expansionsventils im Kältemittelkreislauf bewährt. Die Umschaltung der Fließrichtung kann automatisch für die gesamte Anlage über das 4-Wege-Ventil erfolgen, durch dessen Einbau der Verdichter, unabhängig von der jeweiligen Funktion (Heizen oder Kühlen), seine ursprüngliche Förderrichtung immer beibehalten kann. Im Heizbetrieb fördert der Verdichter das gasförmige Kältemittel zum Wärmetauscher für das Heizsystem. Hier kondensiert das Kältemittel und gibt dabei die Wärme an das Heizsystem (Warmwasser- oder Luftheizung) ab (siehe Abb. 3.32).

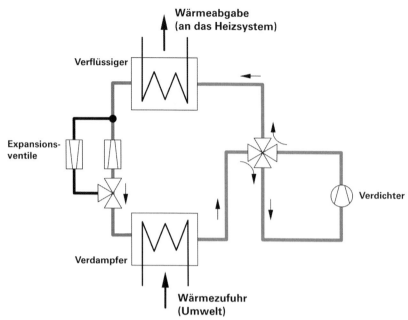

Abb. 3.32: Vereinfachtes Funktionsschema für eine Wärmepumpe mit reversiblem Heizbetrieb (Quelle: Viessmann, Allendorf/Eder)

Bei einer **Wärmepumpe mit reversibler Betriebsweise im Kühlbetrieb** wird die Fließrichtung mithilfe des 4-Wege-Ventils umgekehrt. Der ursprüngliche Verflüssiger ist jetzt der Verdampfer, der die Wärme vom Heizsystem – das wiederum die Wärme aus den Räumen aufgenommen hat – auf das Kältemittel überträgt. Das gasförmige Kältemittel gelangt wieder über das 4-Wege-Ventil zum Verdichter und von dort zum Wärmetauscher, der die Wärme an die Umgebung abgibt (siehe Abb. 3.33).

Bei einem **Passivhaus-Kompaktgerät** handelt es sich um eine **Luft-Wasser-Wärmepumpe,** die mit einer mechanischen Wohnungslüftung kombiniert wurde. Im Heizbetrieb (Nennwärmeleistung 1,5 kW) nutzt die Wärmepumpe den Wärmeanteil der Abluft, der von der WRG der Lüftung nicht verwertet werden kann, und verwendet ihn zur Nacherwärmung der Zuluft oder zur Trinkwassererwärmung. An heißen Sommertagen wird vom Modell der Abb. 3.34 zunächst der Wärmetauscher der mechanischen Wohnungslüftung, der zur WRG dient, durch eine Bypass-Schaltung überbrückt. So wird z. B. die im Vergleich zur warmen Innenraumluft kühlere Außenluft in der Nacht direkt in die Räume geleitet. Wird vom Nutzer noch kühlere Luft in den Räumen gewünscht, schaltet die Abluft-Wasser-Wärmepumpe automatisch in den reversiblen Betrieb um. Im Verdampfer der Wärmepumpe wird der Zuluft nun aktiv Wärme entzogen und die abgekühlte Luft zur Raumkühlung verwendet. Das Kompaktgerät erreicht dabei eine Kühlleistung von maximal 1 kW. Die warme Luft in den Räumen wird über die Fortluft abgeführt.

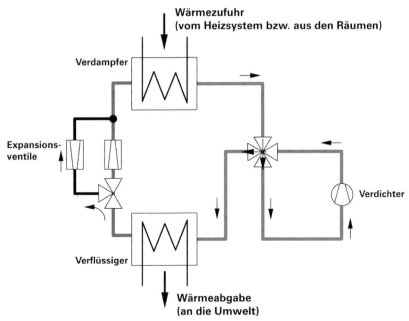

**Wärmezufuhr
(vom Heizsystem bzw. aus den Räumen)**

Verdampfer

Expansions-
ventile

Verflüssiger

Verdichter

**Wärmeabgabe
(an die Umwelt)**

Abb. 3.33: Vereinfachtes Funktionsschema für eine Wärmepumpe mit reversiblem Kühlbetrieb (Quelle: Viessmann, Allendorf/Eder)

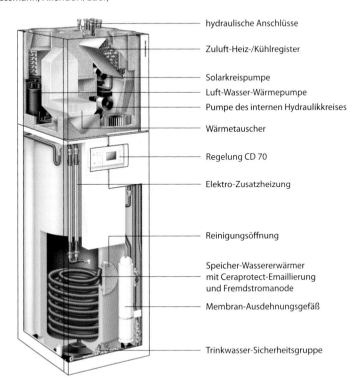

hydraulische Anschlüsse

Zuluft-Heiz-/Kühlregister

Solarkreispumpe

Luft-Wasser-Wärmepumpe

Pumpe des internen Hydraulikkreises

Wärmetauscher

Regelung CD 70

Elektro-Zusatzheizung

Reinigungsöffnung

Speicher-Wassererwärmer
mit Ceraprotect-Emaillierung
und Fremdstromanode

Membran-Ausdehnungsgefäß

Trinkwasser-Sicherheitsgruppe

Abb. 3.34: Beispiel für ein Passivhaus-Kompaktgerät (Quelle: Viessmann, Allendorf/Eder)

Die Heizleistung von reversibel arbeitenden Kompressionswärmepumpen ist immer etwas höher als die Kühlleistung. Im Heizbetrieb wird die Energieaufnahme für den Antrieb im Verdichter in Wärme umgewandelt und zum Heizen genutzt. Im Kühlbetrieb entsteht diese Wärme ebenfalls, da ja auch bei dieser Betriebsweise der Verdichter arbeiten muss. Diese zwangsläufig anfallende Wärme verringert aber in der Bilanz die theoretisch mögliche Kühlleistung. Die erreichbare COP im Kühlbetrieb ist bei reversibel arbeitenden Wärmepumpen schlechter als im Heizbetrieb.

Die Wärmepumpe ist nur indirekt auf Sonnenenergie angewiesen. Sie heizt mit gespeicherter Sonnenwärme aus der Umwelt oder mit Erdwärme. Es gibt 3 Möglichkeiten, um eine Wärmepumpe mit Wärmeenergie zu versorgen. Jede dieser 3 Wärmequellen verfügt über ausreichend Wärmeinhalt, damit der Wärmepumpenprozess stattfinden und so aus Wärme niedriger Temperatur Wärme höherer Temperatur werden kann.

Das Günstige bei der Wärmepumpe ist, dass es für jeden Anwendungsfall die passende Wärmepumpe gibt. Welche Wärmequelle die ideale ist, wird z. B. anhand des erforderlichen Wärmebedarfs, den Möglichkeiten vor Ort und natürlich nach individuellen Wünschen entschieden. Erdwärmesonden werden zurzeit bevorzugt als Wärmequelle eingesetzt. Sie eignen sich gut, wenn es sich um kleine Grundstücke handelt, aber auch für die Heizungsmodernisierung. Erdwärmekollektoren sind dann sinnvoll, wenn genügend Grundstücksfläche vorhanden ist und beim Neubau der Garten noch nicht angelegt wurde. Grundwasser ist ab einem Wärmebedarf von ca. 10 kW gut als Wärmequelle geeignet. Allerdings muss es in ausreichender Tiefe vorhanden sein. Außenluft ist überall vorhanden und für einen Wärmebedarf bis ca. 30 kW einsetzbar.

Quellen für Wärmepumpen

Die Umweltwärme steht als Erdwärme bereit oder wird in Form von Sonneneinstrahlung bzw. indirekt über Wärme aus Regen und Luft vom **Erdreich** aufgenommen. Diese im Erdreich gespeicherte Wärme wird über senkrecht eingebrachte Wärmetauscher, Erdwärmesonden, Energiekörbe oder über horizontal verlegte EWT – auch als Erdwärmekollektoren oder Flachkollektoren bezeichnet – gesammelt. Die Anlagen werden monovalent betrieben, d. h., es heizt ausschließlich die Wärmepumpe.

Die Temperatur des Erdreichs variiert mit den Jahreszeiten. Sobald aber die Frostgrenze unterschritten wird, sind diese Schwankungen deutlich geringer. Die Wärme wird vom Erdreich an den Hilfskreis, von dort an das Arbeitsmittel und im Verdampfer der Wärmepumpe über den Arbeitsmittelkreislauf an das Heizsystem abgegeben.

Erdsonden sind insbesondere für Grundstücke geeignet, auf denen bereits angelegter Bewuchs nicht beeinträchtigt werden soll. Ihr Flächenbedarf ist gering, sie sind u. a. deshalb der am meisten verbreitete Anlagetyp. Die Erdsonden werden in vertikalen Bohrungen installiert, die üblicherweise Tiefen von 10 bis 100 m erreichen. Die ausgelegte Sondenlänge kann auf mehrere Bohrungen aufgeteilt werden, um bei gleicher Sondenlänge eine geringere Bohrtiefe zu erreichen.

Als Sondenmaterial kommen Doppel-U-Rohre aus beständigen Kunststoffen (z. B. Polyethylen) zum Einsatz. Im Sondenkreislauf zirkuliert eine ungiftige und biologisch abbaubare Wärmeträgerflüssigkeit (Sole), um die im Boden, Gestein und Grundwasser vorhandene Wärme aufzunehmen und über ein Verteilersystem an die Wärmepumpe der Heizungsanlage weiterzuleiten.

Das Niederbringen einer Bohrung für Erdsonden bedarf i. d. R. einer Bohranzeige bei der zuständigen Fachbehörde, insbesondere wenn ein Einwirken auf das Grundwasser zu erwarten ist. Für die Auslegung der erforderlichen Bohrtiefe und Erdsondenanzahl sind die geologisch-hydrogeologischen Gegebenheiten des Grundstücks zu berücksichtigen. Die Auslegung erfolgt nach VDI-Richtlinie 4640.

Erdreichkollektoren sind horizontal im Boden verlegte Rohrsysteme, in denen eine Wärmeträgerflüssigkeit zirkuliert, um die im Boden gespeicherte Wärme aufzunehmen und an die Wärmepumpe der Heizungsanlage weiterzuleiten. In der Regel werden Erdreichkollektoren in einer Tiefe von 1 bis 1,5 m verlegt. Aufgrund der in diesem Tiefenbereich niedrigen Bodentemperaturen im Winter muss das Rohrsystem eine relativ große Gesamtlänge aufweisen, die mit einem entsprechenden Flächenbedarf verbunden ist. Die Kollektorfläche darf weder überbaut noch versiegelt werden. Für ein Einfamilienhaus kann die Kollektorfläche überschlägig mit der doppelt zu beheizenden Fläche veranschlagt werden.

Die optimale Lage der Kollektoren liegt im sonnigen Grundstücksbereich. Je nach Bodenbeschaffenheit und Bewuchsart kann es durch den Wärmeentzug zu einer vierwöchigen Wachstumsverzögerung der Vegetation kommen. Für die Berechnung der erforderlichen Erdreichkollektorfläche müssen Bodenart und -wassergehalt sowie die Wärmeentzugsleistung bestimmt werden.

Spiralförmige **Energiekörbe** sind eine weitere Alternative, Erdwärme zu nutzen. Sie werden in Vertikalbohrung oder in Gräben in etwa 2 bis 4 m Tiefe in den Boden eingebracht. Der Abstand zwischen den Körben beträgt ca. 4 m.

Genehmigung: Bei der Planung und beim Bau von erdgekoppelten Wärmepumpen sind in Deutschland die Bestimmungen des Wasserhaushaltsgesetzes (WHG) und die wasserrechtlichen Regelungen bzw. die Wassergesetze der Länder zu beachten. Werden Erdwärmesonden oder Energiekörbe eingesetzt, kann je nach Bundesland und Bodenbeschaffenheit ein Genehmigungsverfahren erforderlich sein. Außer in Wasserschutzgebieten ist der Einsatz von Erdwärmesonden grundsätzlich überall erlaubt. Dienen Erdwärmekollektoren als Wärmequelle, genügt meist eine Anzeige bei der zuständigen Kreisverwaltungsbehörde.

Die effektivste Wärmequelle aus der Umwelt ist das **Grundwasser,** sofern dieses in geeigneter Qualität und Tiefe vorhanden ist. Die Temperatur von Grundwasser beträgt selbst an kältesten Tagen zwischen 7 und 12 °C.

Für die Erdwärmeanlage kann über Brunnen Grundwasser entnommen werden, das als Wärmequelle direkt über eine Wärmepumpe geleitet wird.

Das um ca. 5 °C abgekühlte Wasser wird anschließend in einen Schluckbrunnen wieder in den Untergrund eingeleitet. Der Schluckbrunnen wird
in ausreichendem Abstand zum Förderbrunnen errichtet, um einen Tempe-
raturkurzschluss und eine damit verbundene Abnahme der Wärmeentzugsleistung zu verhindern. Zwischen beiden Brunnen sollte ein Abstand
von ca. 10 bis 15 m eingehalten werden.

Da bei einer solchen Anlage das Grundwasser direkt als Wärmeträgermedium genutzt wird, entstehen nur geringe Wärmetauscherverluste. Für
die Wärme- oder Kühlenergiegewinnung sind deshalb Grundwasserbrunnen im Vergleich zu Erdreichkollektoren oder Erdwärmesonden energetisch günstiger zu beurteilen.

Für die Auslegung von Grundwasseranlagen ist die Erfassung hydrogeolo-
gischer Parameter (Durchlässigkeit des Untergrunds, Fließrichtung und
Fließgeschwindigkeit des Grundwassers) notwendig. Mit diesen Daten
kann die Ausbreitung von Temperaturfeldern und die erforderliche Distanz
zwischen Förder- und Schluckbrunnen berechnet werden. Zusätzlich muss
eine chemische Analyse des Grundwassers durchgeführt werden. Diese
dient zur Beurteilung des Brunnenbetriebs in Bezug auf Verockerungen
(Eisen-/Manganausfällungen) und um die Verträglichkeit des Wassers für
den Verdampfer der Wärmepumpe feststellen zu können.

Für die Grundwasserbrunnen der Erdwärmeanlage ist bei der zuständigen
Fachbehörde eine Genehmigung einzuholen.

Energiepfähle sind im Erdreich verankerte Betonbauteile, z. B. Gebäude-
fundamente, in denen ein Rohrsystem eingebaut ist, mit dem Energie aus
dem Untergrund dem Gebäude zugeführt wird. Energiepfahlanlagen werden in Neubauten, z. B. Gewerbeobjekten, Bürogebäuden und Mehrfamilienhäusern, eingesetzt, bei denen Gründungen erforderlich sind bzw. Fundamente errichtet werden. Insbesondere werden bei Gewerbeobjekten und
Bürogebäuden in Kombination mit einer Wärmepumpe durch Umkehr
des Kreislaufs die Energiepfähle als kostengünstige Alternative zum Kühlen
der Gebäude genutzt.

Für die Auslegung von Energiepfahlanlagen sind detaillierte Informationen
über Geologie und Grundwasserverhältnisse notwendig. Die Berechnung
der Wärmeentzugsleistung kann mit Methoden analog derjenigen für Erdwärmesonden erfolgen.

Luft kann als Wärmequelle ohne großen baulichen Aufwand erschlossen
werden. Ventilatoren führen die Außenluft am Verdampfer der Wärmepumpe vorbei, wobei ihre Wärme entzogen wird. Da mit fallender Außentemperatur die Leistung der Wärmepumpe nachlässt, unterstützt ein Elektroheizstab die Wärmepumpe an den wenigen sehr kalten Tagen des Jahres.
Luft-Wasser-Wärmepumpen gibt es in 3 charakteristischen Bauformen:

- Kompaktwärmepumpen für die Außenaufstellung
- Kompaktwärmepumpen für die Innenaufstellung
- Splitwärmepumpen mit einem Innen- und Außenteil

Die Nutzung der Wärmequelle Luft ist genehmigungsfrei.

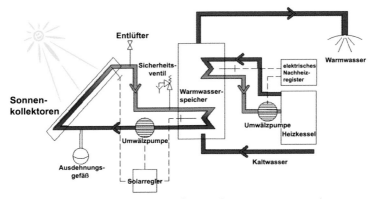

Abb. 3.35: Schema einer Solaranlage für Brauchwassererwärmung mit bivalentem Speicher

3.5.2.2 Thermische Solaranlagen

Solaranlagen können zur Unterstützung des Heizungssystems dienen. Sie sind in Deutschland zu einer gängigen Technik geworden, die bisher überwiegend bei Neubauten verwendet wird. Doch die Zahl der Nachrüstungen im Gebäudebestand wächst. Bei der thermischen Nutzung der Sonnenenergie wird mit Solarkollektoren ein Wärmeträger, meist Wasser, erwärmt. Die aufgenommene Wärme kann zur Trinkwassererwärmung, bei großen Anlagen auch zur Unterstützung des Heizungssystems, genutzt werden. Neben einem guten Kollektor sind auch die übrigen Komponenten der Solaranlage ausschlaggebend für die Wirkungsweise. Deshalb sollten alle Komponenten sehr sorgfältig ausgewählt und aufeinander abgestimmt werden (siehe Abb. 3.35).

Eine Solaranlage zur Warmwasserbereitung hat folgende Komponenten:

- Kollektorfeld
- Solarkreislauf mit Pumpe, Ausdehnungsgefäß und Sicherheitseinrichtung
- Solarregler
- Speicher mit 2 Wärmetauschern, Kaltwasserzulauf und Warmwasserauslauf
- Nachheizung mit Heizkessel, Speicherladepumpe und zugehöriger Regelung

Bei einer Solaranlage bilden ein oder mehrere Kollektoren das Kollektorfeld. Am besten wird das Kollektorfeld der Solaranlage auf einer südlich ausgerichteten, geneigten Dachfläche aufgestellt. Dabei sind folgende Orientierungen möglich: eine Neigung zwischen 30 und 60° und eine Ausrichtung nach Südost bis Südwest. Sollte der Aufstellungswinkel der Solaranlage stark abweichen, so muss mit einem deutlich geringeren Energieertrag gerechnet werden. Dies könnte nur durch eine größere Kollektorfläche ausgeglichen werden.

Bei einer Solaranlage lassen sich Kollektoren z. B. als Flachkollektor in die Dachhaut integrieren oder als Vakuumflach- und Vakuumröhrenkollektoren darüber aufständern (siehe Abb. 3.36). Probleme mit der Statik des

Dachstuhls sind nicht zu befürchten. Vielfach sind die Kollektoren der Solaranlage bei der Dachintegration leichter als die entfernten Dachziegel an dieser Stelle. Wichtig sind die fachgerechte Basis einer guten Luftzufuhr, ein detailliert geplantes Rohrverteilungssystem, welches hinsichtlich der Strömung eine Strömungsgeschwindigkeit von 3 Meter pro Sekunde nicht überschreiten sollte, richtig dimensioniert ist und hygienisch einwandfreie Bedingungen bietet, eine Abdichtung der Dachdurchdringung sowie ein Blitzschutz.

Sollten keine geeigneten Dachflächen vorhanden sein, so lassen sich für eine Solaranlage oft andere Lösungen finden. Bei Flachdächern wird der Kollektor auf ein Gestell mit entsprechender Ausrichtung montiert. Auch an Fassaden können ähnliche Gestelle angebracht werden. Bei manchen Röhrenkollektoren kann durch Drehen der Röhren die Absorberausrichtung variiert werden. Das Kollektorfeld kann in unterschiedlich ausgerichtete Flächen aufgeteilt werden. Da sich die Bestrahlungsintensität im Laufe des Tages ändert, muss allerdings jeder Teilkollektor eigens geregelt werden. Auch außerhalb von Gebäuden können Kollektorstandorte für die Solaranlage gefunden werden, z. B. bieten sich dafür eine Pergola oder Garage an. Für die Aufstellung eines Kollektorfeldes sind örtlich z. T. Baugenehmigungen nötig. Dies ist in der jeweiligen Landesbauordnung geregelt.

Der Solarkreislauf einer Solaranlage besteht aus dem Rohrsystem, in dem das Wärmeträgermedium zirkuliert, der Solarkreispumpe, der Regelung, dem Ausdehnungsgefäß und unterschiedlichen Sicherheitseinrichtungen. Das Wärmeträgermedium im Solarkreislauf einer Solaranlage ist i. d. R. ein Gemisch aus Wasser und Frostschutzmittel, der Gefrierpunkt liegt unter –15 °C.

Alle Rohrleitungen mit Armaturen und Rohrbögen innerhalb der Solaranlage sollten hochwertig wärmegedämmt sein. Die Dämmung sollte doppelt so dick sein wie der Rohrdurchmesser. Außen liegende Leitungen sollten regendicht und UV-beständig ummantelt werden. Je kürzer die Leitungen einer Solaranlage sind, desto geringer ist der Wärmeverlust.

In einer Solaranlage wird ein geringer Stromverbrauch durch eine möglichst klein dimensionierte Solarkreispumpe (z. B. 20 W) erreicht. Eine Gleichstrompumpe kann (anstelle der Wechselstrompumpe) durch einen zusätzlichen Solargenerator (UV-Modul) mit Strom versorgt werden. Wird bei einer Solaranlage der Speicher oberhalb des Kollektorfelds aufgestellt, kann auf eine Umwälzpumpe verzichtet werden. Das Wärmeträgermedium wird bei Erwärmung im Kollektor leichter und steigt deshalb ohne Hilfsenergie in den Speicher. Ein Ausdehnungsgefäß im Solarkreislauf nimmt die Volumenausdehnung des Wärmeträgermediums bei Erwärmung auf. Ein Sicherheitsventil bläst bei zu hohem Druck kleine Mengen des Wärmeträgermediums in einen Behälter ab. Der Anlagendruck wird mit einem Manometer kontrolliert. Ferner muss das Rohrsystem an seinem höchsten Punkt mit Handventil und Schnellentlüfter entlüftet werden können.

Abb. 3.36: Solarflächen auf dem Dach

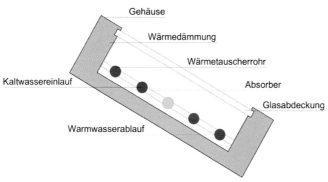

Abb. 3.37: Solarkollektor

Gehäuse

Wärmedämmung

Wärmetauscherrohr

Kaltwassereinlauf

Absorber

Glasabdeckung

Warmwasserablauf

Die wichtigsten Komponenten einer Solaranlage sind die **Solarkollektoren** (siehe Abb. 3.37). Solarkollektoren haben die Aufgabe, das Sonnenlicht einzufangen und die gewonnene Energie in nutzbarer Form abzugeben. Solarkollektoren bestehen aus dem Absorber und dem umschließenden Gehäuse. Sie wirken wie eine „Falle" für das auftreffende Sonnenlicht und haben auf der Oberseite eine lichtdurchlässige Abdeckung, z. B. eine Glasscheibe. Die Sonnenstrahlen fallen auf den Absorber der Solarkollektoren, von dem sie fast vollständig absorbiert werden. Die Sonnenenergie wird bei diesem Vorgang in Wärme umgewandelt. Da der Absorber vollständig vom Gehäuse umschlossen ist, kann kaum noch Wärme entweichen und die Temperatur des Absorbers steigt bei Sonneneinstrahlung an. Die absorbierte Wärme wird ihm durch das Wärmeträgermedium entzogen, das durch Rohre und Kanäle im Absorberblech strömt.

Es existieren sehr unterschiedliche Bauarten von Solarkollektoren, das dargestellte Wirkungsprinzip der Solarkollektoren ist jedoch immer dasselbe. Die Bauarten der Solarkollektoren unterscheiden sich vor allem durch die jeweiligen Techniken zur Begrenzung der Wärmeverluste.

Abb. 3.38: Flachkollektor
(Quelle: Wolf GmbH, Mainburg)

Abb. 3.39: Röhrenkollektor (Quelle: Wolf GmbH, Mainburg)

Der **Flachkollektor** in Abb. 3.38 entspricht der gewöhnlichen Bauart für Brauchwasser-Solaranlagen. Solche Solarkollektoren verfügen über einen Absorber mit großer Fläche und sind von einem kastenförmigen Gehäuse umgeben. Als transparente Abdeckungen dienen meist Glasscheiben, es gibt sie aber auch mit Kunststoff als Folien- oder Platten. Auf der Rückseite und an den Seiten reduzieren temperaturbeständige Dämmmaterialien wie Mineralfaser- oder Polyurethanplatten die Wärmeverluste. Das Gehäuse besteht aus verzinktem Stahlblech oder Aluminium. Hersteller von Solarkollektoren bieten auch Bausätze für Flachkollektoren an.

Trifft Sonnenlicht auf den Flachkollektor, so wird lediglich ein Teil der Wärme durch den Wärmeträger abgeführt. Kleinere Mengen des einfallenden Lichtes werden an der Glasabdeckung und am Absorber reflektiert – dies sind die optischen Verluste. Aber auch ein Teil der vom Absorber aufgenommenen und in Wärme umgewandelten Sonnenenergie kann nicht genutzt werden – dies sind dann die thermischen Verluste der Solarkollektoren.

Der **Vakuumflachkollektor** ist eine Variante des Flachkollektors und ähnlich aufgebaut. Die Dämmwirkung wird beim Vakuumflachkollektor allerdings durch einen Unterdruck im Gehäuse erreicht. Er verringert den Wärmetransport durch Luftströmung (Konvektion). An der Rückseite sind Stützen aufgebaut, die den von außen wirkenden Luftdruck aufnehmen. Ab und zu müssen die Solarkollektoren nachevakuiert werden, um den Druckanstieg durch konstruktionsbedingte Undichtigkeiten auszugleichen.

Vakuumröhrenkollektoren wie in Abb. 3.39 bestehen aus einem Gestell mit mehreren Glasröhren, in denen sich jeweils ein Absorberstreifen befindet. Die Röhren sind evakuiert, das Vakuum ist wesentlich besser als in Vakuumflachkollektoren.

Es werden 2 Funktionsprinzipien dieser Bauart von Solarkollektoren unterschieden: direkt umflossene Vakuumröhren und das Heat-Pipe-System. Bei den direkt umflossenen Vakuumröhren wird das in der Mitte des Absorber-

streifens verlaufende Rohr direkt vom Wärmeträgermedium durchströmt.
Energie wird durch das Zirkulieren einer speziellen Flüssigkeit, durch Ver-
dampfen und Kondensieren, innerhalb des Absorberrohres transportiert.
Ein Wärmetauscher gibt die Wärme am Rohrende an den Solarkreis ab.
Vorteil: Defekte Rohre dieser Solarkollektoren können so leichter ausge-
tauscht werden. Beim Heat-Pipe-System wird ein mit Unterdruck eingebrachtes Wärmerohr mit Wasser oder Alkohol gefüllt und gibt schon bei
niedrigen Temperaturen (ab 25 °C) Dampf ab. Nachdem der Dampf am
oberen Ende des Wärmerohrs kondensiert ist, wird er über einen Kondensator an die durchströmende Wärmeträgerflüssigkeit abgegeben. Im Gegensatz zu Röhren mit Heat-Pipe-System, die im Winkel von 25° montiert
werden müssen, können direkt durchflossene Vakuumröhrenkollektoren
auch horizontal, z. B. auf Flachdächern, angebracht werden.

Die Glasröhren werden bei der Herstellung dauerhaft abgedichtet. Bei besonderer mechanischer oder thermischer Belastung kann es vorkommen,
dass einzelne Rohre beim Transport oder Einbau undicht werden. Der
Vakuumverlust ist daran erkennbar, dass die defekte Glasröhre außen wesentlich wärmer wird als die Umgebungstemperatur. Deshalb sollten die
einzelnen Röhren nach der Montage überprüft werden.

Speicherkollektoren finden sich vor allem in südlichen Regionen. Bei Speicherkollektoren sind Solarkollektoren und Warmwasserspeicher in einem
Gehäuse zusammengefasst, das im Freien aufgestellt wird. Für westeuropä-
ische Breitengrade gibt es Systeme der Solarkollektoren, die mit transluzen-
ter Wärmedämmung abgedeckt sind. Dies ist ein lichtdurchlässiges Kunst-
stoffmaterial mit sehr guten Dämmeigenschaften. Speicherkollektoren
lassen sich als komplett anschlussfertig gelieferte Systeme einfach montie-
ren. Da hier Leitungswasser im Außenbereich eingesetzt wird, ist eine
Frostschutzsicherung dieser Solarkollektoren notwendig. Keinesfalls sollte
eine Zusatzheizung wie Wärmetauscher oder elektrischer Heizstab direkt
in den Speicher eingebaut werden. Ansonsten werden die Verluste zur Außenluft – insbesondere im Winter, wenn hoher Zusatzwärmebedarf besteht
– wesentlich höher als bei separaten Speichern, die im Gebäude aufgestellt
sind.

Bei Solaranlagen in Ein- und Zweifamilienhäusern sind bivalente Speicher
mit 2 Wärmetauschern, sog. **Latentwärme-Schichtspeicher,** üblich: ein
unterer für den Anschluss an den Kollektorkreis zur solaren Erwärmung
des Trinkwassers und ein oberer für den Anschluss an die Nacherwärmung
durch den Heizkessel. Aufgrund der unterschiedlichen Dichte von warmem
und kaltem Wasser sowie der Be- und Entladevorgänge im Speicher stellt
sich eine Temperaturschichtung ein.

Eine besondere Wärmespeicherung findet in sog. Schichtspeichern statt.
Die Speichergestaltung und der -einbau bewirken, dass sich das erwärmte
Trinkwasser in die Ebene gleicher Temperatur einschichtet. Auf diese Weise
gelangt die Solarwärme schneller auf das Niveau der Nutztemperatur.
Schichtspeicher sind das zentrale Element der Heizungsanlage. Die Wärme für den Heizungsvorlauf wird aus dem oberen $1/3$ des Speichers entnommen, die Rücklaufwärme fließt in der passenden Höhe in den Speicher zurück. Die Trinkwassererwärmung ist in dieses System integriert, natürlich

ohne dass sich das Trinkwasser und das Wasser des Heizungskreislaufs miteinander vermischen können. Zur hygienisch notwendigen Trennung zum Heizungskreislauf dient ein kleiner Behälter, der im oberen $^1/_3$ des Schichtenspeichers untergebracht ist. So wird mit geringen Verlusten Warmwasser bereit gehalten.

Der Schichtenspeicher kann aber auch als Durchlauferhitzer genutzt werden, indem das Trinkwasser durch einen Wärmetauscher den Speicher von den kühleren unteren bis zu den oberen Schichten mit höherer Temperatur durchfließt. So müssen keine größeren Trinkwassermengen mit gebrauchsfertiger Temperatur über längere Zeit vorgehalten werden und die Legionellengefahr ist sehr gering. Eine andere Möglichkeit, mit einer Solaranlage warmes Trinkwasser zu erzeugen, bietet ein Durchlaufplattenwärmetauscher, der von der heißesten Stelle des Speichers bedient wird. So wird warmes Wasser immer nur bei Bedarf erzeugt.

Im Ein- und Zweifamilienhaus erfreuen sich Kombispeicher zur kombinierten Trinkwassererwärmung und Heizungsunterstützung wachsender Beliebtheit. Die Speicher sparen Platz und sind einfach in das Heizsystem und die Trinkwassererwärmung einzubinden. Im Kombispeicher befindet sich Heizungswasser. Während die Solaranlage über einen Wärmetauscher den gesamten Speicherinhalt erwärmt, heizt der Heizkessel nur den Bereitschaftsteil. Die Trinkwassererwärmung kann folgendermaßen realisiert werden: Beim Durchflusssystem wird das Trinkwasser über einen internen Wärmetauscher erwärmt, der den gesamten Speicher durchzieht. Das Tank-in-Tank-System hält innerhalb des Pufferspeichers einen kleineren Speicher, den Trinkwasserspeicher, bereit. Die Wärme wird durch das umgebende Heizungswasser abgegeben.

Für die im Einfamilienhaus benötigten Leistungszahlen eignen sich Schichten- sowie Kombispeicher innerhalb einer Solaranlage. Sie sorgen aufgrund der geringen bevorrateten Trinkwassermengen für eine hygienische und sichere Trinkwassererwärmung. Bei größerem Trinkwarmwasserbedarf, oder wenn z. B. für eine Holzheizung größere Pufferspeichervolumen benötigt werden, kommt eine Zweispeichersolaranlage zum Einsatz. Hier werden bivalenter Solarspeicher und Heizungspufferspeicher räumlich getrennt installiert.

Um bei der Verwendung einer Solaranlage einen Ausgleich zwischen Zeiten mit hohem Strahlungsangebot am Mittag und solchen mit großem Warmwasserverbrauch, etwa morgens und abends, zu schaffen, ist ein Warmwasserspeicher erforderlich. Je größer der Speicher ist, desto größer ist die Ausbeute der Solaranlage.

3.5.2.3 Nachheizung

Da die Solaranlage im Winter nur wenig Ertrag liefert, muss nachgeheizt werden. Empfehlenswert ist der Anschluss der Solaranlage an die Heizungsanlage, da hier die Wärme energetisch effizient bereitgestellt wird. Die meisten Kesselregelungen können die Steuerung der Speicherladepumpe mit übernehmen: Wenn die Temperatur im Bereitschaftsteil unter eine festgelegte Grenze fällt, wird die Pumpe eingeschaltet und die Wärme wird

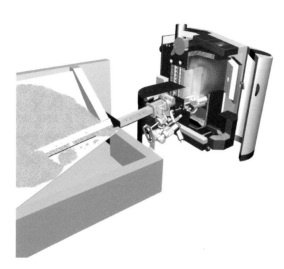

Abb. 3.40: Pelletheizung
(Quelle: Fröling Heizkessel-
und Behälterbau GmbH,
Grieskirchen)

aus dem Kessel über einen zusätzlichen Wärmetauscher in den Speicher
transportiert. Im Sommer sollte der Kessel wegen des geringen Zusatzwär-
mebedarfs nicht ständig in Bereitschaft gehalten werden, sondern erst an-
laufen, wenn ein bestimmter Speicherladezustand unterschritten wird.
Möglich ist auch eine nachgeschaltete Erwärmung des im Speicher durch
die Solaranlage vorerwärmten Wassers.

Holz ist der wichtigste CO_2-neutrale Brennstoff, da bei der Verbrennung
nicht mehr CO_2 freigesetzt wird, als während des Holzwachstums der Atmosphäre entzogen wurde. Die Verbrennung von Holz setzt fast kein Schwe-
feldioxid frei, das hauptverantwortlich für den sog. sauren Regen gemacht
wird. Der Einsatz für Heizungssysteme ist ökologisch unbedenklich.

Eine noch recht neue Art der Biomasseverfeuerung ist die Verbrennung von
Holzpellets (siehe Abb. 3.40). Pellets sind kleine Presslinge, die unter hohem Druck aus reinem Holzmehl ohne Bindemittel erzeugt werden. Durch
die hohe Pressung der Pellets entsteht ein homogenes Brennmaterial mit
sehr geringem Wasseranteil. Dadurch ergeben sich Vorteile beim Transport, der Lagerung und eine hohe Energiedichte. Der Heizwert von Pellets
liegt bei 4,9 bis 5,0 kW/kg und entspricht damit ca. 0,5 Liter Öl.

Nach Größe und Gewicht genormt sind Holzpellets sicherlich eine Alternative zu Gas und Öl. Sie werden für die Pelletsheizung in Säcken oder auch
lose geliefert. Sie können in Einzelöfen oder Kesseln verfeuert werden. Unter den Kessel-Pelletsheizungen gibt es halbautomatische Anlagen, die mit
der Hand zu befüllen sind. Bei vollautomatischen Modellen werden die Pellets mit einer elektrisch betriebenen Förderschnecke oder Saugleitung aus
einem Tank, Silo oder Lagerraum in den Kessel gefördert. Die Kessel haben
eine elektrische Zündung sowie eine Steuerung der Zuführung der Holzpellets und der Verbrennungsluft. Die entstehende Asche kann als Gartendün-
ger fast überall sinnvoll untergebracht werden.

Die Pelletsheizung kann im Keller aufgestellt werden. Preiswerte Geräte
kleiner Leistung gibt es auch für eine Aufstellung im Wohnraum, die etwa
in Niedrigenergie- oder Passivhäusern als alleinige Wärmeerzeuger einge-

setzt werden können. Im Ofen sind Wassertaschen eingebaut, sodass bis zu 80 % der entstehenden Wärme dem Heizungssystem zugeführt wird. Da 20 % der Wärme direkt in den Raum abgestrahlt werden, ist die Erzeugung von Warmwasserwärme außerhalb der Heizperiode nicht unproblematisch. Die Kombination mit einer Solaranlage bietet hier eine gute Lösung. Beim Einsatz einer kontrollierten Wohnungslüftung ist darauf zu achten, dass die Pelletsheizung unabhängig von der Raumluft betrieben wird. Teurer als Pelletskessel sind die leistungsstärkeren Zentral-Pelletsheizungen, die meist im Keller aufgestellt werden. Sie kosten in etwa das Doppelte einer Ölheizung. Bei der zu erwartenden Preisentwicklung bei den fossilen Brennstoffen Öl und Gas bieten Pelletsheizungen durchaus eine attraktive Alternative.

Die Pelletsproduktion wird momentan erheblich ausgeweitet, sodass mit kurzen Transportwegen und relativ günstigen Preisen zu rechnen ist. Pro Tonne kosten Pellets derzeit ca. 170,00 €. Bezogen auf den Heizwert sind sie etwa gleich teuer wie Heizöl, die Gesamtenergiebilanz ist herausragend. Der Primärenergiefaktor von 0,2 bewirkt so günstige Anlagenaufwandszahlen für Pelletsheizungen, dass ein Primärenergienachweis nach EnEV nicht schwerfällt. Auch verschärfte Anforderungen, etwa im Rahmen von Förderprogrammen, können recht einfach erfüllt werden. Weitere Fördergelder für Pelletsheizungen, die derzeit gewährt werden, verbessern darüber hinaus die Wirtschaftlichkeit.

Biogas entsteht durch den bakteriellen Abbau organischer Substanzen, wie z. B. tierische Exkremente, Pflanzenfasern oder Speise- und Schlachtabfälle, in einem Faulbehälter. Die Dauer des Zersetzungsprozesses hängt von den Materialien ab. Bei richtiger Steuerung des Prozesses werden gut brennbare Gase wie Methan (CH_4) gewonnen.

Die Biogasproduktion bietet landwirtschaftlichen und Gartenbaubetrieben auch wirtschaftlich interessante Möglichkeiten, zumal als Abfallprodukt des Prozesses hochwertige Dünger anfallen. Das erzeugte Biogas wird meist über ein Blockheizkraftwerk im Betrieb direkt in elektrische Energie umgewandelt. Dabei unterstützt ein großer Teil der anfallenden Wärme den Zersetzungsprozess. Biogas kann ins Gasnetz eingespeist und so auch für ein Heizungssystem nutzbar gemacht werden.

Das Heizen mit organischen Reststoffen umfasst eine Vielzahl von Brennstoffen. Neben Großkraftwerken, die mit Strohballen befeuert werden, kann Energie für das Heizungssystem auch aus Laub, Gras, Dung, Klärschlamm und organischem Hausmüll gewonnen werden. Gestützt durch das Erneuerbare-Energien-Gesetz (EEG) von 2004 wird meist nicht Heizenergie, sondern elektrische Energie aus Biomasse gewonnen.

Die **Bio-Feuer-Technik** mit Bioalkohol ist für Mensch und Natur vollkommen unbedenklich und absolut ungiftig. Bei der Verbrennung bleiben natürliche Substanzen wie CO_2 und Wasserdampf zurück – dieselben Substanzen, die auch in unserer Atemluft enthalten sind. Die bei der Verbrennung entstehende Menge CO_2 ist vergleichbar mit der Emission mehrerer Kerzen. Der Anteil des freigesetzten Wassers beträgt ca. 0,2 Liter pro Stunde. Bioalkohol wird aus Melasse, Kartoffeln oder Zuckerrübe hergestellt

Abb. 3.41: Bioalkoholofen
(Quelle: BFT – BioFeuerTechnik, Hermeskeil)

und wird mit MEK Butanon II und Bitrex (Methyl/Ethyl/Keton) vollständig vergällt. Der Alkoholgehalt beträgt 96 %; der Heizwert 6,9 kWh/l.

Wirtschaftliches Heizen mit Bioalkohol ist (noch) nicht möglich. Die Betriebskosten liegen derzeit bei ca. 0,70 bis 0,80 € pro Stunde, bzw. 0,25 bis 0,30 € pro kWh Wärme. Der Einsatz dieser Technologie macht aber dennoch in vielen Bereichen Sinn: Gebäude mit sehr niedrigem Energiebedarf (Passivhäuser oder Gebäude im Grenzbereich zum Passivhaus) werden oft mit einer sehr kleinen elektrischen Zusatzheizung zur Spitzenlastabdeckung ausgestattet. Diese Zusatzheizung kann durch den sporadischen Einsatz des Bioalkoholofens entlastet werden. Für Wärmemengen um 300 bis 600 kWh pro Jahr lohnt sich die Anschaffung eines Pellet- oder Holzofens meist noch nicht, zumal damit auch Folgekosten (z. B. Kaminkehrer) verbunden sind. Die Mehrkosten für den Brennstoff Bioalkohol sind vor diesem Hintergrund mit 50 bis 100 € pro Jahr zu relativieren.

Die hohe Leistung des Bioalkoholofens (siehe Abb. 3.41) kann in kurzer Zeit für eine Erhöhung der Raumtemperaturen sorgen. Bei bewusstem Umgang kann die durchschnittliche Raumtemperatur auf diese Art und Weise oft geringer gehalten werden, um z. B. bei angenehmen Abendstunden die behagliche Wärme des offenen Feuers zu genießen. Während des Verbrennungsprozesses in den Nichtrauchermodellen werden etwa 1,2 bis 2,0 kW Wärme freigesetzt, die dem Raum zur Gänze erhalten bleiben, da es keine Wärmeverluste über einen Schornstein gibt. Der maximale Luftdurchsatz beträgt 28 m^3 pro Stunde; die ausreichende Belüftung des Aufstellraumes ist in Verbindung mit einer in Betrieb befindlichen Komfortlüftung gewährleistet. Ohne Lüftungsanlage darf das Dekofeuer nicht länger als 2 Minuten pro m^3 Raumvolumen betrieben werden!

Der Ofen wird mittels eines Messbechers befüllt. Die Zündung erfolgt mithilfe eines Stabfeuerzeugs. Ergänzend dazu gibt es einen Anzündhaken sowie einen Schutzhandschuh.

Eine weitere Unterstützung zur raumlufttechnischen Anlage ist ein **elektrisches Nachheizregister.** Dieses addiert im Bedarfsfall direktelektrische Restwärme, um die gesamte Heizenergie zu erzielen. Andererseits kann dieses Nachheizregister auch auf Warmwasserbasis arbeiten. Dieser Wärmetauschprozess wird durch Speisung solarer Wärme herbeigeführt. Eine Solarthermie ist dann unverzichtbar.

Bei der **Kraft-Wärme-Kopplung (KWK)** wird mit hoher Effizienz Wärme für Wohngebäude gewonnen. Die Idee besteht darin, die elektrische Energie dort zu erzeugen, wo die anfallende Wärme gebraucht wird. Statt eines Großkraftwerkes arbeiten bei der KWK kleine oder kleinste Kraftwerke. Das Kernstück einer solchen Anlage besteht meistens aus einem Verbrennungsmotor, der einen Generator antreibt. So entsteht neben Strom auch Wärme. Diese Abwärme wird für das Heizungssystem genutzt. Kleinere Anlagen, die sich auch für Wohngebäude eignen, nennt man Blockheizkraftwerke. Auch hier erzeugt ein Generator, mit Gas oder Diesel betrieben, elektrische Energie. Die gute Brennstoffausnutzung von KWK-Anlagen macht sich beim Primärenergiefaktor positiv bemerkbar.

Ein **Mini-Blockheizkraftwerk (BHKW)** basiert auf dem Prinzip der KWK. Hierbei findet eine Nutzung der gleichzeitig erzeugten Elektrizität und Wärme statt. Ein Generator wird von einem Gasmotor angetrieben und stellt dadurch elektrischen Strom zur Verfügung. Die Abwärme des Motors wird über einen Kühlwasserwärmetauscher zur Heizwasser- oder Brauchwassererwärmung verwendet. Auch die im Abgas enthaltene Wärme, in üblichen Kraftwerken nicht weiter genutzt, wird mittels eines Abgaswärmetauschers zur Erwärmung genutzt.

Im Bereich der Raumwärmebereitstellung wird das BHKW-System meistens durch einen Spitzenkessel und Wärmespeicher ergänzt. Am wirtschaftlichsten arbeiten solche Anlagen dort, wo neben dem Strom ganzjährig Wärme abgenommen werden kann wie im Bereich der Brauchwassererwärmung. Dies bezieht sich vor allem auf die Bereiche Küche und Bad im Passivhaus. Dabei wird oft auf einen Pufferspeicher zurückgegriffen, der durchgängig erwärmt wird, sodass Temperaturen bis zu 85 °C entstehen. Das Brauchwasser wird mithilfe des Wassers aus dem Pufferspeicher über einen Strom-Wärmetauscher auf ca. 60 °C erwärmt, jedoch nur so viel wie gerade notwendig. Dadurch können Wärmeverluste kompensiert werden.

Zur KWK können neben konventionellen Diesel- und Gasmotoren auch Dampf- oder Gasturbinen und im Hinblick auf neuere Technologien auch Brennstoffzellen oder Stirlingmotoren herangezogen werden.

Fotovoltaik ist die Umwandlung von Sonnenlicht in elektrischen Strom mithilfe von Solarzellen. Diese bestehen aus dünnen Scheiben kristallinen Siliziums. Strahlt die Sonne auf eine solche Zelle, baut sich zwischen der Ober- und Unterseite eine Gleichspannung auf. Der so erzeugte Gleichstrom wird über einen Wechselrichter geführt und in Wechselstrom mit einer Spannung von 230 V umgewandelt. Diese Energie kann entweder direkt genutzt werden (Inselanlagen) oder in das öffentliche Stromnetz eingespeist werden (siehe Abb. 3.42).

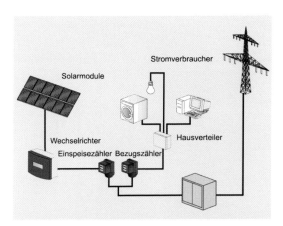

Abb. 3.42: Funktions-schema Fotovoltaik

Abb. 3.43: Integration einer Fotovoltaikanlage in die Dachterrassenbrüstung

3.5.3   Zusammenfassung

Die Heizungsanlage in einem Passivhaus entspricht nicht den gängigen Heizungssystemen in konventionellen Gebäuden. Sie dient lediglich zur **Deckung des Restheizwärmebedarfs und der Warmwasserbereitung.**

- Ein Heizsystem im Passivhaus muss nur sehr geringe Heizleistungen von maximal 10 W/m² Wohnnutzfläche erbringen.
- Die Wärmeverteilung kann über die Zuluftleitungen der Lüftungsanlage erfolgen.
- Das gesamte konventionelle Heizwärmeverteilungssystem entfällt.
- Im Warmwasserbereich können zur Deckung hoher Leistungsspitzen Speicher eingesetzt werden.

Mögliche Heizsysteme sind z. B.

- vorrangig eine thermische Solaranlage zur Abdeckung des größten Teils des Restheizwärmebedarfs,
- eine Kleinstwärmepumpe im Kompaktgerät,
- ein elektrisches Nachheizregister,
- ein Holzpellet- oder Biogas-Ofen und
- ein Mini-BHKW.

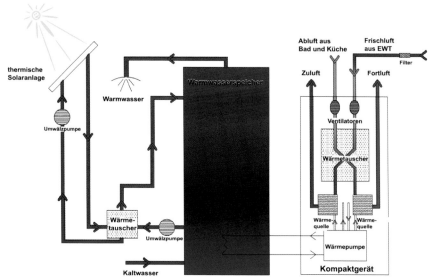

Abb. 3.44: Schema einer Kompaktanlage mit Warmwasserspeicher und einer eingebundenen thermischen Solaranlage

3.6   Kompaktanlagen für Lüftung und Heizung

Mit der fortschreitenden Entstehung von Passivhäusern wuchs die Nachfrage nach Lüftungsgeräten mit geringer Leistung und integrierter Heizung, den sog. Kompaktanlagen. 1996 wurden erstmals moderne Kompaktanlagen entwickelt. Sie beinhalten das Heizen, Lüften und die Warmwasserbereitung in einer kompakten Form. Die Vorteile dieser Anlagen liegen in ihrer integrierten hochwirksamen WRG-Anlage und ihrem außergewöhnlich niedrigen Energieverbrauch. Durch ihren geringen Platzbedarf sorgen sie für Raumgewinn. Eine thermische Solaranlage lässt sich problemlos in dieses System einbinden (siehe Abb. 3.44).

Die Bedienung dieser Anlagen ist benutzerfreundlich gestaltet, vorwiegend über eine Fernsteuerung. Zusätzlich erhält der Nutzer die Daten der Anlage, der Temperaturen und Information über nötige Filterwechsel oder eventuell vorliegende Störungen. Die Steuerung der Lüftungsanlage kann auf das Wohnverhalten der Bewohner, z. B. Partylüftung (Stoßlüftung) oder Urlaubslüftung (Herunterfahren der Anlage auf ein Minimum) angepasst werden. Auf dem heutigen Markt stehen unterschiedliche Kompaktanlagen zur Verfügung, die in Einfamilienhäusern, aber auch in Mehrfamilienhäusern eingesetzt werden können. Sie sollten individuell für das einzelne Bauprojekt ausgewählt werden.

Beispiele für Kompaktgeräte

Das **Aerex-Kompaktsystem** in Abb. 3.45 kann in einem Passivhaus die gesamte Versorgungstechnik (Heizen, Lüften mit WRG und Brauchwassererwärmung) übernehmen. Durch eine optimale Anpassung der verschiedenen Komponenten beträgt der Bereitstellungsgrad an Gesamtwärme im Mittel ca. 200 %.

Abb. 3.45: Aerex-Kompaktsystem
(Quelle: Aerex Haustechniksysteme GmbH,
Villingen-Schwenningen)

Abb. 3.46: Kompaktgerät aerosmart M
(Quelle: drexel und weiss, A-Wolfurt,
www.drexel-weiss.at)

Die Grundlage des Kompaktsystems bildet das Lüftungs- und Wärmepumpenmodul sowie das Speichermodul. Diese 2 Module sind aufeinander abgestimmt und lassen sich flexibel kombinieren. Als Basis des Lüftungsmoduls dienen die Zu- und Abluftventilatoren, welche den Luftvolumenstrom (140 bis 210 m³/h) aufgrund einer eingebauten Massenstromregelung im Heizbetrieb konstant halten. Dabei kann der ausgewählte Volumenstrom durch 3 verschiedene Lüfterstufen bis zu 30 % unter- bzw. überschritten werden. Eingebaute Gleichstrommotoren erreichen eine Leistungsaufnahme von weniger als 0,4 W/m³ pro Stunde. Zur Reduzierung des Geräuschpegels ist das Gehäuse schallgedämpft und mit einem Rohrschalldämpfer ausgestattet.

Die Steuerung setzt sich aus einem innerhalb des Gerätes untergebrachten Leistungsteil und einer im Hausbereich angebrachten Bedieneinheit zusammen. Die über die Bedieneinheit eingegebenen Befehle werden vom Leistungsteil ausgewertet und über die Steuerung ausgeführt. Somit werden sämtliche Systemkomponenten wie die Ventilatoren, die Wärmepumpe, das Heizregister, der Speicher als auch eine mögliche Solaranlage optimal eingestellt und sorgen für einen problemlosen Betrieb der Versorgungsanlage. Der im Gerät integrierte Kreuz-Gegenstrom-Plattenwärmetauscher aus Aluminium sorgt für einen hohen WRG-Grad ohne hohe Druckverluste. Das Wärmepumpenmodul erlaubt eine individuelle Erhöhung der Zulufttemperatur und der Brauchwassererwärmung. Der Brauchwasserspeicher ist in einem weiteren Gehäuse untergebracht und fasst 300 Liter.

Das **Kompaktgerät aerosmart** wird in verschiedenen Leistungsvarianten angeboten, in Abb. 3.46 wird der aerosmart M vorgestellt. Dieses Kompaktgerät findet vorwiegend Anwendung in Einfamilien- und Reihenwohnhäusern. Es wurde aufgrund seines maximalen Luftvolumenstroms von 230 m³/h für Wohnhäuser mit einem Vier- bis Fünfpersonenhaushalt konzipiert und zeichnet sich durch eine mittlere Leistung von ca. 1,35 kW aus.

Das Lüftungsmodul mit WRG, die Kleinstwärmepumpe für Luft- und Brauchwassererwärmung und der Brauchwasserspeicher bilden eine Einheit. Für die Zu- und Abluftventilatoren befinden sich im Lüftungsgerät volumenstromkonstante Gleichstromventilatoren mit sehr hohen Wirkungsgraden. Ein Kreuz-Gegenstrom-Plattenwärmetauscher erbringt die erforderliche WRG aus der Abluft und besteht aus Aluminium. Die Lamellen im Wärmetauscher weisen eine Aluminiumstärke von 0,1 mm auf. Das Wärmepumpenmodul dient der Brauchwassererwärmung, welche vorrangig behandelt wird, und der Temperierung der Zuluft. Falls erforderlich wird der Luftkondensator über ein Magnetventil zugeschaltet. Bei Nachheizen der Zuluft durchströmt das Heißgas den Brauchwasserkondensator und erreicht eine äußerst energieeffiziente Nutzung des Wärmeentzugs.

Das Lüftungs- und Wärmepumpenmodul ist in einem aus doppelschaligen, mit faserfreiem Weichschaum gedämmten Stahlblechplattengehäuse untergebracht. Das äußere Gehäuse ist pulverbeschichtet. Zur Reduzierung der Schallübertragung ist das Kompaktgerät auf 4 schwingungsdämpfende, höhenverstellbare Füße aufgeständert. Ein am Gerät angebrachter Mikroprozessor übernimmt die Gerätesteuerung und -überwachung. Dieser Mikroprozessor regelt die optimale Abstimmung aller Komponenten aufeinander, wie z. B. die Drehzahlregelung der Ventilatoren, den Betriebszustand der Wärmepumpe und die Brauchwassererwärmung. Auch bei diesem Kompaktgerät können unterschiedliche Programme bezüglich der Temperaturabsenkung oder des benötigten Luftvolumenstromes eingestellt werden. Ein zusätzliches Bedienungsgerät erlaubt die Raumtemperatureinstellung und -abfrage. Auch etwaige Störungen, Filterwechsel o. Ä. werden angezeigt.

Der Brauchwasserspeicher bietet 200 Liter Fassungsvermögen und besteht aus einem doppelt vakuumemaillierten Stahlspeicher. Die Wärmeverlustminimierung erfolgt über eine vollflächige Hartschaumisolation. Die von der Wärmepumpe erbrachte Wärme wird durch einen doppelwandigen Sicherheitskondensator übertragen. Ein Elektroheizansatz kann optional eingebaut bzw. nachgerüstet werden. Ebenso kann eine Solaranlage mit zusätzlichem Speicher integriert werden.

Die **Effiziento®-Haustechnikzentrale** in Abb. 3.47 ist ein Kompaktgerät, welches nicht nur in Passivhäusern von bis zu 300 m² Wohnfläche eingesetzt werden kann, sondern auch in Niedrigenergiehäusern. Neben den Funktionen des Heizens, Lüftens und der Brauchwassererwärmung kommt das Kühlen des Wohngebäudes hinzu.

Die Effiziento®-Haustechnikzentrale (1) in Abb. 3.48 versorgt das Gebäude mit Zuluft und saugt die belastete Abluft ab. Über den Frischluftanschluss (2) wird mittels des Radialventilators Zuluft (3) über einen im Erdreich verlegten EWT (4) Außenluft angesaugt. Über den EWT wird die Außenluft im Winter vorgewärmt, im Sommer vorgekühlt. Die Frischluft wird durch den Gegenstrom-Kanalwärmetauscher (5) geleitet und entzieht der gegenströmenden Abluft (6) die Wärme (95 bis 99 %). Über das Zuluft-Kanalnetz gelangt die Frischluft als Zuluft (7) in die Wohnräume. Im Sommer besteht die Möglichkeit die Frischluft am Gegenstrom-Kanalwärmetauscher vorbeizuleiten. Hierfür wird die Sommer-Bypassklappe (8) in Bypasskanal-Zuluft umgestellt. Mit dem EWT-Bypass (9) kann die Frischluftzufuhr um-

Abb. 3.47: Kompaktgerät Effiziento® (Quelle: Effiziento Haustechnik GmbH, Güglingen, www.effiziento.de)

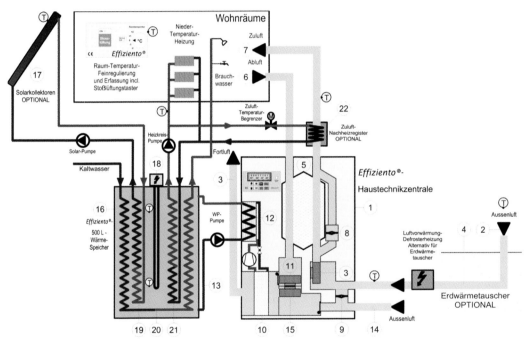

Abb. 3:48: Funktionsschema des Effiziento® (Quelle: Effiziento Haustechnik GmbH, Güglingen, www.effiziento.de)

geschaltet werden. Die Frischluftzufuhr kann somit über den EWT oder direkt über den Außenluftanschluss erfolgen. Dadurch wird die Frischluft immer mit der optimal möglichen Temperatur angesaugt.

Die Abluft wird durch den Verdampfer (10) (Luft-Kühlmittel-Wärmetauscher) der Wärmepumpe mittels dem Radialventilator-Abluft (11) angesaugt. Im Verdampfer gibt die Abluft die in ihr noch enthaltene Restwärme an die Kältemittel-Kreislauf-Wärmepumpe ab. Die Wärmepumpe entzieht im Verdampfer der Abluft Wärmeenergie und gibt diese im Kondensator der Wärmepumpe (12) (Kühlmittel-Wasser-Wärmetauscher) direkt an das Speicherwasser (13) ab.

Um den Wärmebedarf, der über die in der Abluft enthaltene Restwärme hinaus benötigt wird, abzudecken, wird zusätzliche Außenluft (14) direkt angesaugt. Diese gibt beim Durchströmen des Verdampfers Wärmeenergie an die Kältemittel-Kreislauf-Wärmepumpe ab. Die durch den Lüftermotor (15) angesaugte Außenluft kann alleinig den für den Betrieb der Wärmepumpe erforderlichen Volumenstrom übernehmen. So wird über den Verdampfer der Wärmepumpe stets der optimale Volumenstrom geleitet und die entsprechende Leistungsziffer der Wärmepumpe für jeden Betriebszustand der Lüftungsanlage gewährleistet.

Der drucklose Wärmespeicher (16) wird über die Wärmepumpe und, wenn vorhanden, eine Solaranlage aufgeheizt. Reicht die aus Wärmepumpe und Solaranlage (17) gewonnene Energie nicht aus, wird der Elektroheizstab (18) gleitend geregelt zugeschaltet. Die aus der Wärmepumpe gewonnene Energie wird im Kondensator (Kühlmittel-Wasser-Wärmetauscher) der Wärmepumpe direkt dem Speicherwasser zugeführt. Die aus der Solaranlage gewonnene Energie wird über den Kältemittel-Kreislauf der Solarkollektoranlage (19) dem Speicherwasser zugeführt. Über den Brauchwasser-Wärmetauscher (20) wird Energie entnommen und den Zapfstellen im Gebäude zugeführt. Aus dem Heizwasser-Kreislauf (21) wird Energie entnommen und dem Nachheizregister (22) in der Zuluft und/oder den statischen Heizflächen im Gebäude zugeführt.

Tabelle 3.1 und 3.2 zeigen die technischen Daten und die Ausstattung verschiedener Kompaktgeräte im Vergleich:

Tabelle 3.1: Technische Daten von Kompaktgeräten

Hersteller	Aerex	Drexel und Weiss	Effiziento®	Nilan	Paul	Stiebel Eltron/ Tecalor	Viessmann
Modell/technische Daten	Aerex BW 175	aerosmart M	Heiztechnikzentrale (HTZ) mit 500-l-Speicher	VP 18-10P	Compakt DC 350	LWZ 303 Sol/ THZ 303 SOL	Vitotres 343
Anlagentyp	kompakt	kompakt	Speicher separat	kompakt	Speicher separat	kompakt	kompakt
Heizleistung Wärmepumpe (kW)	1,4	1,315	4,61	1,33	3,5	4,2	1,5
Heizleistung elektrisch (kW)	2	2 (optional)	2 (2–6)	1	3-stufig 3/6/9	8,8	3-stufig 2/4/6
Heizleistung Nachheizregister Luft (kW)	2,1	k. A.	2,7	0,7	4)	3)	3)

Tabelle 3.1, Fortsetzung: Technische Daten von Kompaktgeräten

Hersteller	Aerex	Drexel und Weiss	Effiziento®	Nilan	Paul	Stiebel Eltron/ Tecalor	Viessmann
Leistungszahl Wassererwärmung (Solltemperatur außen 2 °C/ Wasser 35 °C)	4,2	4,6	3,73	3,6 außen 2 °C/Wasser 45 °C	3,04	4,2	k. A.
Wärmespeicher (l)	300	200	500	180	möglichst > 500	200	250
Wärmetauscher/ Typ	Kreuz-Gegenstrom	Kreuz-Gegenstrom	Kanal-Gegenstrom	Kreuz-Gegenstrom	Kanal-Gegenstrom	Kreuz-Gegenstrom	Kreuz-Gegenstrom
Wärmebereitstellungsgrad (%)	78	87	95	84	95	90	86
Lüftungsregelung	massenstrombalanciert	ja	ja [2]	k. A.	ja [2]	ja	ja
Zuluft-/Abluftvolumenstrom (m³/h)	175	140–230	70–350	≤ 320	120–350	80–230	70–250
Außenluft-/ Fortluftvolumenstrom (m³/h)	175	140–230	70–900	≤ 320	120–600	550–1.000	70–400
Schallpegel Gehäuse bei 100 Pa, WP ein/aus (dB)	49/38	48/–	max. 46 [1]	40	k. A.	60/49	49/44
Schallpegel abluftseitig (dB)/ Messung (Pa)/ Volumenstrom (m³/h)	41/100/ 175	48/100/160	k. A.	40/100/150	k. A.	k. A.	60/100/160
Schallpegel zuluftseitig (dB)/ Messung (Pa)/ Volumenstrom (m³/h)	45/100/ 175	48/100/160	k. A.	54/100/150	k. A.	k. A.	55/100/160
max. Trinkwassertemperatur (ohne Heizstab) (°C)	55	55	55	55	50	45	65
max. Trinkwassertemperatur (mit Heizstab) (°C)	65	65	65	65	65	65	70
Energieverbrauch/Luftmenge Gleichstromventilatoren (Druck 100 Pa) gesamt (W/[m³/h])	k. A.	70/150	68/200	35/150	112/250	60/770	75/150

Tabelle 3.1, Fortsetzung: Technische Daten von Kompaktgeräten

Hersteller	Aerex	Drexel und Weiss	Effiziento®	Nilan	Paul	Stiebel Eltron/ Tecalor	Viessmann
Energieverbrauch/Luftmenge Zusatzventilator (W/[m³/h])	n. v.	n. v.	128/900	n. v.	n. v.	k. A.	45/150
Gerät geprüft/ Prüfstelle	ISE – Fraunhofer Institut Freiburg	ISE – Fraunhofer Institut Freiburg	k. A.	HLK/HTA Luzern	Westsächsische Hochschule Zwickau (FH)	k. A.	ISE – Fraunhofer Institut Freiburg

1) bei 100 % Lüftung und WP ein
2) Massenstrom und Kamin möglich
3) über Heizstab oder Solarthermie Verbindung des Nachheizregisters mit Wasser-Wärmetauscher durch internen Kreislauf
4) über Warmwasserspeicher (Auslegung Trinkwassererwärmung über Durchlaufwärmetauscher des Warmwasserspeichers)

Tabelle 3.2:   Ausstattung von Kompaktgeräten (nach: Laible, 2006; Laible, 2007)

Hersteller	Aerex	Drexel und Weiss	Effiziento®	Nilan	Paul	Stiebel Eltron/ Tecalor	Viessmann
Modell/technische Daten	Aerx BW 175	aerosmart M	Heiztechnikzentrale (HTZ) mit 500-l-Speicher	VP 18-10P	Compakt DC 350	LWZ 303 Sol/THZ 303 SOL	Vitotres 343
Sommer-Bypass	optional (Sommerkassette)	optional (Sommerkassette)	ja	ja	ja, automatisch	–	ja, automatisch
EWT-Bypass	–	–	ja	–	–	–	–
separater Lüfter/ Volumenstrom für WP	–	–	ja	–	ja, Klappe	ja	ja
Reihenschaltung Kondensator für Zuluft/Wärmespeicher	–	ja	–	ja	–	zusätzlicher Wärmetauscher	Solekreislauf
Solarthermieanschluss an Warmwasserspeicher	ja	ja, mit separatem Speicher	ja	–	über Pufferspeicher	ja	ja, direkt an Solekreislauf
gleichzeitige Warmwassererzeugung für Warmwasser und Heizung durch WP	–	ja	über Pufferspeicher	–	über Pufferspeicher	über Pufferspeicher	ja
Solarregelung integriert	ja	–	ja	–	ja	ja	ja

Tabelle 3.2, Fortsetzung: Ausstattung von Kompaktgeräten (nach: Laible, 2006; Laible, 2007)

Hersteller	Aerex	Drexel und Weiss	Effiziento®	Nilan	Paul	Stiebel Eltron/ Tecalor	Viessmann
Zusatzheizregister Elektro	ja, optional	ja, optional	ja	ja	ja, optional	–	ja
Bedienungsgerät im Wohnraum	ja	ja	ja	ja	ja	ja	ja
Regelung Lüftung (bei stufenlos/ x-stufig: Programmierung der Stufen möglich)	stufenlos/ 3-stufig	stufenlos/ 3-stufig	stufenlos/ mehrstufig	stufenlos/ 4-stufig	stufenlos/ 3-stufig	stufenlos/ 3-stufig	stufenlos/ 3-stufig
intelligente Regelung	ja	ja	ja	ja	ja	ja	ja
geeignet für Passivhäuser ≥ 200 m²	–	ja, aerosmart L und XLS	ja	ja	ja	ja	–
Kühlung im Sommer durch WP	–	ja, aerosmart XLS	–	ja	–	–	ja

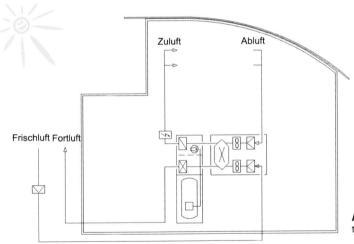

Abb. 3.49:   Klassische Passivhaustechnik

3.7   Versorgungssysteme

Die Versorgungstechnik des Passivhauses kann, wie bereits erwähnt, individuell ausgeführt werden und sollte auf das Bauprojekt und die Wünsche der Bauherren optimal abgestimmt sein. Im Folgenden werden 2 Beispiele dargestellt, die die gängigsten Systeme im Passivhausbau darstellen.

Ein Passivhaus-Standardgebäude benötigt eine Heizleistung von 10 W/m², um das Gebäude zu erwärmen. Das in Abb. 3.49 dargestellte System ist das einfachste und meist verwendete Versorgungssystem. Es kann auf eine weitere Zusatzheizung, abgesehen von einem Nachheizregister, verzichtet werden.

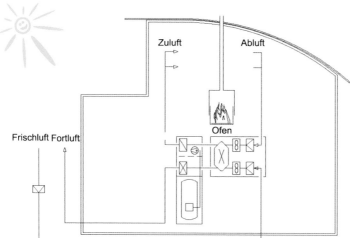

Abb. 3.50: Erweiterte Passivhaustechnik

Die erforderliche Frischluftmenge, die für eine gute Luftqualität eingebracht werden muss, wird über einen EWT auf 4 bis 10 °C vorgewärmt. Anschließend wird sie dem Wärmetauscher im Lüftungsgerät zugeführt. Der
verbrauchten Abluft wird im Kreuz-Gegenstrom-Plattenwärmetauscher die
Wärme zur statischen WRG entzogen und auf die Zuluft übertragen. Die
frische Luft wird ohne Energieeinsatz, lediglich durch die hohe Effizienz
des Wärmetauschers, fast auf Raumtemperatur erwärmt. Die restliche Wärme wird über ein Nachheizregister eingebracht.

Die zuvor angeführte Passivhaustechnik wird zur Abdeckung der Spitzen-
last um einen Ofen, wie z. B. einen Pellet-, Stückholz- oder Bioalkohol-Ofen,
erweitert (siehe Abb. 3.50). Dies führt zur Senkung des Strombedarfs, denn
die Heizleistung wird nun durch regenerative Energien erbracht.

Zusammenfassung

Fast alle marktüblichen Systeme zur Wärmeversorgung sind im Passivhaus integrierbar. Entscheidend sind die Energieeffizienz, die primärener-
getische Situation und die Wirtschaftlichkeit. Je effizienter das System
arbeitet, umso weniger Primärenergie wird verbraucht. Energieeffizienz
ist wichtig, um die Kosten für den Energieträger so gering wie möglich
zu halten. Die Versorgungstechnik sollte individuell auf das Objekt und
seine Nutzer abgestimmt werden.

Die Versorgungstechnik im Passivhaus sollte 5 Forderungen erfüllen:

- Deckung des stark verringerten Heizwärmebedarfs
- Erzielen einer hoch wirksamen Abluft-WRG
- Sicherung der Frischluftzufuhr und Entfeuchtung
- Abdeckung des gleichen Brauchwasserbedarfs wie in herkömmlichen
  Häusern
- technische, ökologische sowie ökonomische Effizienz

4 Qualitätssicherung

Das Passivhaus kann nur aufgrund der Qualitätsmaximierung optimal funktionieren. Daher erfordert die Realisierung eines Passivhauses eine sorgfältigere und aufwendigere Planung, als es bei herkömmlichen Gebäudestandards üblich ist. Die gestellten Qualitätsanforderungen des Passivhauses sind dabei nicht nur von den planenden Architekten und Fachingenieuren, sondern auch von Bauausführenden zu erfüllen. Das heißt, in der Bauvorbereitungsphase und der Bauausführung sollte ein gemeinsames Team aus Auftraggebern, Planern und Auftragnehmern durch enge Zusammenarbeit die Qualität des Passivhauses sichern.

Ein vor Baubeginn erstelltes Konzept, welches individuell auf die Randbedingungen des Bauprojekts erarbeitet wurde, ist dabei unbedingt notwendig. Die Gebäudelage, das Bauvolumen und das A/V-Verhältnis (die Kompaktheit) des Gebäudes als auch die zukünftigen Bewohner und deren Nutzergewohnheiten bilden die Grundlage des weiteren Planungskonzeptes.

Zur Sicherung der Qualität sind folgende Details explizit zu planen:

- die sorgfältig ausgeführte, lückenlose Luftdichtheit des Gebäudes
- die hoch wärmegedämmte Hüllfläche des Gebäudes
- die Vermeidung von Wärmebrücken durch entsprechende Detailausbildung
- die Planung einer hoch energieeffizienten Lüftungsanlage
- die Kontrolle der Qualitätssicherung

In Kapitel 2 wurde bereits die wärmegedämmte Hüllfläche und Luftdichtheit eines Passivhauses dargestellt. Im Folgenden wird nun erörtert, wie die Qualität der einzelnen Gewerke bereits während der Bauphase überprüft und gesichert werden kann. Die Kontrollen beinhalten Messungen der Luftdichtheit durch den Blower-Door-Test sowie der Wärmebrückenfreiheit durch Thermografieverfahren und sollten während der Bauphase bzw. vor dem Innenausbau durchgeführt werden. Nur so ist es möglich, eventuell auftretende Schwachstellen (Leckagen) problemlos und schnell zu beseitigen. Nachbesserungen am bereits fertig erstellten Haus sind meist aufwendig und kostenintensiv.

Weitere Aspekte der Qualitätssicherung bieten die Planung des Passivhauses mit dem PHPP, die Einregulierung der Lüftungsanlagen, die Ausstellung von Energie- und Gebäudepässen sowie eine Einweisung der Bewohner zur entsprechenden Nutzung des Gebäudes.

Abb. 4.1: Blower-Door-Test

4.1   Blower-Door-Test

Die luftdichte Gebäudehülle des Passivhauses ist eines der wichtigsten Kriterien, um einen Jahresheizwärmebedarf $Q_H \leq 15\ \text{kWh}/(\text{m}^2 \cdot \text{a})$ zu erreichen. Dringt kalte Außenluft über Leckagen der Gebäudehülle in das beheizte Gebäudeinnere (Infiltration), muss diese ständig auf Raumtemperatur erwärmt werden. Strömt warme Innenluft über luftundichte Stellen der Gebäudehülle nach außen (Exfiltration), muss dieser Wärmeverlust ebenfalls ersetzt werden. Beides führt zu einer Erhöhung des Jahresheizwärmebedarfs.

Die erlaubte Luftundichtigkeit eines Passivhauses wird durch die EnEV sowie die DIN 4108-7 „Wärmeschutz und Energieeinsparung in Gebäuden – Teil 7: Luftdichtheit von Gebäuden, Anforderungen, Planungs- und Ausführungsempfehlungen sowie -beispiele" (Ausgabe 2001) festgelegt und beschränkt den Luftaustausch durch die Gebäudehülle auf 0,6-fach pro Stunde bei 50 Pa Differenzdruck (siehe Kapitel 1.3.1). Die Prüfung der Luftdurchlässigkeit der Gebäudehülle mittels Simulation einer Windbelastung wird über einen Drucktest, den sog. Blower-Door-Test, durchgeführt.

Die EnEV honoriert die Durchführung der Messung: Werden die Grenzwerte eingehalten, darf ein reduzierter Luftwechsel angesetzt werden. Bei Gebäuden mit Lüftungsanlage gehört der Blower-Door-Test zum Standard, da nur mit Dichtheitsnachweis diese Technik im Energiebedarfsausweis berücksichtigt werden darf. Für Passivhäuser ist der Nachweis Pflicht.

Die **Messung** ermittelt unter Festlegung einer Druckdifferenz den Austausch des Gebäudeluftvolumens zur Außenluft pro Stunde. Dabei wird in einer Außenöffnung (z. B. der Haus- oder Terrassentür) ein mit Folie bespannter Rahmen eingesetzt, der innerhalb der Folie ein Gebläse oder einen Ventilator enthält. Der Ventilator entzieht dem Gebäude die Luft, es entsteht ein Unterdruck sowie ein Differenzdruck von 50 Pa zwischen Innen-

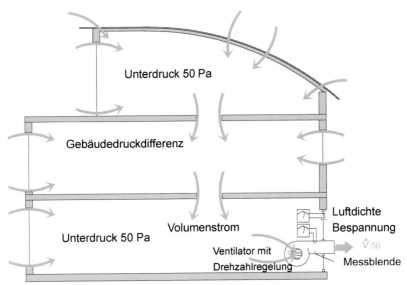

Unterdruck 50 Pa

Gebäudedruckdifferenz

Luftdichte
Bespannung

Volumenstrom

Unterdruck 50 Pa

$\dot{V}_{-50}$

Ventilator mit
Drehzahlregelung

Messblende

Abb. 4.2: Schematische Darstellung des Blower-Door-Tests

und Außenraum. Ebenso kann bei der Messung ein Überdruck durch ein Gebläse erzeugt werden. Um diesen Druck zu erhalten, muss die Blower-Door die durch Leckagen der Gebäudehülle nachströmende Luft absaugen (siehe Abb. 4.1 und 4.2).

Die Messung des Luftvolumenstroms ergibt den Leckagestrom V_{50} (m³/h), der, durch das beheizte Gebäudevolumen geteilt, den volumenbezogenen Leckagestrom n_{50} (h⁻¹) ermittelt. Dabei beschreibt die Kenngröße n_{50} die Häufigkeit des ausgetauschten Luftvolumens bei einer Druckdifferenz von 50 Pa innerhalb einer Stunde und zeigt die Luftdichtheit des geprüften Gebäudes auf. Der Staudruck auf der Luv-Seite des Hauses entspricht bei der Messung mit 50 Pa einer Windgeschwindigkeit von 9,1 m/s. Dabei belasten 5 kg Gewicht jeden m² Hüllfläche des Gebäudes.

Der Neubau eines Passivhauses sollte zum **Zeitpunkt** des Blower-Door-Tests alle luftabdichtenden Ebenen, d. h. die baulichen Komponenten, die zur Dichtheit führen, enthalten. Um zu einer aussagekräftigen Bewertung zu gelangen, sollten daher folgende Arbeiten abgeschlossen sein:

● der innenseitige Putz von massiven Außenwänden
● bei Leichtbauweise die Anbringung der luftdichtenden Folie
● der Einbau und die Abdichtung von Fenstern sowie Außentüren
● die luftdichten Baustoff- und Bauteilübergänge (z. B. von Leicht- zu Massivbaubereichen)
● die Fixierung und Abdichtung von Dampfsperren
● der Einbau von Öffnungen (z. B. zum unbeheizten Dachbereich)
● die Abdichtung von Rohrdurchbrüchen (z. B. für Elektro- oder Lüftungsinstallationen) durch die Gebäudehülle
● der Einbau der Rollladenkästen

Um während der Messung die Stellen der Leckage besser orten und nach-
bessern zu können, sollten folgende Bauabschnitte noch nicht ausgeführt
sein:

- die Innenraumverkleidungen in Form von Gipskartonplatten oder Holz-
  vertäfelungen und
- bei der Holzleichtbauweise die Innenraumverkleidung sowie eine eventuell benötigte zweite Dämmebene auf der Innenseite

Folgende Maßnahmen haben keinen Einfluss auf die Messung und können
daher zu einem späteren Zeitpunkt ausgeführt werden:

- die außenseitige Anbringung von z. B. Putz, Holzverschalung oder
  WDVS
- die Auslegung von Fußbodendämmung oder eines Bodenbelags
- das Einbauen von Objekten (z. B. Wanne, Becken) im Sanitär- und
  Küchenbereich
- das Aufstellen von Haustechnikanlagen (die notwendigen Durchbrüche
  sollten bereits ausgeführt sein)
- die Montage von elektrischem Zubehör (z. B. Lichtschalter)

Um eine gezielte Druckdifferenz zu erlangen, sollten innerhalb des Gebäudes einige **Vorkehrungen** getroffen werden:

- Öffnung der Innentüren, um die Druckdifferenz im gesamten beheizten
  Gebäudevolumen herzustellen
- Schließung aller Öffnungen in der Gebäudehülle (z. B. Fenster, Türen)
- Abdichtung und Schließung der Frischluft- bzw. Fortluftöffnung der Lüf-
  tungsanlage
- Abdichtung der Abflussrohre mit Folie, deren Siphon noch nicht durch
  Wasser abgedichtet ist

Um das Messergebnis möglichst exakt auswerten zu können, sollte eine Berechnung des belüfteten Innenraumvolumens sowie der Nettogrundfläche
vorliegen. Während der Messung müssen alle Bauelemente der Hüllfläche
wie Wände, Dächer und Fenster von innen gut erreichbar sein. An besonders windigen Tagen sollten keine Messungen durchgeführt werden.

Um den Luftverbund bei **Mehrfamilienhäusern** zu erreichen, müssen alle
Innenraumtüren geöffnet sein. Sollen einzelne Wohnungen oder Brand-
abschnitte separat gemessen werden, müssen diese Bauabschnitte gegen-
einander luftdicht ausgeführt sein. Bei der ersten Messung zeigt die Erfahrung, dass das Gebäude meist noch nicht vollkommen luftdicht erstellt
ist und daher weitere Maßnahmen erforderlich werden. Jedoch können die
meisten Nachbesserungen zeitgleich mit der Messung ohne geringen Aufwand ausgeführt werden. Erfordern größere Leckagen eine umfangreichere
Nachbearbeitung, sollte nach deren Fertigstellung ein zweiter Messtermin
zu Kontrollzwecken vereinbart werden.

4.1.1   Ortung von Leckagen

Um Leckagen zu orten und mögliche Bauschäden zu verhindern, bieten
sich unterschiedliche Methoden an. Die gängigste Methode ist die Erfüh-

Abb. 4.3: Leckageortung durch Erfühlen mit der Hand (Quelle: Dipl.-Ing. H. Trauernicht, Gebäudemesstechnik, Sehnde, www. luftdicht.de)

Abb. 4.4: Leckageortung durch ein Luftströmungsmessgerät (Quelle: Dipl.-Ing. H. Trauernicht, Gebäudemesstechnik, Sehnde, www.luftdicht.de)

Abb. 4.5: Leckageortung durch einen Nebelgenerator (Quelle: Dipl.-Ing. H. Trauernicht, Gebäudemesstechnik, Sehnde, www.luftdicht.de)

Abb. 4.6: Leckageortung durch ein Handnebelgerät (Quelle: Dipl.-Ing. H. Trauernicht, Gebäudemesstechnik, Sehnde, www.luftdicht.de)

lung mit der **Hand.** Selbst leichte Strömungen können durch den im Haus erzeugten Unterdruck entlang der inneren Gebäudehülle erspürt werden (siehe Abb. 4.3). Weitere Möglichkeiten sind sog. Visualisierungen der Schwachstellen.

Mit einem Luftströmungsmessgerät, dem sog. **Thermoanemometer,** kann die Strömungsgeschwindigkeit ermittelt werden. Ein zuvor aufgeheizter Sender misst die Abkühlung durch den auftretenden Luftstrom und zeigt die daraus resultierende Luftgeschwindigkeit (m/s) an (siehe Abb. 4.4).

Wird im Gebäude während des Messverfahrens ein Überdruck erzeugt und durch den Einsatz eines **Nebelgenerators** ungiftiger Nebel in das Gebäude gefüllt, so tritt dieser an den Leckagen in der Gebäudehülle nach außen und ortet bzw. visualisiert diese (siehe Abb. 4.5). Bei dieser Ortungsmethode kann neben einem Nebelgenerator ebenso ein **Raucherzeuger,** sog. Reaktionspatronen, eingesetzt werden.

Wird der Blower-Door-Test durch Unterdruck im Gebäudeinneren ausgeführt, kann auch ein **Handnebelgerät** die durch Leckagen eintretenden Luftströme sichtbar machen (siehe Abb. 4.6).

Thermografische Aufnahmen mit einer Infrarotkamera zeigen während des Messverfahrens mit Unterdruck unterschiedliche Temperaturzonen an. Durch die eintretende Luftströmung an Leckagen der Hüllfläche wird diese stark abgekühlt. Anhand der Messskala mit Temperaturangaben können

Abb. 4.7: Thermografiemessung
(Quelle: Dipl.-Ing. H. Trauernicht, Gebäudemesstechnik, Sehnde, www.luftdicht.de)

die kalten Bereiche (blau) ermittelt werden (siehe Abb. 4.7). Die Thermografiemessung, welche auch zur Ermittlung von möglichen Wärmebrücken
dient, wird näher in Kapitel 4.2 erläutert.

4.1.2   Verluste und Folgeschäden durch Leckagen

Leckagen in der Gebäudehülle eines Passivhauses führen in mehrfacher
Hinsicht zu Verlusten und Folgeschäden am Gebäude.

Warme Luft steigt durch den thermischen Auftrieb nach oben. Der Winddruck wirkt dabei auf die Fuge, drückt kalte Luft in den Innenraum und
saugt warme Raumluft ins Freie. Diese **Wärmeverluste** müssen ersetzt werden und erhöhen den Heizenergiebedarf wesentlich.

Dabei sind zunächst die Lüftungswärmeverluste zu betrachten (siehe Abb.
4.8): Der gesamte Lüftungswärmeverlust in einem Gebäude setzt sich aus
einem Gebäudefugenanteil und einem Bedarfslüftungsanteil zusammen.
Letzterer entspricht der Fensterlüftung oder beim Passivhaus dem Verlust
durch die Lüftung der kontrollierten Be- und Entlüftung. Dabei können
Leckagen beim Passivhaus mit kontrollierter Be- und Entlüftung einen sog.
Lüftungskurzschluss hervorrufen, da jede natürliche Druckdifferenz eine
Luftbewegung erzeugt und den gewollten, künstlich aufgebauten Differenzdruck der Lüftungsanlage stört. Dieser Lüftungskurzschluss entsteht, wenn
sich Leckagen in den Ablufträumen befinden, die dann als Zuluftöffnungen
fungieren und keine bzw. unzureichende Belüftung der Zulufträume ermöglichen. Dabei geht die Effizienz dieser Anlagen je nach Umfang der
Luftundichtigkeit teilweise oder ganz verloren. Wird zusätzlich ein Wärmetauscher integriert, so kann auch dieser nicht den entsprechenden WRG
leisten, da die warme Abluft zu großen Teilen durch die Leckagen und nicht
durch den Wärmetauscher abgezogen wird.

In wärmegedämmten Außenbauteilen, bei denen durch fehlenden oder
nicht dicht anliegenden Windschutz auf der Außenseite und fehlerhafte
Luftdichtung auf der Innenseite eine Durchströmung poröser Dämmstoffe
erfolgt, verschlechtert sich der *U*-Wert enorm. Bereits kleinste Leckagen in
der Luftdichtheit lassen den eigentlich errechneten Transmissionswärmeverlust an diesen Stellen auf ein Mehrfaches steigen.

Die durch eine Fuge dringende warme Raumluft wird beim Weg durch die
Dämmung zunehmend abgekühlt. Bei Erreichen des Taupunkts, d. h. etwas
unter 10 °C bei normalen Raumbedingungen, kommt es zur Kondensation
des in der Luft enthaltenen Wassers. Es fällt Feuchtigkeit aus, sodass eine
Schädigung der Bausubstanz, insbesondere der Holzbauteile, entstehen
kann. Durch eine solche Fuge im Dach sammelt sich pro Tag bei einer Außentemperatur von 0 °C eine Wassermenge von 360 Gramm. Zur Durch-

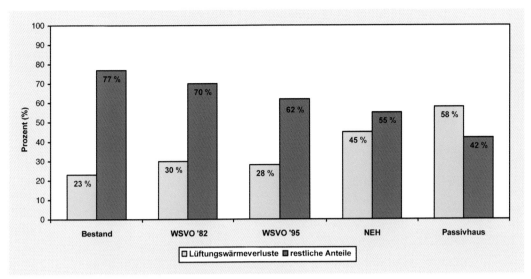

Abb. 4.8: Entwicklung des Anteils der Lüftungswärmeverluste

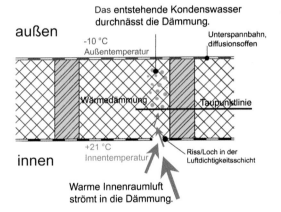

Das entstehende Kondenswasser durchnässt die Dämmung.

Abb. 4.9: Fugendurchströmung mit Tauwasserausfall

strömung kommt es infolge des thermischen Auftriebs (warme Innenraumluft, kalte Außenluft) und durch Druckunterschiede bei Winddruck bzw. -sog. Im Winter, wenn die Temperaturdifferenzen am größten sind, ist mit starken Durchströmungen auch ohne Windlast zu rechnen (siehe Abb. 4.9).

An heißen Tagen wird durch Leckagen das Einströmen von warmen Luftmassen in das Gebäude ermöglicht. Der **sommerliche Wärmeschutz** ist dadurch nicht gewährleistet.

Die bei der Heizungsauslegung nicht berücksichtigten Wärmeverluste durch Luftundichtigkeiten können so groß werden, dass der entsprechende Raum bei geringer Außentemperatur nicht ausreichend geheizt werden kann. Da der Luftfeuchtegehalt kalter Luft geringer ist als derjenige warmer Luft, trocknet die warme Raumluft die kalten Luftmassen beim Eintreten in das Gebäude aus. Dies hat eine unangenehm niedrige Raumluftfeuchte zur Folge. Die kalte Luft erzeugt zudem aufgrund ihrer höheren spezifischen Dichte eine unangenehme Zugerscheinung auf dem Boden (Fußkäl-

Abb. 4.10: Die Thermografiemessung zeigt die kalten Luftströme auf. (Quelle: Dipl.-Ing. H. Trauernicht, Gebäudemesstechnik, Sehnde, www.luftdicht.de)

te). Mit ansteigendem Grad der Undichtigkeiten sinken daher die **Behaglichkeit** und der **Wohnkomfort.**

Luftundichtigkeiten ermöglichen den Eintritt belasteter Luft in Form von **Schimmelpilzen, Staubpartikeln** und **Geruch** in die Wohnräume.

Durch Fugen tritt Luftschall ein, sodass der **Schallschutz** nach außen und zwischen Wohnungen nicht optimal ist und zu einer hohen Geräuschbelastung führt.

4.2   Thermografiemessung

Um herauszufinden, in welchen Bereichen des Gebäudes Wärmebrücken bestehen, bedarf es einer wärmetechnischen Analyse. Mit einer Infrarotkamera wird dabei ein Thermogramm erstellt, das alle Stellen mit Wärmeverlusten aufzeigt. Auf der Grundlage der wärmetechnischen Analyse erfolgt dann die Sanierung der Außenwände.

Infrarotstrahlung (Wärmestrahlung) hat eine Wellenlänge, die zwar über die Haut, nicht aber vom menschlichen Auge wahrgenommen werden kann. Alle Gegenstände, deren Temperatur über dem absoluten Nullpunkt von –272 °C liegt (auch z. B. Eiswürfel), geben infrarote Wärmestrahlung ab. Je höher die Temperatur eines Objekts ist, desto intensiver ist die von ihm abgegebene Infrarotstrahlung.

Aufgabe der Thermografie ist es, die infrarote Strahlung mittels eines Detektors in elektrische Signale umzuwandeln und diese durch EDV in ein sog. Wärmebild umzurechnen. Bei diesen Wärmebildern wird jeder Temperatur eine bestimmte Farbe zugeordnet. Höhere Temperaturen werden in Rottönen, niedrigere Temperaturen in Blautönen dargestellt. Da für ein aussagekräftiges Wärmebild eine hohe Temperaturdifferenz zwischen Innenraum und Außenbereich erforderlich ist, sollte eine Thermografie möglichst im Herbst oder Winter durchgeführt werden.

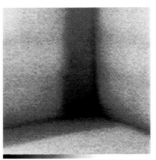

Abb. 4.11:   Schimmelbefall am Anschluss Fußboden–Wand (Quelle: www.tsb-energie.de)

Abb. 4.12:   Termografie-messung der Wärmebrücke in Abb. 4.11 (Quelle: www.tsb-energie.de)

Abb. 4.13:   Schimmelbefall am Anschluss Wand–Decke–Rollladenkasten (Quelle: Deeters J.; Ingenieur- und Sachverständigenbüro Dipl.-Ing. J. Deeters, Meppen; Innenthermografie; Wärmebrücke und Schimmelpilzbildung Mehrfamilienhaus Bj. 1961)

Abb. 4.14:   Thermografiemessung der Wärmebrücke in Abb. 4.13 (Quelle: Deeters J.; Ingenieur- und Sachverständigenbüro Dipl.-Ing. J. Deeters, Meppen; Innenthermografie; Wärmebrücke und Schimmelpilzbildung Mehrfamilienhaus Bj. 1961)

Aufgrund des unterschiedlichen Farbverlaufs der Wärmebilder lassen sich Schwachstellen in der Gebäudehülle leicht ermitteln, denn die Fehlstellen heben sich vom Temperaturverlauf der Umgebung ab. Durch die Ausdehnung der kühleren Stelle und ihren Temperaturgrad lassen sich Schwachstellen und undichte Bereiche qualifizieren. Die Luftdichtheitsschicht in Abb. 4.10 ist am Fenster nicht angeschlossen, sodass kalte Luft hinter der Innenverkleidung Richtung Fußleiste strömt und dort in den Raum eintritt.

Das Verfahren der Thermografie eignet sich aber nicht nur zur Lokalisierung von Wärmebrücken am Haus. Im Bereich der Haustechnik können z. B. der Verlauf von Heizungsleitungen und Fußbodenheizungen, aber auch Lecks in Leitungssystemen lokalisiert werden.

Folgen und Beseitigung von Wärmebrücken

Wärmebrücken bewirken eine Abkühlung der Bauteile an der betroffenen Stelle. Wenn der Taupunkt der in der Raumluft enthaltenen Luftfeuchtigkeit unterschritten wird, bildet sich Kondenswasser an der ausgekühlten Stelle. Dies kann zu **Feuchteschäden** und gefährlicher **Schimmelpilzbildung** führen (siehe Abb. 4.11 bis 4.14).

Langfristig schädigen Wärmebrücken die **Bausubstanz** und mindern den Wert der Immobilie. Gerade bei Neubauten ist diese Gefahr sehr groß, da Häuser heutzutage aufgrund der EnEV luftdicht gebaut werden müssen. Die Feuchtigkeit, die an Wärmebrücken auskondensiert, wird nicht mehr wie früher automatisch „weggelüftet".

Bei einem ansonsten gut gedämmten Gebäude können Wärmebrücken 20 % höhere Heizkosten verursachen. Bei Niedrigenergiehäusern kann der **Wärmeverlust** sogar bis zu 40 % betragen.

Häufig verursachen Wärmebrücken sog. **Dehnungsschäden,** also Risse in Putz und Mauerwerk, da sich die verschiedenen Materialien unterschiedlich stark ausdehnen.

Wärmebrücken wirken sich umso schädlicher aus, je besser der Wärmeschutz eines Gebäudes an anderen Stellen ausgeführt ist. Sie führen nicht nur zu vermeidbaren Energieverlusten, sondern erhöhen die Schadensträchtigkeit von Gebäuden erheblich.

Wenn die Wärmebrücken lokalisiert sind, gilt es sie zu beheben. Das lohnt sich in der Regel auch im Nachhinein, da die Kosten durch Energieverlust und Schäden an der Bausubstanz erheblich sein können. Wärmebrücken können i. d. R. durch eine fachgemäße Isolierung beseitigt werden. Diese sollte immer von einem Fachmann ausgeführt werden, denn eine Dämmung an der falschen Stelle schadet mehr als sie nutzt.

4.3   Einregulierung der Lüftungsanlage

Zur weiteren Qualitätssicherung eines Passivhauses gehört eine fachgerechte Einregulierung der Lüftungsanlage, denn Veränderungen der Anlagenluftdichtheit und -dämmung beeinflussen enorm den Effizienzgrad der Lüftungsanlage. So können z. B. 1 m ungedämmte Außen- und Fortluftkanäle den Wärmebereitstellungsgrad des Wärmetauschers um 10 % senken und zur Überschreitung des Jahresheizwärmebedarfs von 15 kWh/(m$^2 \cdot$ a) führen.

Auch sollte der Luftwechsel der Anlage individuell auf die Nutzung des Passivhauses abgestimmt werden. Denn zu hohe Volumenströme verändern den WRG-Grad und entsprechen dann nicht mehr den Anforderungen. Wird ein zu niedriger Luftwechsel angesetzt, tritt eine erhöhte CO_2- und Feuchtigkeitsbelastung auf. Der Wohnkomfort wird deutlich gemindert. Daher sollte die Anlage und die verwendeten Rohrleitungen durch einen Lüftungsplaner korrekt dimensioniert und auf Basis der berechneten Volumenströme bestimmt werden.

Eine effiziente Lüftungsanlage sollte modulierend auf eintretende Veränderungen reagieren können, d. h., ändert sich die Personenanzahl oder die Nutzung, sollte der Luftwechsel entsprechend reguliert werden können. Die meisten Anlagen weisen mindestens 3 Lüftungsstufen auf, wobei bei normaler Nutzung die Standardstufe gewählt wird. Eine Grundlüftung sollte bei längerer Abwesenheit und eine Maximallüftung bei erhöhter Personenzahl, z. B. bei Feiern, einstellbar sein. Die erste Einregulierung der installierten Lüftungsanlage sollte durch einen Fachbetrieb erfolgen, um die ein-

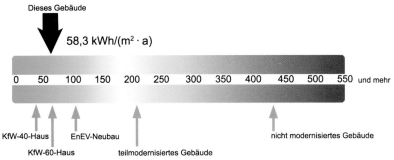

Abb. 4.15: Ausschnitt eines Energieausweises

wandfreie Funktionsweise der Anlage zu überprüfen. Ebenso sollte zu dieser Gewährleistung der Nutzer eine Einführung zur Anlagensteuerung erhalten.

4.4   Energieausweis

In privaten Haushalten stellen die Heizkosten den größten Anteil der Betriebskosten dar. Noch wird in Deutschland $1/3$ des gesamten Primärenergieverbrauchs für die Raumheizung und Warmwasserbereitung aufgewendet. Dennoch ist, anders als bei vielen Haushaltsgeräten und Autos, der Energieverbrauch von Gebäuden für deren Nutzer meist eine unbekannte Größe.

Verlässliche Informationen über den Energieverbrauch sind vor Einzug meist nicht erhältlich, obwohl in Deutschland ca. 30 unterschiedliche, kommunale oder regionale Energie- oder Gebäudepässe für den Gebäudebestand existieren. Sie weisen jedoch verschiedene Bezeichnungen, Klassifizierungen und Anforderungsgrößen auf. Ein bundesweit unkomplizierter Vergleich zwischen Gebäuden ist so kaum möglich. Das Bundeskabinett hat daher 2007 die aktuelle EnEV beschlossen. Bestandteil der EnEV ist u. a. der Energieausweis (siehe Abb. 4.15).

Der Energieausweis zeigt auf einfache Weise die energetische Qualität eines Gebäudes an. Er gibt Auskunft darüber, wie hoch der Brennstoffbedarf für Heizung und Warmwasserbereitung ist. Der Bedarf wird unter Standardbedingungen ermittelt, sodass nutzerbedingte Unterschiede ausgeschlossen sind. Die Qualität der Wärmedämmung und die Effizienz der Heizungsanlage wird auf diese Weise deutlich. Mietern, potenziellen Käufern und Hausbesitzern werden konkrete Entscheidungshilfen sowie Anreize für sinnvolle Investitionen in Maßnahmen zur Energieeinsparung geboten.

Beim Ausstellen der Energieausweise kann entweder der tatsächliche Verbrauch (Verbrauchsausweis) oder der berechnete Energiebedarf (Bedarfsausweis) herangezogen werden.

Verbrauchsausweis:
- Erstellung auf Grundlage des gemessenen Energieverbrauchs der letzten 3 Jahre
- abhängig vom Nutzerverhalten
- sehr einfaches und kostengünstiges Verfahren

Bedarfsausweis:
- Erstellung auf Grundlage des ingenieurmäßig berechneten Energiebedarfs.
- Unabhängig vom Nutzerverhalten werden objektive Aussagen zur Gebäude- und Anlagenqualität getroffen.
- Es ist eine detaillierte Datenerfassung notwendig.

Bis 1.10.2008 besteht für Wohngebäude eine uneingeschränkte **Wahlmöglichkeit** zwischen den beiden Verfahren. Für Gebäude ab 5 Wohnungen bleibt die Wahlfreiheit bestehen. Für Gebäude mit bis zu 4 Wohnungen, für die ein Bauantrag vor dem 1.11.1977 gestellt wurde, sind ab dem 1.10.2008 nur noch Bedarfsausweise zulässig. Ausnahmen bestehen, wenn beim Bau selbst oder durch spätere Modernisierung mindestens das Anforderungsniveau der WSchV von 1977 erreicht wird.

Für Neubauten und wesentliche Umbauten ist das Ausstellen von Energiebedarfsausweisen schon seit 1995 vorgeschrieben. Zukünftig muss bei Verkauf, Vermietung und Mieterwechsel, Verpachtung oder Leasing von Wohngebäuden, Wohnung oder Teileigentum den Interessenten ein Energieausweis zugänglich gemacht werden.

Energieausweispflicht besteht

- ab 01.07.2008 für Wohngebäude mit Baujahr 1965 oder früher,
- ab 01.01.2009 für alle Wohngebäude und
- ab 01.07.2009 auch für Nichtwohngebäude.

Der Energieausweis hat 10 Jahre **Gültigkeit.** Nach Ablauf des Zeitraums muss bei Vermietung oder Verkauf ein neuer Energieausweis ausgestellt werden. Bei der Durchführung von Sanierungsmaßnahmen, die Auswirkungen auf die Energieeffizienz des Gebäudes haben, muss der Energieausweis nach der Sanierung neu ausgestellt werden.

Energiebedarf und -verbrauch

Der Energiebedarf eines Gebäudes ist abhängig

- vom beheizten Gebäudevolumen,
- von den Bauteilflächen der Fenster, Außenwände, Kellerdecken, sonstigen Decken und des Dachs zu unbeheizten Räumen,
- von der Qualität der Heizungsanlage,
- von Baumaterialien und den Konstruktionsaufbauten der Bauteile,
- vom Luftwechsel im Gebäude (mögliche Undichtigkeiten) und
- vom Gewinn durch solare Einstrahlung.

Die Höhe des Energieverbrauchs eines Gebäudes ist abhängig ausschließlich vom Nutzerverhalten.

Die Erstellung eines Energieausweises erfordert u. a. die Erfassung der Gebäudestruktur, der Abmessungen, der Bauteileigenschaften sowie der Daten zur Heizung und Warmwasserbereitung. Aus diesen Daten werden mithilfe eines Rechenprogramms verschiedene bedarfsorientierte Verbrauchswerte ermittelt und in eine vorgegebene Bewertungsskala eingeordnet (siehe Abb. 4.16a, b, c).

ENERGIEAUSWEIS für Nichtwohngebäude

gemäß den §§ 16 ff. Energieeinsparverordnung (EnEV)

Gültig bis: (1)

Gebäude

Hauptnutzung / Gebäudekategorie	
Adresse	
Gebäudeteil	Gebäudefoto (freiwillig)
Baujahr Gebäude	
Baujahr Wärmeerzeuger	
Baujahr Klimaanlage	
Nettogrundfläche	

Anlass der Ausstellung des Energieausweises	☐ Neubau ☐ Vermietung / Verkauf	Modernisierung (Änderung / Erweiterung)	☐ Aushang b. öff. Gebäuden ☐ Sonstiges (freiwillig)

Hinweise zu den Angaben über die energetische Qualität des Gebäudes

Die energetische Qualität eines Gebäudes kann durch die Berechnung des **Energiebedarfs** unter standardisierten Randbedingungen oder durch die Auswertung des **Energieverbrauchs** ermittelt werden. **Als Bezugsfläche dient die Nettogrundfläche.**

☐ Der Energieausweis wurde auf der Grundlage von Berechnungen des **Energiebedarfs** erstellt. Die Ergebnisse sind auf **Seite 2** dargestellt. Zusätzliche Informationen zum Verbrauch sind freiwillig. Diese Art der Ausstellung ist Pflicht bei Neubauten und bestimmten Modernisierungen. Die angegebenen Vergleichswerte sind die Anforderungen der EnEV zum Zeitpunkt der Erstellung des Energieausweises **(Erläuterungen – siehe Seite 4)**.

☐ Der Energieausweis wurde auf der Grundlage von Auswertungen des **Energieverbrauchs** erstellt. Die Ergebnisse sind auf **Seite 3** dargestellt. Die Vergleichswerte beruhen auf statistischen Auswertungen.

Datenerhebung Bedarf/Verbrauch durch ☐ Eigentümer ☐ Aussteller

☐ Dem Energieausweis sind zusätzliche Informationen zur energetischen Qualität beigefügt (freiwillige Angabe).

Hinweise zur Verwendung des Energieausweises

Der Energieausweis dient lediglich der Information. Die Angaben im Energieausweis beziehen sich auf das gesamte Gebäude oder den oben bezeichneten Gebäudeteil. Der Energieausweis ist lediglich dafür gedacht, einen überschlägigen Vergleich von Gebäuden zu ermöglichen.

Aussteller

Datum   Unterschrift des Ausstellers

Abb. 4.16a, b, c: Muster eines Energieausweises für Wohngebäude

---

ENERGIEAUSWEIS für Wohngebäude

gemäß den §§ 16 ff. Energieeinsparverordnung (EnEV)

Berechneter Energiebedarf des Gebäudes (2)

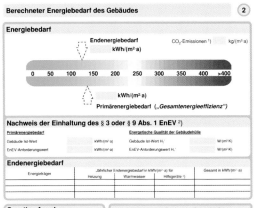

Energiebedarf

Endenergiebedarf   CO₂-Emissionen [1]   kg/(m²·a)

kWh/(m²·a)

0 50 100 150 200 250 300 350 400 >400

kWh/(m²·a)

Primärenergiebedarf ("Gesamtenergieeffizienz")

Nachweis der Einhaltung des § 3 oder § 9 Abs. 1 EnEV [2]

Primärenergiebedarf		Energetische Qualität der Gebäudehülle	
Gebäude Ist-Wert	kWh/(m²·a)	Gebäude Ist-Wert H_T'	W/(m²·K)
EnEV-Anforderungswert	kWh/(m²·a)	EnEV-Anforderungswert H_T'	W/(m²·K)

Endenergiebedarf

Energieträger	Jährlicher Endenergiebedarf in kWh/(m²·a) für			Gesamt in kWh/(m²·a)
	Heizung	Warmwasser	Hilfsgeräte [3]	

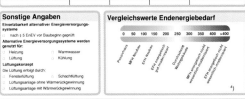

Sonstige Angaben

Einsetzbarkeit alternativer Energieversorgungssysteme

☐ nach § 5 EnEV vor Baubeginn geprüft

Alternative Energieversorgungssysteme werden genutzt für:

☐ Heizung ☐ Warmwasser
☐ Lüftung ☐ Kühlung

Lüftungskonzept

Die Lüftung erfolgt durch:

☐ Fensterlüftung ☐ Schachtlüftung
☐ Lüftungsanlage ohne Wärmerückgewinnung
☐ Lüftungsanlage mit Wärmerückgewinnung

Vergleichswerte Endenergiebedarf

0 50 100 150 200 250 300 350 400 >400

[4]

Erläuterungen zum Berechnungsverfahren

Das verwendete Berechnungsverfahren ist durch die Energieeinsparverordnung vorgegeben. Insbesondere wegen standardisierter Randbedingungen erlauben die angegebenen Werte keine Rückschlüsse auf den tatsächlichen Energieverbrauch. Die ausgewiesenen Bedarfswerte sind spezifische Werte nach der EnEV pro Quadratmeter Gebäudenutzfläche (A_N).

[1] freiwillige Angabe
[2] nur in den Fällen des Neubaus und der Modernisierung auszufüllen
[3] ggf. einschließlich Kühlung
[4] EFH – Einfamilienhäuser, MFH – Mehrfamilienhäuser

ENERGIEAUSWEIS für Wohngebäude

gemäß den §§ 16 ff. Energieeinsparverordnung (EnEV)

Erfasster Energieverbrauch des Gebäudes (3)

Energieverbrauchskennwert

Dieses Gebäude:

kWh/(m²·a)

0 50 100 150 200 250 300 350 400 >400

Energieverbrauch für Warmwasser: ☐ enthalten ☐ nicht enthalten

☐ Das Gebäude wird auch gekühlt; der typische Energieverbrauch für Kühlung beträgt bei zeitgemäßen Geräten etwa 6 kWh je m² Gebäudenutzfläche und Jahr und ist im Energieverbrauchskennwert nicht enthalten.

Verbrauchserfassung – Heizung und Warmwasser

Energieträger	Zeitraum		Energieverbrauch [kWh]	Anteil Warmwasser [kWh]	Klimafaktor	Energieverbrauchskennwert in kWh/(m²·a) (zeitlich bereinigt, klimabereinigt)		
	von	bis				Heizung	Warmwasser	Kennwert

Durchschnitt

Vergleichswerte Endenergiebedarf

0 50 100 150 200 250 300 350 400 >400

Die modellhaft ermittelten Vergleichswerte beziehen sich auf Gebäude, in denen die Wärme für Heizung und Warmwasser durch Heizkessel im Gebäude bereitgestellt wird.

Soll ein Energieverbrauchskennwert verglichen werden, der keinen Warmwasseranteil enthält, so ist zu beachten, dass auf die Warmwasserbereitung je nach Gebäudegröße 20 – 40 kWh/(m²·a) entfallen können.

Soll ein Energieverbrauchskennwert eines mit Fern- oder Nahwärme beheizten Gebäudes verglichen werden, ist zu beachten, dass hier normalerweise um 15 – 30 % geringerer Energieverbrauch als bei vergleichbaren Gebäuden mit Kesselheizung zu erwarten ist.

Erläuterungen zum Verfahren

Das Verfahren zur Ermittlung von Energieverbrauchskennwerten ist durch die Energieeinsparverordnung vorgegeben. Die Werte sind spezifische Werte pro Quadratmeter Gebäudenutzfläche (A_N). Der tatsächliche Verbrauch eines Gebäudes weicht insbesondere wegen des Witterungseinflusses und des ändernden Nutzerverhaltens vom angegebenen Energieverbrauchskennwert ab.

[1] EFH – Einfamilienhäuser, MFH – Mehrfamilienhäuser

Struktur des Energieausweises

Im Energieausweis (Bedarfsausweis) sind folgende Informationen enthalten:

Als wichtigste Information wird der **Primärenergiebedarf** des Gebäudes ausgewiesen. Dieser Wert berücksichtigt die im Gebäude selbst benötigte Energie für Heizung und Warmwasserbereitung sowie die Energie, die für die Aufbereitung und den Transport des Energieträgers zum Gebäude aufgewendet worden ist. Die grafische Darstellung ermöglicht einen einfachen Vergleich mit anderen Gebäuden.

Über die aufgenommenen allgemeinen Gebäudedaten kann das Haus mit dem Energieausweis **energetisch bewertet** werden. Zudem wird eine eindeutige Identifikation des jeweiligen Gebäudes ermöglicht.

Der Energieausweis informiert über die **Qualität der Gebäudehülle**, also aller Außenbauteile. Dabei sind der Dämmstandard, die Luftdichtheit, eventuell vorhandene Wärmebrücken und die Qualität der Anlagentechnik ausschlaggebend. Nicht nur der Wärmeträger selbst spielt eine Rolle, sondern z. B. auch der Standort der Heizungsanlage bzw. Warmwasserbereitung, die Länge und die Dämmqualität der Rohrleitungen, die Energieeffizienz der Pumpen sowie die Güte von Heizflächen und Thermostatventilen.

Die **CO_2-Emission** ist ein Maßstab über die mit dem Energieverbrauch einhergehenden Umweltbelastungen.

Mit dem Hinweis auf den **Energiebedarf** werden die zu erwartenden Kosten, die für die Wärmeversorgung des Hauses aufzuwenden sind, definiert.

Die wenigsten Gebäude sind heute so effizient, wie sie sein könnten. Zur Realisierung sinnvoller Sanierungs- und Modernisierungsmaßnahmen kann der Energieausweis **Hinweise** geben, wie der Primärenergiebedarf und die CO_2-Emission gesenkt werden können und damit zur Verringerung der Betriebskosten der Immobilie beitragen. Dies geschieht zur Schonung der Umwelt, aber auch um Kosten einzusparen sowie den Wert und Komfort des Gebäudes zu erhöhen.

Vorteile des Energieausweises für Mieter und Käufer:

- Die zu erwartenden Heizkosten können zukünftig von Anfang an mit einkalkuliert werden.
- Die energetische Qualität des Gebäudes wird bewertet und liefert eine wertvolle Entscheidungshilfe, um dauerhaft Energie sowie Heizkosten zu sparen.
- Der Vergleich zwischen unterschiedlichen Immobilienangeboten und deren Energiebedarf wird ermöglicht.

Vorteile des Energieausweises für Vermieter und Verkäufer:

- Der Energieausweis liefert ein Instrument, mit dem Kunden von der Qualität des Hauses überzeugt werden können.
- Die Investition in eine energetische Sanierung eines Gebäudes bewirkt eine entsprechend gute Bewertung im Energieausweis.

- Immobilien mit nachgewiesenem niedrigem Energiebedarf haben einen Wettbewerbsvorteil auf dem Immobilienmarkt.
- Energetisch sanierte Gebäude halten auch bei steigenden Energiepreisen die laufenden Kosten gering und lassen mehr Spielraum für eine höhere Kaltmiete.

4.5   Qualitätskontrolle

Um die Qualität von Passivhäusern zu sichern, sollte im Vorfeld bereits eine exakte, detaillierte Planung als Grundlage der Bauausführung vorliegen, d. h. Ausführungspläne sind klar bemaßt, von den unterschiedlichen Bauteilanschlüssen liegen Detailskizzen vor und genaue energetische Angaben der verschiedenen Baumaterialien sind eingeholt.

Des Weiteren sollte die Qualität bei der Versorgungstechnik des Passivhauses in allen Phasen der Planung und Ausführung gesichert werden. Eine auf das Bauobjekt individuell abgestimmte und berechnete Haustechnik ist unablässig, denn wird die Technikanlage unter- bzw. überdimensioniert, kommt es häufig zu erheblichen Einbußen in der Funktionalität und Energiebilanz.

Während der gesamten Bauphase sollte das ausführende Handwerk überprüft und, wenn noch nicht mit der Passivhausbauweise vertraut, eingewiesen werden. Denn nur so lässt sich die Einhaltung der hohen Passivhausqualität garantieren.

4.6   Zusammenfassung

Die hohen Anforderungen an das Gesamtsystem eines Passivhauses erfordern eine Sicherung der Qualität:

- Auswahl passivhaustauglicher Komponenten der Konstruktion schon in der Planungsphase
- detaillierte Pläne als Grundlage der Bauausführung
- Vermeidung von Wärmebrücken durch eine Berechnung der Energiebilanz mittels PHPP
- Durchführung des Blower-Door-Tests bereits im Rohbau zur Überprüfung der luftdichten Anschlüsse und Übergänge
- Einregulierung der Lüftungsanlage
- sorgfältige Überprüfung des ausführenden Handwerks während der Bauphase
- Erstellung eines Energieausweises

5 Bestandssanierung mit Passivhauskomponenten

Circa 80 % der Bestandsgebäude in Deutschland benötigen zu viel Heizenergie und erfüllen die Anforderungen der WSchV von 1985 nicht. Daher gilt die Sanierung dieser Altbauten als wichtigste Bauaufgabe.

Eine hohe Energie- und CO_2-Einsparung kann im Sanierungsbereich durch die Verwendung von Passivhauskomponenten erreicht werden. Der Heizenergiebedarf alter Baubestände lässt sich dadurch von 280 kWh/(m² · a) auf bis zu 20 kWh/(m² · a) reduzieren und bietet ein sehr günstiges Verhältnis zwischen Kosten und Nutzen.

Die zur Energieeinsparung anwendbaren Passivhauskomponenten bei bestehenden Gebäuden zeichnen sich durch eine hohe Wärmedämmung und eine daraus resultierende Minderung der Wärmebrücken aus. Des Weiteren sollte die Gebäudehülle luftdicht aufgearbeitet und Passivhausfenster eingesetzt werden. In Kombination mit einer energieeffizienten Versorgungstechnik mit einer Lüftungsanlage von hohem WRG-Grad werden enorme Energieeinsparungen erreicht.

Die Abb. 5.1 zeigt grafisch auf, dass durch die Anwendung der genannten energiesparenden Komponenten im sanierten Gebäude 75 bis 95 % Energieeinsparung erwirtschaftet werden können. Dabei ist es nicht erforderlich, den Heizenergiebedarf auf die vom Passivhausstandard geforderten 15 kWh/(m² · a) zu reduzieren, sondern durch wirtschaftlich akzeptablen Aufwand eine hohe Reduzierung zu erhalten.

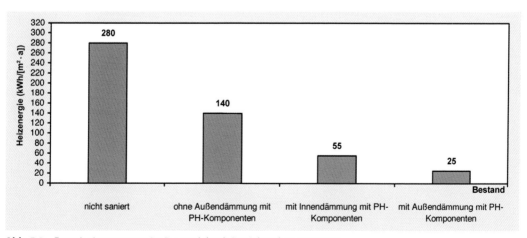

Abb. 5.1: Energieeinsparungen im Bestand durch Passivhauskomponenten

Abb. 5.2: Anbringen der Wärmedämmung an der Fassade (Quelle: Passivhaus Institut, Darmstadt)

Ob ein Altbau zu einem Passivhaus werden kann, hängt von vielen Faktoren ab. Zuerst muss geprüft werden, ob das Gebäude architektonisch, funktional und bautechnisch sanierungswürdig ist. Wenn mindestens 2 der 3 vorliegen, sollte das Gebäude saniert werden. Allerdings ist es mitunter nicht möglich, einen Altbau auf Passivhausstandard zu sanieren, da zu viele konstruktive Wärmebrücken vorhanden sind oder die erforderlichen Dämmdicken nicht untergebracht werden können. Anhand realisierter Beispiele zeigt sich, dass durch kompetente Beratung und Planung ein sehr viel besserer Standard im Vergleich zur Ausgangslage erreicht werden kann.

5.1   Wärmedämmung

Die Beseitigung jeder vorhandenen Wärmebrücke ist häufig wirtschaftlich unrentabel und nicht zwingend erforderlich, denn wird die außen liegende Dämmstärke erhöht, reduzieren sich auch die Probleme an den Wärmebrücken. Eine gute Wärmedämmung führt zu einer Erhöhung der Oberflächentemperatur an der Innenwand und damit zu höheren Temperaturen des Bauteils, das die Wärmebrücke bildet und die Taupunktlinie überschreitet. Somit kommt es nicht zum Kondenswasserausfall und die durch Raumluftfeuchte bedingten Probleme werden vermieden.

5.1.1   Außendämmung

Erlaubt der Gebäudebestand eine Sanierung mit Außendämmung, so lässt sich die Tauwasserbildung im Wandaufbau sehr gut vermeiden, vorausgesetzt es wird an der Außenseite keine Wasserdampfdiffusionsschicht mit hohem Widerstand angebracht. Vorhandene Wärmebrücken aufgrund mangelnder Dämmung an den Deckenstirnseiten können vollständig überdämmt werden und reduzieren die Wärmeverluste erheblich.

Die Abb. 5.2 zeigt das Anbringen einer 20 cm starken Wärmedämmung an der Fassade. Als nicht brennbare Dämmung wird über den Fenstern ein Streifen Mineralwolle eingefügt.

Die Wärmedämmung in Abb. 5.3 wurde dicht an die Fensterbank herangeführt. Der alte Außenputz wurde zuvor als Untergrund für die Dämmung aufgespachtelt. Die Außendämmung erfordert keine Beseitigung von vor-

Abb. 5.3: Wärmedämmung unterhalb der Fensterbank (Quelle: Passivhaus Institut, Darmstadt)

handenen Schäden oder Verschmutzungen. Zum Schutz vor klimatischen Einflüssen muss die Dämmung bekleidet oder verputzt werden. Daher haben sich WDVS oder hinterlüftete Konstruktionen als zuverlässig erwiesen.

Eine Neugestaltung der Fassade verändert jedoch erheblich das Erscheinungsbild des Gebäudes und ist im denkmalgeschützten Bereich meist nicht möglich. Befindet sich ein Gebäude unmittelbar auf der Grundstücksgrenze, so wird diese durch die aufgebrachte Außendämmung überschritten und kann zu rechtlichen Problemen mit dem Nachbargrundstück führen. Erlaubt der Altbau aus den aufgeführten Gründen keine Wärmedämmung an der Außenwand, so muss auf eine Innendämmung zurückgegriffen werden.

5.1.2 Innendämmung

Durch den Einsatz einer Innendämmung lassen sich auch Gründerzeitgebäude und Fachwerkhäuser auf ein verbessertes Wärmeschutzniveau bringen, ohne dass dadurch die Außenansicht verändert wird. Zusammen mit den von Passivhausneubauten bekannten Komponenten und Methoden kann man den Heizwärmebedarf von Altbauten so auf weniger als $\frac{1}{4}$ reduzieren. Die Innendämmung muss sorgfältig geplant und ausgeführt werden.

Im Gegensatz zur Außendämmung ist das Anbringen der Wärmedämmung an der Innenwandfläche erheblich einfacher und kann in einzelnen Schritten erfolgen. Die Innenseite der Dämmung erfordert jedoch eine Dampfsperre, die lückenlos und absolut dicht an die umgebenden Bauteile angebracht werden muss. Ansonsten besteht die Gefahr des Tauwasserniederschlags innerhalb des Wandaufbaus.

Nachteilig bei der Innendämmung, die bei Anwendung eines hohen Dämmstandard bis zu 25 cm erreichen kann, ist die nicht unerhebliche Reduzierung der Wohnfläche. Um den Verlust zu verringern, sollte auf eine Wärmedämmung mit sehr geringer Wärmeleitfähigkeit, z. B. VIP-Vakuumdämmung, zurückgegriffen werden. Die durch die Stirnseiten der Decken entstehenden Wärmebrücken können durch eine Innendämmung nicht reduziert werden und erfordern anderweitige Maßnahmen zur Beseitigung. Liegen durch die Anbringung der Innendämmung wasserführende Rohrleitungen im kalten Außenwandbereich, so sollten diese gesondert gedämmt werden, um ein Gefrieren zu verhindern.

Damit Innendämmungen langfristig schadensfrei bleiben, müssen wichtige Voraussetzungen erfüllt werden. Der Schlagregenschutz an der Außenseite, die Luftdichtheit und die Reduzierung der Wärmebrücken müssen gewährleistet sein, aufsteigende Feuchte muss verhindert und eine kontrollierte Wohnungslüftung eingebaut werden. Sowohl Konzepte mit guten Dampfbremsen auf der Innenseite als auch diffusionsoffene Dämmungen mit kapillaraktiven Dämmstoffen haben sich in der Praxis bewährt. Entscheidend ist hier, dass das gewählte Konzept konsequent durchgehalten wird und an den Standort und das Gebäude angepasst wird.

Mit einer gut ausgeführten Innendämmung und Passivhauskomponenten kann der Energiebedarf sensibler Altbauten deutlich unter das Anforderungsniveau der EnEV für den Neubau gebracht werden. Mit Außendämmung sind allerdings noch höhere Einsparungen wirtschaftlich realisierbar. Um die hohen Wärmeverluste durch die Außenwände von Altbauten zu reduzieren, ist eine Verbesserung des Wärmeschutzes aus bauphysikalischer und energieökonomischer Sicht besonders wichtig.

5.1.3   Wärmedämmung Dach

Ein bestehendes Dach kann wärmetechnisch auf Passivhausniveau gebracht werden, indem man den gesamten Sparrenquerschnitt nutzt und mit Wärmedämmung ausfüllt. Da die Sparren eine weitaus höhere Wärmeleitfähigkeit aufweisen als die eingebrachte Wärmedämmung, muss zur Vermeidung der daraus resultierenden Wärmebrücken eine Aufsparrendämmung erfolgen. Diese führt zusätzlich zum geforderten Wärmeschutz eines Passivhauses. Eine Dampfsperre, die raumseitig angebracht wird, dient zeitgleich zur Winddichtigkeit. Vor der Sanierung eines Dachstuhls sollte von einem Statiker überprüft werden, ob die Tragfähigkeit der vorhandenen Sparren ausreicht oder ob sie eine Verstärkung benötigen.

5.1.4   Wärmedämmung Kellerdecke

Vorzugsweise sollte die Dämmung der Kellerdecke an der Deckenunterseite erfolgen, dies setzt aber eine ausreichende Geschosshöhe im Keller voraus. Ist dies nicht der Fall, kann die Wärmedämmung sowohl auf der Deckenunterseite als auch im Fußbodenaufbau der Deckenoberseite angebracht werden.

5.2   Fenster

Eine optimale passivhaustaugliche Modernisierung erfordert wärmetechnisch die Einbringung von Passivhausfenstern, da sie ansonsten die größten Schwachpunkte in der Energieeinsparung darstellen. Des Weiteren führen sie auch bei kritischen Randbedingungen zu hoher Behaglichkeit und Tauwasserfreiheit.

Alte Holzfenster wie in Abb. 5.4 sind meist undicht und führen aufgrund der geringen wärmedämmenden Rahmen und der Einscheibenverglasung zu hohem Energieverlust.

Abb. 5.4: Altbaufenster (Quelle: Passivhaus Institut, Darmstadt)

Abb. 5.5: Einbau eines Passivhausfensters (Quelle: Passivhaus Institut, Darmstadt)

Abb. 5.6: Unbeheizter Dachbereich (Quelle: Passivhaus Institut, Darmstadt)

Abb .5.7: Luftdichtheitsfolie auf der Geschossdecke aus Abb. 5.6 (Quelle: Passivhaus Institut, Darmstadt)

Ein Passivhausfenster oder sog. Warmfenster spart durch die Dreifachverglasung, den wärmegedämmten Randverbund und Fensterrahmen besonders viel Heizenergie ein. Die eingebauten Warmfenster sollten, um ein hohes Energieeinsparpotenzial zu erreichen und damit dem Passivhausstandard gerecht zu werden, einen U-Wert von 0,7 bis 0,8 W/(m$^2 \cdot$ K) haben. Dabei muss der Einbau innerhalb der Dämmebene erfolgen und sollte eine Überlappung der Wärmedämmung auf die Fensterrahmen erhalten (siehe Abb. 5.5).

5.3   Luftdichtheit

Die wärmetechnische Modernisierung von Altbauten erfordert neben der Erhöhung der Wärmedämmstärken auch einen hohen Grad an Luftdichtheit, um mögliche Bauschäden zu vermeiden. In unkontrollierten Undichtheiten besteht ansonsten die Gefahr von Tauwasserausfall durch den mit der Luft ausströmenden Wasserdampf. Die Planungsgrundsätze aus dem Neubau lassen sich dabei auf die Modernisierung übertragen.

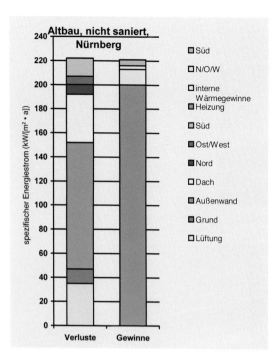

Abb. 5.8: Energiebilanz eines unsanierten Altbaus (nach: www.passivhaus-tagung.de)

Die Abb. 5.6 zeigt eine alte Holzbalkendecke über dem Obergeschoss, die den kalten Dachbereich nicht luftdicht zum beheizten Obergeschoss abschließt. Die Luftdichtheitsebene wird bei der Sanierung durch eine aufgebrachte Folie auf der Geschossdecke, wie in Abb. 5.7 gezeigt, erreicht. Oberhalb der Folie wird die Wärmedämmung angebracht.

5.4   Lüftung

Die Sicherstellung einer ausreichenden Lufterneuerung ist im Altbau eine zentrale Aufgabe. Die nach üblicher Auffassung empfohlene Stoßlüftung 2-mal pro Tag reicht für das Abführen von Raumluftbelastungen nicht aus. Bei weitergehender Luftdichtheit der Gebäudehülle ist eine ausreichende Wohnungslüftung ein unverzichtbarer Bestandteil einer Modernisierung. Zur Entfeuchtung von Küche, Bad und WC ist ein Abluftauslass vorzusehen.

5.5   Energieeinsparung

Altbauten können nach erfolgreicher Sanierung mit Passivhauskomponenten eine Verbesserung der Energieeinsparung bis zu einen Faktor 10 erreichen, wobei dieser Berechnung die früheren Heizenergiebedarfswerte zugrunde liegen.

Die grafische Darstellung der Energiebilanz eines unsanierten Altbaus in Abb. 5.8 verdeutlicht die hohen Wärmeverluste durch die Außenwände und die Dachgeschossdecke. Solargewinne spielen fast keine Rolle, da die Wärmeverluste hoch sind und überwiegend über das Heizsystem ausgeglichen

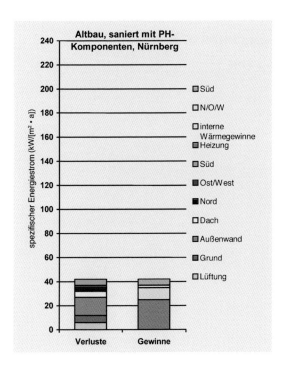

Abb. 5.9: Energiebilanz des Altbaus aus Abb. 5.8 nach der Sanierung (nach: www.passivhaustagung.de)

werden müssen. Ca. 200 kWh/(m² · a) betrug der Heizwärmeverbrauch vor der Sanierung (20-Liter-Haus).

Die Abb. 5.9 zeigt, dass sich die Wärmeverluste durch die gute Wärmedämmung auf sehr geringe Werte reduzieren. Solarbeiträge und innere Wärmequellen ändern sich dagegen nur wenig – sie decken aber nun fast 50 % des Verlustes. Dadurch ist der Heizwärmebedarf nach der Sanierung sehr gering: Rechnerisch beträgt er 27,4 kWh/(m² · a), dies entspricht einem 2,7-Liter-Haus. Die Einsparung beläuft sich auf 87 %.

Die in Abb. 5.10 dokumentierten Verbrauchsmessungen wurden vom Forschungsinstitut für Wärmeschutz e. V. München (FIW München) durchgeführt. Die Messergebnisse für das gesamte Gebäude sind als blaue Quadrate dargestellt. Die Monatswerte beliefen sich im ersten Jahr nach der Modernisierung auf einen Heizenergiebedarf von 26,9 kWh/(m² · a), im zweiten Jahr auf nur noch 24 kWh/(m² · a). Der gemessene Verbrauch ist damit sogar noch geringer als der nach der PHPP-Berechnung ermittelte Wert (als rote Säulen dargestellt).

Der Heizenergieverbrauch in diesem Gebäude wurde durch die Sanierung um etwa einen Faktor 8 verringert: Der verbleibende Verbrauch ist extrem gering, er beträgt nur ca. 12 % des ursprünglichen Wertes. Die Grafik zeigt auch, dass die einzelnen Verbrauchswerte der verschiedenen Wohnungen durchaus unterschiedlich hoch sind. Dafür sind unterschiedliche Raumtemperaturen verantwortlich, aber auch die Häufigkeit des Öffnens der Fenster im Winter. Der höchste Einzelverbrauch liegt um 40 kWh/(m² · a) und damit um mehr als 80 % unter dem Verbrauchsdurchschnitt im ursprünglichen Zustand des Gebäudes.

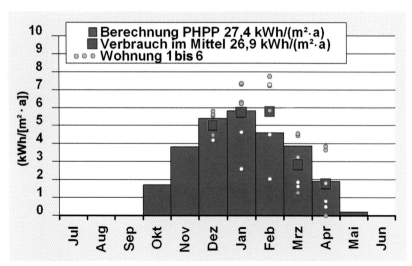

Abb. 5.10: Verbrauchsmessungen eines modernisierten Altbaus (Quelle: Passivhaus Institut, Darmstadt)

5.6   Zusammenfassung

Anwendbare Passivhauskomponenten in der Bestandssanierung sind

- eine hochwertige Wärmedämmung,
- die Reduzierung von Wärmebrücken,
- eine gute Luftdichtheit,
- eine Lüftungsanlage mit hohem WRG-Grad,
- der Einbau von Passivhausfenstern und
- eine effiziente Versorgungstechnik.

Passivhauskomponenten eignen sich für die Modernisierung im Gebäudebestand und bieten dort

- eine höhere Sicherheit gegenüber feuchtebedingten Bauschäden,
- eine Verbesserung der thermischen Behaglichkeit durch höhere Oberflächentemperaturen,
- eine Verdoppelung des möglichen Energiesparpotenzials und
- eine erhebliche Reduzierung der CO_2-Emissionen.

Die Attraktivität einer hochwertigen Modernisierung steigt beim

- Einsatz hocheffizienter Komponenten und
- erhöht spürbar die Lebensqualität für die Bewohner.

6   Passivhausbeispiele

Anhand der nachfolgend beschriebenen Referenzobjekte 6.1 bis 6.19 wird deutlich, dass sich Passivhäuser im äußeren Erscheinungsbild nicht von anderen Niedrigenergiehäusern unterscheiden müssen. Sie können in unterschiedlichen Bautypologien und Konstruktionsweisen ausgeführt sowie mit individueller Versorgungstechnik ausgestattet werden.

Vorgestellt werden vorrangig Wohngebäude als Einzelhäuser, Doppelhaushälften und Reihenhäuser, ebenso 1 Zwei- und 1 Mehrfamilienhaus (Heim für betreutes Wohnen), 1 Geschosswohnungsbau und 1 sanierter Altbau. Neben den Wohngebäuden werden auch 1 Grundschule und 1 Bürogebäude in der Planungsphase vorgestellt. Neben der massiven Bauweise werden auch Gebäude in Holzbauweise erläutert. Alle Projekte weisen unterschiedliche Versorgungstechniken auf, die individuell hinsichtlich der Orientierung der Gebäude, der Konstruktion, der späteren Nutzung und besonders nach den Wünschen der Bauherren abgestimmt wurden.

Die Kosten der Projekte 6.1 bis 6.10 liegen für die Gebäudeherstellung der Bauwerkskostengruppe 300 bei ca. 100.000,00 bis 120.000,00 €. Diese Werte umfassen den kompletten Ausbau der Passivhäuser auf Standardniveau. Bezogen auf das Raumvolumen ergeben sich Kosten von 140,00 €/m³. In einigen der zuvor genannten Objekten wurden Eigenleistungen der Bauherren erbracht oder eine gehobene Sanitärausstattung gewünscht, die nicht bei der Kostenaufstellung berücksichtigt wurden. Die Kostenangaben der ausgeführten Projekte sind als Durchschnittswerte zu betrachten. Bezüglich der Bauwerkskostengruppe 400 für die technischen Anlagen wurden zwischen 26.000,00 und 39.000,00 € investiert. Auch hier wird deutlich, dass die unterschiedlich angewandte Gebäudetechnik hohe Kostendifferenzen mit sich bringt.

KG 300
- Bauwerk/Baukonstruktion/Bruttorauminhalt: 100.000,00 bis 120.000,00 €
- Gebäudeherstellungskosten (Ausbauhaus): 140,00 €/m³

KG 400
- Bauwerk/technische Anlagen: 26.000,00 bis 39.000,00 €
  (Heizung, Lüftung, Sanitär, Elektro, Regenwasser)
- Bruttorauminhalt (BRI) gesamt KG 300 + 400: 200,00 bis 350,00 €/m³

Die Projekte 6.1 bis 6.11 und 6.19 wurden entweder durch die Sommer Baustatik GmbH als Bauträger ausgeführt oder in Zusammenarbeit mit dem Büro bezüglich Statik und/oder Bauphysik betreut.

6.1   Einfamilienhaus, Erkelenz

Projekt 6.1 ist ein individuell geplantes, frei stehendes Einfamilien-Passivhaus in Südwestlage, das nicht unterkellert wurde. Die Fensterausrichtung ist nach Osten, Süden und Westen orientiert. Der $1^1/_2$-geschossige, mit Satteldach ausgeführte Bau wurde nicht unterkellert und daher der Haustechnikraum im Erdgeschoss untergebracht. Der Grundriss im Erdgeschoss ist durch einen großzügigen, offen gestalteten Wohn- mit angrenzendem Koch-Essbereich geprägt. Bodentiefe, über Eck laufende Fenster nach Südwest geben dem Wohnraum ausreichend Belichtung und führen zu erheblichen Wärmegewinnen.

Baudaten

Bauträger und Statik	Sommer Baustatik GmbH, Erkelenz
Entwurf	Architekturbüro J. + J. Viethen, Erkelenz
Planung Haustechnik	Ingenieurbüro Kunkel, Zwickau
Baujahr	2005
Haustyp	Einfamilienhaus
Wohnfläche (m²)	132,95
Nutzfläche (NF), unbeheizt (m²)	59,25
Ausrichtung	Südwest
Anzahl der Bewohner	4
Bruttorauminhalt (BRI) (m³)	600,60
Nutzfläche (NF) nach EnEV (m²)	192,20
Kompaktheit A/V	0,72
Messergebnis Blower-Door-Test (h⁻¹)	0,60
Primärenergiekennzahl (kWh/[m² · a]) (Heizung, Hilfs- und Haushaltsstrom)	86,8
Primärenergiekennzahl (kWh/[m² · a]) (Heizung und Hilfsstrom nach NF EnEV)	23,0
Jahresheizwärmebedarf Q_H (kWh/[m² · a])	14,9

Versorgungstechnik

EWT	30 m, DN 200
Lüftungsanlage mit WRG	Kreuz-Gegenstrom-Plattenwärmetauscher, Aerex Kompaktgerät (WRG 78 %)
Nachheizung der Zuluft	Luft-Luft-Wärmepumpe im Kompaktgerät
Wasserspeicher	Solar Latento Schichtspeicher 500 l
Brauchwassererwärmung	10 m² Kollektorfläche (solarer Deckungsbeitrag 66 %), Heizstab 9 kW
Zusatz- bzw. Notheizung	elektrisches Nachheizregister
Regenwasserzisterne	5.000 l

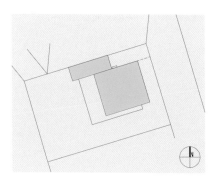

Abb. 6.1:   Schematisierter Lageplan

Abb. 6.2: Ansicht Nordost, straßenseitig

Abb. 6.3: Versorgungstechnik im Haustechnikraum

Abb. 6.4: Ansicht West kurz nach der Fertigstellung

Abb. 6.5: Ansicht Südost mit Blick auf die große Kollektorfläche

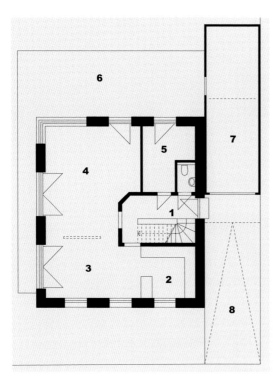

Abb. 6.6:   Grundriss EG (M 1:200)

1 Eingang
2 Kochen
3 Essen
4 Wohnen
5 Hauswirtschaft/Haustechnik
6 Terrasse
7 Garage
8 Zufahrt

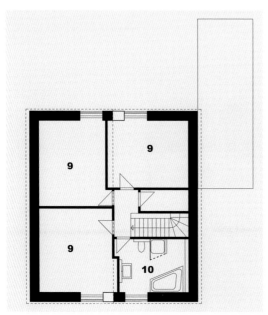

Abb. 6.7:   Grundriss OG (M 1:200)

 9 Schlafen
10 Bad/WC

Abb. 6.8: Wohnbereich

Abb. 6.9: Offener Kochbereich

Abb. 6.10: Bad/WC

Abb. 6.11: Offener Wohnbereich

Abb. 6.12: Freie Treppe

Abb. 6.13: Heller, lichtdurchfluteter Studiobereich

Bauweise

Tabelle 6.1:   Konstruktionsaufbau

Bauteil	Materialschicht	Materialstärke (cm)	*U*-Wert (W/[m² · K])
Bodenplatte (von oben nach unten)	Fußbodenbelag		
	Estrich	5,00	
	PE-Folie		
	Dämmung, WLG 035	20,00	
	Stahlbeton-Bodenplatte	20,00	
	PE-Folie		
	Perimeterdämmung, druckfest, WLG 035	10,00	
	Kies		
gesamt Sohle		**55,00**	**0,113**
Außenwandaufbau EG und OG (von innen)	Innenputz		
	Porenbeton PPW2	17,50	
	PS Dämmung, WLG 035	30,00	
	Außenputz		
gesamt Außenwand		**47,50**	**0,095**
Dach (von innen)	Gipskartonplatten	1,30	
	Konterlattung (Installationsebene)		
	Lattung mit Untersparrendämmung, WLG 035	10,00	
	PE-Folie		
	Sparren 8/26 mit Zwischensparrendämmung	26,00	
	Unterspannbahn		
	Lattung Luftschicht/geschlossene Schalung		
	Zinkdeckung bzw.		
	Lattung Luftschicht/Konterlattung/Lattung	1,50	
	Ziegeldeckung		
gesamt Dach		**38,80**	**0,108**
Fenster	PVC-Rahmen mit eingeschobenen Dämmprofilen Clima Design Fa. Rehau Dreifachverglasung mit Kryptonfüllung		*U_f* = **0,71** *U_g* = **0,60** *g* (%) = **0,61**

6.2   Einfamilienhaus, Jüchen

Projekt 6.2 ist ein individuell geplantes, frei stehendes Einfamilien-Passivhaus, das an einem neu erschlossenen Gebiet in Jüchen/Bedburdyck entstand. Das Gebäude ist nach Südwest orientiert und wurde in $1^{1}/_{2}$-geschossi-
ger Bauweise ohne Keller erstellt. Die an der Ost-, Süd- und Westseite
angeordneten Fenster lassen zu jeder Tageszeit Sonne in das Gebäude. Das
Satteldach erhielt im Obergeschoss auf der Westseite 4 Dachflächenfenster,
um die Belichtung und solaren Wärmegewinne zu sichern. Der großzügige
Grundstückszuschnitt vermeidet jegliche Verschattung.

Baudaten

Bauträger und Statik	Sommer Baustatik GmbH, Erkelenz
Entwurf	Sommer Baustatik GmbH, Erkelenz
Planung Haustechnik	Ingenieurbüro Kunkel, Zwickau
Baujahr	2005
Haustyp	Einfamilienhaus
Wohnfläche (m²)	170,94
NF unbeheizt (m²)	81,26
Ausrichtung	Südwest
Anzahl der Bewohner	4
BRI (m³)	788
NF nach EnEV (m²)	252,20
Kompaktheit A/V	0,66
Messergebnis Blower-Door-Test (h⁻¹)	0,60
Primärenergiekennzahl (kWh/[m² · a]) (Heizung, Hilfs- und Haushaltsstrom)	52,8
Primärenergiekennzahl (kWh/[m² · a]) (Heizung und Hilfsstrom nach NF EnEV)	10,9
Jahresheizwärmebedarf Q_H (kWh/[m² · a])	14,7

Versorgungstechnik

EWT	30 m, DN 200
Lüftungsanlage mit WRG	Kreuz-Gegenstrom-Plattenwärmetauscher, Aerex Kompaktgerät (WRG 78 %)
Nachheizung der Zuluft	Luft-Luft-Wärmepumpe im Kompaktgerät
Wasserspeicher	Solar Latento Schichtenspeicher 500 l
Brauchwassererwärmung	10 m² Kollektorfläche mit Flachkollektoren (solarer Deckungsbeitrag 78 %), Heizstab 9 kW
Zusatz- bzw. Notheizung	Fußbodenheizung (Beheizung durch Warmwasser)
Regenwasserzisterne	5.000 l

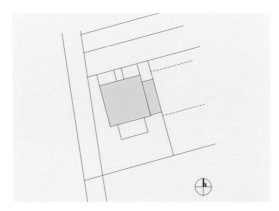

Abb. 6.14: Schematisierter
Lageplan

Abb. 6.15: Ansicht Nordost
mit Blick auf die Hauseingangs-
situation

Abb. 6.16: Ansicht Süd mit
großzügiger Fensterfront

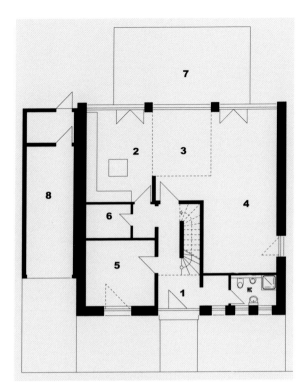

Abb. 6.17: Grundriss EG (M 1:200)

1 Eingang
2 Kochen
3 Essen
4 Wohnen
5 Hauswirtschaft/Haustechnik
6 Nebenraum
7 Terrasse
8 Garage

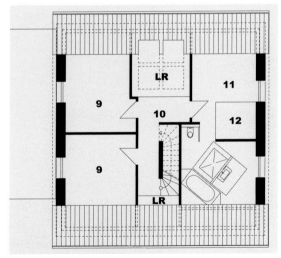

Abb. 6.18: Grundriss OG (M 1:200)

 9 Schlafen
10 Galerie
11 Bad/WC
12 Sauna
LR Luftraum

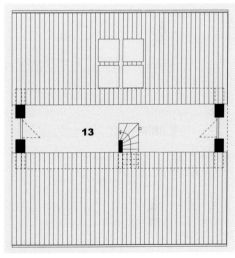

Abb. 6.19: Grundriss DG (M 1:200)

13 Studio

Bauweise

Tabelle 6.2:   Konstruktionsaufbau

Bauteil	Materialschicht	Materialstärke (cm)	U-Wert (W/[m² · K])
Bodenplatte (von oben nach unten)	Fußbodenbelag		
	Estrich	5,00	
	PE-Folie		
	Dämmung, WLG 035	20,00	
	Stahlbeton-Bodenplatte	20,00	
	PE-Folie		
	Perimeterdämmung, druckfest, WLG 035	10,00	
	Kies		
gesamt Sohle		**55,00**	**0,113**
Außenwandaufbau EG und OG (von innen)	Innenputz		
	Porenbeton PPW2	17,50	
	PS Dämmung, WLG 035	30,00	
	Außenputz		
gesamt Außenwand		**47,50**	**0,095**
Dach (von innen)	Gipskartonplatten	1,30	
	Konterlattung (Installationsebene)		
	Lattung mit Untersparrendämmung, WLG 035	10,00	
	PE-Folie		
	Sparren 8/26 mit Zwischensparrendämmung	26,00	
	Unterspannbahn		
	Lattung auf Sparren mit zirkulierender Luftschicht		
	Tragelattung		
	Ziegeldeckung	1,50	
gesamt Dach		**38,80**	**0,115**
Fenster	PVC-Rahmen mit eingeschobenen Dämmprofilen Clima Design Fa. Rehau Dreifachverglasung mit Argonfüllung		$U_f = 0,71$ $U_g = 0,60$ g (%) = 0,55

6.3   Einfamilienhaus, Erkelenz

Projekt 6.3 entstand in einem gewachsenen ländlichen Ortsteil von Erkelenz in einer Baulücke. Das $1^1/_2$-geschossige Haus ist nicht unterkellert und erhielt ein Satteldach. Der Wohn- und Essbereich sowie die offene Küche vermitteln im Erdgeschoss ein großzügiges Raumgefühl. Die günstige Nordsüd-Ausrichtung führte zu einer bodentiefen, fast vollständig verglasten Südseite mit vorgelagerter Terrasse. Der Haustechnikraum wurde im Erdgeschoss integriert. Durch bestehende Nachbargebäude ergibt sich eine leichte Verschattung, welche im PHPP berücksichtigt wurde und durch die leistungsstarke Solaranlage mit großem Pufferspeicher ausgeglichen wird.

Baudaten

Bauträger und Statik	Sommer Baustatik GmbH, Erkelenz
Entwurf	Sommer Baustatik GmbH, Erkelenz
Planung Haustechnik	Ingenieurbüro Kunkel, Zwickau
Baujahr	2005
Haustyp	Einfamilienhaus
Wohnfläche (m²)	139,93
NF unbeheizt (m²)	83,57
Ausrichtung	Süd
Anzahl der Bewohner	3
BRI (m³)	698,54
NF nach EnEV (m²)	223,50
Kompaktheit A/V	0,69
Messergebnis Blower-Door-Test (h⁻¹)	0,60
Primärenergiekennzahl (kWh/[m² · a]) (Heizung, Hilfs- und Haushaltsstrom)	61,7
Primärenergiekennzahl (kWh/[m² · a]) (Heizung und Hilfsstrom nach NF EnEV)	10,8
Jahresheizwärmebedarf Q_H (kWh/[m² · a])	15

Versorgungstechnik

EWT	30 m, DN 200
Lüftungsanlage mit WRG	Kreuz-Gegenstrom-Plattenwärmetauscher, Aerex Kompaktgerät (WRG 78 %)
Nachheizung der Zuluft	Luft-Luft-Wärmepumpe im Kompaktgerät
Wasserspeicher	Solar Latento Schichtenspeicher 500 l
Brauchwassererwärmung	10 m² Kollektorfläche mit Flachkollektoren (solarer Deckungsbeitrag 78 %), Heizstab 9 kW
Zusatz- bzw. Notheizung	Fußbodenheizung (Beheizung durch Warmwasser)
Regenwasserzisterne	3.000 l

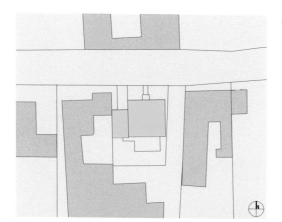

Abb. 6.20:   Schematisierter Lageplan

Abb. 6.21:   Ansicht Ecksituation Nordost

Abb. 6.22:   Straßenansicht Nord

Abb. 6.23:   Die Südseite ist fast ganz verglast.

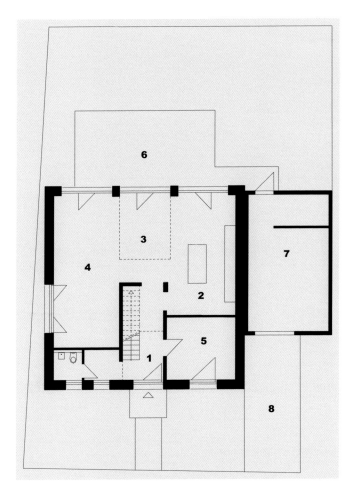

Abb. 6.24: Grundriss EG
(M 1:200)

1 Eingang
2 Kochen
3 Essen
4 Wohnen
5 Hauswirtschaft/
   Haustechnik
6 Terrasse
7 Garage
8 Stellplatz

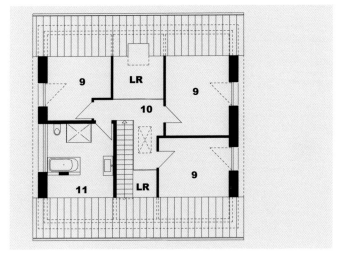

Abb. 6.25: Grundriss OG
(M 1:200)

 9 Schlafen
10 Galerie
11 Bad/WC
12 Luftraum

Bauweise

Tabelle 6.3: Konstruktionsaufbau

Bauteil	Materialschicht	Materialstärke (cm)	U-Wert (W/[m² · K])
Bodenplatte (von oben nach unten)	Fußbodenbelag		
	Estrich	5,00	
	PE-Folie		
	Dämmung, WLG 035	20,00	
	Stahlbeton-Bodenplatte	20,00	
	PE-Folie		
	Perimeterdämmung, druckfest, WLG 035	10,00	
	Kies		
gesamt Sohle		**60,00**	**0,112**
Außenwandaufbau EG und OG (von innen)	Innenputz		
	Porenbeton PPW2	17,50	
	PS Dämmung, WLG 035	30,00	
	Außenputz		
gesamt Außenwand		**47,50**	**0,095**
Dach (von innen)	Gipskartonplatten	1,30	
	Konterlattung (Installationsebene)		
	PE-Folie	10,00	
	Untersparrendämmung, WLG 035	28,00	
	Sparren 8/20 mit Zwischensparrendämmung, WLG 035	20,00	
	Unterspannbahn		
	Lattung auf Sparren mit zirkulierender Luftschicht		
	Tragelattung		
	Ziegeldeckung	1,50	
gesamt Dach		**50,80**	**0,080**
Fenster	PVC-Rahmen mit eingeschobenen Dämmprofilen Clima Design Fa. Rehau Dreifachverglasung mit Argonfüllung		$U_f = 0{,}71$ $U_g = 0{,}60$ g (%) = 0,55

6.4   Einfamilienhaus, Niederzier

Projekt 6.4 wurde als Einfamilienhaus in 1-geschossiger, nicht unterkellerter Bauweise am Rand einer bestehenden Ortschaft erstellt. Das durch ein Satteldach geprägte Gebäude ist nach Ostwest orientiert und zeichnet sich durch einen klaren Grundriss aus. Die Schlafbereiche der Kinder befinden sich auf der Süd- bzw. Südostseite, der offen gestaltete Wohn-, Koch- und Essbereich auf der Süd- bzw. Südwestseite. Im Dachraum wurde die Haustechnik untergebracht.

Baudaten

Bauträger und Statik	Sommer Baustatik GmbH, Erkelenz
Entwurf	Sommer Baustatik GmbH, Erkelenz
Planung Haustechnik	Ingenieurbüro Kunkel, Zwickau
Baujahr	2007
Haustyp	Einfamilienhaus
Wohnfläche (m²)	155,32
NF unbeheizt (m²)	86,78
Ausrichtung	Süd/Südost
Anzahl der Bewohner	4
BRI (m³)	756,46
NF nach EnEV (m²)	242,10
Kompaktheit A/V	0,67
Messergebnis Blower-Door-Test (h⁻¹)	0,60
Primärenergiekennzahl (kWh/[m² · a]) (Heizung, Hilfs- und Haushaltsstrom)	77,5
Primärenergiekennzahl (kWh/[m² · a]) (Heizung und Hilfsstrom nach NF EnEV)	20
Jahresheizwärmebedarf Q_H (kWh/[m² · a])	14,8

Versorgungstechnik

EWT	35 m, DN 200
Lüftungsanlage mit WRG	Kreuz-Gegenstrom-Plattenwärmetauscher, Aerex Kompaktgerät (WRG 78 %)
Nachheizung der Zuluft	Luft-Luft-Wärmepumpe im Kompaktgerät
Wasserspeicher	Solarspeicher 300 l
Brauchwassererwärmung	4 m² Kollektorfläche mit Vakuumkollektoren (solarer Deckungsbeitrag 68 %), Heizstab 2 kW
Zusatz- bzw. Notheizung	elektrische Heizung im Wohnzimmer und Bad
Regenwasserzisterne	–

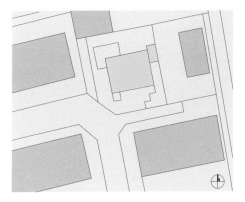

Abb. 6.26: Schematisierter Lageplan

Abb. 6.27:   Ansicht Nord

Abb. 6.28:   Ansicht West

Abb. 6.29:   Ansicht Südwest
mit verglaster Gebäudeecke

Abb. 6.30:   Ansicht Ost

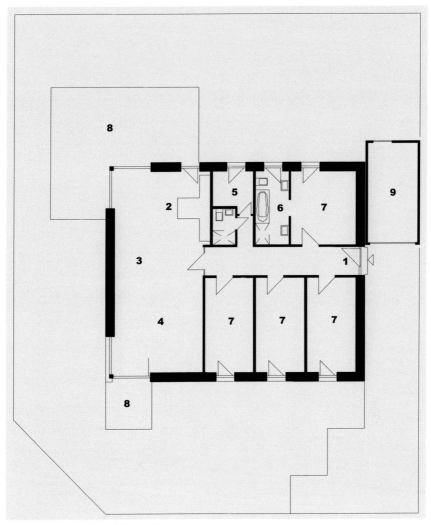

Abb. 6.31: Grundriss EG (M 1:200)

1 Eingang
2 Kochen
3 Essen
4 Wohnen
5 Haustechnik
6 Bad/WC
7 Schlafen
8 Terrasse
9 Garage

Bauweise

Tabelle 6.4: Konstruktionsaufbau

Bauteil	Materialschicht	Materialstärke (cm)	*U*-Wert (W/[m² · K])
Bodenplatte (von oben nach unten)	Fußbodenbelag		
	Estrich	4,00	
	PE-Folie		
	Stahlbeton-Bodenplatte	16,00	
	Dämmung, WLG 035	40,00	
	PE-Folie		
	Kies		
gesamt Sohle		**60,00**	**0,097**
Außenwandaufbau EG und OG (von innen)	Innenputz		
	Porenbeton PPW2	17,50	
	PS Dämmung, WLG 035	32,00	
	Außenputz		
gesamt Außenwand		**49,50**	**0,090**
Dach (von innen)	Gipskartonplatten	1,30	
	PE-Folie		
	Untersparrendämmung, WLG 035	26,00	
	Sparren 8/22 mit Zwischensparrendämmung, WLG 035	22,00	
	Unterspannbahn		
	Konterlattung		
	Tragelattung		
	Ziegeldeckung	1,50	
gesamt Dach		**50,80**	**0,080**
Fenster	PVC-Rahmen mit eingeschobenen Dämmprofilen Clima Design Fa. Rehau Dreifachverglasung mit Argonfüllung		**$U_f = 0{,}71$ $U_g = 0{,}60$ g (%) = 0,55**

6.5   Einfamilienhaus, Meerbusch

Projekt 6.5 wurde am Rand eines bestehenden Wohngebietes in moderner Architektursprache geplant und befindet sich derzeit im Bau. Der $1^1/_2$-geschossige Baukörper erhält ein Pultdach, welches durch den Eingangskubus an der Ostseite unterbrochen wird. Das Erdgeschoss bietet einen großzügigen Wohn- und Essbereich. Das Dachgeschoss beinhaltet ein Splitlevel, um die entstehende Raumhöhe des Pultdaches zu nutzen. Das Gebäudes ist nach Westen mit offener Süd- und Ostseite orientiert. Es ist unterkellert mit einer Ausschachtung an der Süd- und Westseite, wodurch der im Kellergeschoss befindliche Hobbyraum erhebliche Raumqualität erhält. Aufgrund der örtlichen Gegebenheiten wurde eine alternative Lüftungsanlage mit angeschlossenem Sole-EWT in Form von Spiralkörben gewählt.

Baudaten

Bauträger und Statik	Sommer Baustatik GmbH, Erkelenz
Entwurf	Sommer Baustatik GmbH, Erkelenz
Planung Haustechnik	Ingenieurbüro Kunkel, Zwickau
Baujahr	2007
Haustyp	Einfamilienhaus
Wohnfläche (m²)	223,41
NF unbeheizt (m²)	124,09
Ausrichtung	Südwest/West
Anzahl der Bewohner	4
BRI (m³)	1.085,94
NF nach EnEV (m²)	223,41
Kompaktheit A/V	0,60
Messergebnis Blower-Door-Test (h^{-1})	0,60
Primärenergiekennzahl (kWh/[m² · a]) (Heizung, Hilfs- und Haushaltsstrom)	79,7
Primärenergiekennzahl (kWh/[m² · a]) (Heizung und Hilfsstrom nach NF EnEV)	17,9
Jahresheizwärmebedarf Q_H (kWh/[m² · a])	15,1

Versorgungstechnik

EWT	35 m, DN 200
Lüftungsanlage mit WRG	Kreuz-Gegenstrom-Plattenwärmetauscher, LTM Airon, Vario 350 (WRG 95 %)
Nachheizung der Zuluft	Luft-Sole-Wärmepumpe im Kompaktgerät
Wasserspeicher	Brauchwasserspeicher integriert, 300 l
Brauchwassererwärmung	Erdsolekollektoren, 9 Spiralkollektoren (solarer Deckungsbeitrag ca. 68 %) LTM Thermia Komfort mit Wärmepumpe
Zusatz- bzw. Notheizung	Fußbodenheizung, optional Kühlung über das Fußbodenheizsystem
Regenwasserzisterne	5.000 l

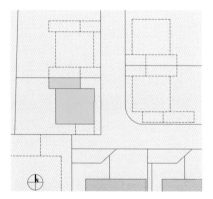

Abb. 6.32:   Schematisierter Lageplan

Abb. 6.33:   Hausein-
gangsseite im Osten mit
klarer Akzentuierung
durch Materialwechsel

Abb. 6.34:   Ansicht
Nordost mit übereck
laufenden Fensterbändern

Abb. 6.35   Südwestliche Ansicht mit der Eckausstattung im KG

Abb. 6.36   Die nordwestliche Ansicht zeigt das kleine Fenster im Norden.

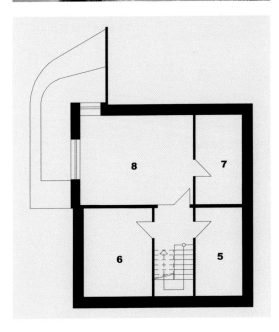

Abb. 6.37:   Grundriss KG (M 1:200)

5 Haustechnik
6 Nebenraum
7 Keller
8 Hobby

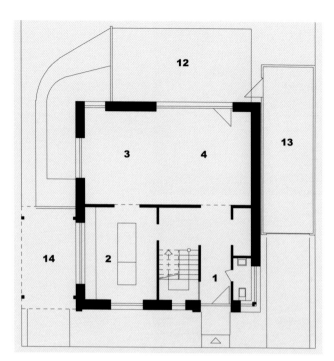

Abb. 6.38: Grundriss EG
(M 1:200)

  1 Eingang
  2 Kochen
  3 Essen
  4 Wohnen
12 Terrasse
13 Garage
14 Carport

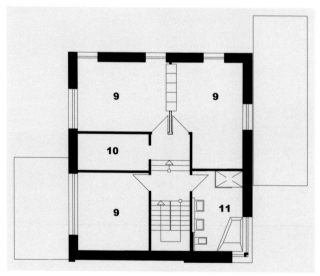

Abb. 6.39: Grundriss DG
(M 1:200)

  9 Schlafen
10 Ankleide
11 Bad/WC

Bauweise

Tabelle 6.5: Konstruktionsaufbau

Bauteil	Materialschicht	Materialstärke (cm)	U-Wert (W/[m² · K])
Kellerdecke, beheizt (von oben nach unten)	Fußbodenbelag		
	Estrich	5,00	
	PE-Folie		
	Dämmung, WLG 035	20,00	
	Stahlbeton-Bodenplatte	20,00	
	2 Lagen PE-Folie		
gesamt Sohle		**45,00**	**0,166**
Außenwandaufbau 1 KG (von innen)	Innenputz		
	Porenbeton PPW2	36,50	
	PS Dämmung, WLG 035	20,00	
gesamt Außenwand 1		**56,50**	**0,122**
Außenwandaufbau 2 EG und OG (von innen)	Innenputz		
	Porenbeton PPW2	17,50	
	PS Dämmung, WLG 035	32,00	
	Außenputz		
gesamt Außenwand 2		**49,50**	**0,90**
Dach (von innen)	Gipskartonplatten	1,30	
	PE-Folie		
	Sparren 8/24 mit Zwischensparrendämmung, WLG 035	24,00	
	Untersparrendämmung, WLG 035	16,00	
	Unterspannbahn		
	Konterlattung		
	Schalung	1,50	
	Trennlage		
	Zinkeindeckung		
gesamt Dach		**42,80**	**0,097**
Fenster	PVC-Rahmen mit eingeschobenen Dämmprofilen Clima Design Fa. Rehau Dreifachverglasung mit Argonfüllung		$U_f = 0{,}71$ $U_g = 0{,}60$ $g\,(\%) = 0{,}55$

6.6   Zweifamilienhaus, Jüchen

Projekt 6.6 wurde in einem durch den Tagebau umgesiedelten Ort gebaut.
Das Grundstück ergab eine großzügige, unverbaubare Ecklage ohne jegliche Verschattung durch die Nachbargebäude. Das in abgeschrägter L-Form
erstellte 1¹/₂-geschossige Gebäude wurde unterkellert und erhielt ein Satteldach. Der Grundriss des Dachgeschosses erlaubt bei Bedarf eine zusätzliche
Wohneinheit. Die sehr günstige Ausrichtung des Hauses mit der breiten
Fassadenseite in Südwestausrichtung erzielt trotz hohen A/V-Verhältnisses
einen geringen Jahresheizwärmebedarf.

Baudaten

Bauträger und Statik	Sommer Baustatik GmbH, Erkelenz
Entwurf	Sommer Baustatik GmbH, Erkelenz
Planung Haustechnik	Ingenieurbüro Kunkel, Zwickau
Baujahr	2004
Haustyp	Zweifamilienhaus
Wohnfläche (m²)	264
NF unbeheizt (m²)	93,30
Ausrichtung	Südwest
Anzahl der Bewohner	8
BRI (m³)	1.116,60
NF nach EnEV (m²)	357,30
Kompaktheit A/V	0,58
Messergebnis Blower-Door-Test (h⁻¹)	0,60
Primärenergiekennzahl (kWh/[m² · a]) (Heizung, Hilfs- und Haushaltsstrom)	83,1
Primärenergiekennzahl (kWh/[m² · a]) (Heizung und Hilfsstrom nach NF EnEV)	22,3
Jahresheizwärmebedarf Q_H (kWh/[m² · a])	14,7

Versorgungstechnik

EWT	35 m, DN 200
Lüftungsanlage mit WRG	Kanal-Gegenströmer, Effiziento HZ Kompaktgeräte (WRG 95 %), EWT-Bypass-Klappe mit Gleichstrommotoren
Nachheizung der Zuluft	Luft-Luft-Wärmepumpe im Kompaktgerät
Wasserspeicher	Latento Schichtenspeicher, 500 l
Brauchwassererwärmung	7,1 m² Kollektorfläche mit Vakuumkollektoren (solarer Deckungsbeitrag ca. 66 %), Heizstab 9 kW
Zusatz- bzw. Notheizung	Fußbodenheizung (Beheizung über Warmwasser), elektrische Heizkonvektoren im Bad
Regenwasserzisterne	5.000 l

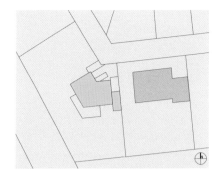

Abb. 6.40   Schematisierter Lageplan

Abb. 6.41:   Hauseingangsseite Nordost

Abb. 6.42:   Im Südwesten ist die großflächige Verglasung zu sehen.

Abb. 6.43:   Grundriss KG
(M 1:200)

 5 Hauswirtschaft
10 Hobby
11 Keller
12 Abstellraum

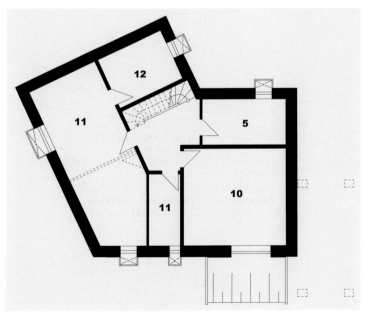

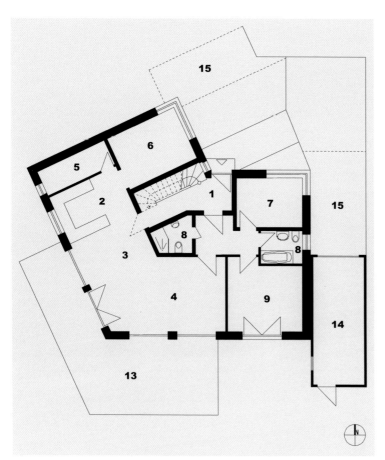

Abb. 6.44: Grundriss EG
(M 1:200)

 1 Eingang
 2 Kochen
 3 Essen
 4 Wohnen
 5 Hauswirtschaft
 6 Arbeiten
 7 Gast
 8 Bad/WC
 9 Schlafen
13 Terrasse
14 Garage
15 Stellplatz

Abb. 6.45: Grundriss DG
(M 1:200)

2 Kochen
3 Essen
4 Wohnen
8 Bad/WC
9 Schlafen

Bauweise

Tabelle 6.6:   Konstruktionsaufbau

Bauteil	Materialschicht	Materialstärke (cm)	*U*-Wert (W/[m² · K])
Kellerdecke, beheizt (von oben nach unten)	Fußbodenbelag		
	Estrich	5,00	
	PE-Folie		
	Dämmung, WLG 035	20,00	
	Stahlbeton-Bodenplatte	20,00	
	2 Lagen PE-Folie		
gesamt Sohle		**45,00**	**0,166**
Außenwandaufbau 1 KG, beheizt (von innen)	Innenputz		
	Porenbeton	36,50	
	Dickbeschichtung		
	Perimeterdämmung, WLG 035	20,00	
gesamt Außenwand 1		**56,50**	**0,123**
Außenwandaufbau 2 EG und OG (von innen)	Innenputz		
	Porenbeton PPW2	17,50	
	PS Dämmung, WLG 035	24,00	
	Außenputz		
gesamt Außenwand 2		**41,50**	**0,114**
Gaubendach (von innen)	Gipskartonplatten	1,50	
	PE-Folie		
	Konterlattung (Installationsebene)		
	Lattung mit Dämmung, WLG 035	4,00	
	Balkenlage mit Zwischensparrendämmung, WLG 035	24,00	
	Aufsparrendämmung, WLG 035	10,00	
	Flachdachabklebung		
	Zinkdeckung	2,20	
gesamt Gaubendach		**41,70**	**0,138**

Tabelle 6.6, Fortsetzung: Konstruktionsaufbau

Bauteil	Materialschicht	Materialstärke (cm)	U-Wert (W/[m² · K])
Dach (von innen)	Gipskartonplatten	1,50	
	PE-Folie		
	Konterlattung (Installationsebene)		
	Lattung mit Dämmung, WLG 035	4,00	
	Sparren mit Zwischensparrendämmung, WLG 035	24,00	
	Konterlattung		
	Ziegeldeckung	2,20	
gesamt Dach		**31,70**	**0,138**
Fenster	PVC-Rahmen mit eingeschobenen Dämmprofilen Clima Design Fa. Rehau Dreifachverglasung mit Argonfüllung		$U_f = 0,71$ $U_g = 0,60$ g (%) = 0,51

6.7   Doppelhaus, Mönchengladbach

Projekt 6.7 entstand als 2 Doppelhaushälften im Einzugsgebiet von Mönchengladbach in einer Baulücke. Die Gebäude wurden nicht unterkellert und sind in $2^1/_2$-geschossiger Bauweise ausgeführt. Die Haustechnik, eine kompakte Lüftungsanlage mit integriertem Solarspeicher, wurde im Erdgeschoss untergebracht. Die nach Ostwest orientierten Gebäude sind auf der Westseite und z. T. auf der Ostseite mit bodentiefen Fenstern ausgestattet. Der Grundriss bietet im Erdgeschoss einen offenen Wohn- und Essbereich, der durch eine gradläufige Treppe zoniert wird.

Baudaten

Bauträger und Statik	Sommer Baustatik GmbH, Erkelenz
Entwurf	Architekturbüro Anraths, Mönchengladbach
Planung Haustechnik	Ingenieurbüro Kunkel, Zwickau
Baujahr	2005
Haustyp	Doppelhaus/rechte Doppelhaushälfte
Wohnfläche (m²)	118,60
NF unbeheizt (m²)	43,10
Ausrichtung	Südwest/West
Anzahl der Bewohner	3
BRI (m³)	502,22
NF nach EnEV (m²)	161,70
Kompaktheit A/V	0,466
Messergebnis Blower-Door-Test (h⁻¹)	0,60
Primärenergiekennzahl (kWh/[m² · a]) (Heizung, Hilfs- und Haushaltsstrom)	83,1
Primärenergiekennzahl (kWh/[m² · a]) (Heizung und Hilfsstrom nach NF EnEV)	23,5
Jahresheizwärmebedarf Q_H (kWh/[m² · a])	14,5

Versorgungstechnik

EWT	35 m, DN 200
Lüftungsanlage mit WRG	Kreuz-Gegenstrom-Plattenwärmetauscher, Aerex Kompaktgerät (WRG 78 %)
Nachheizung der Zuluft	Luft-Luft-Wärmepumpe im Kompaktgerät, elektrisches Nachheizregister
Wasserspeicher	Aerex Solarspeicher 300 l
Brauchwassererwärmung	5 m² Kollektorfläche mit Vakuumkollektoren (solarer Deckungsbeitrag 77 %), Heizstab 2 kW
Zusatz- bzw. Notheizung	elektrischer Heizkonvektor im Bad
Regenwasserzisterne	3.000 l

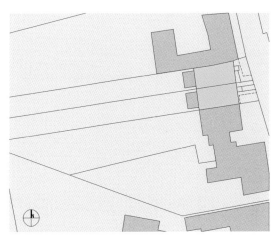

Abb. 6.46:
Schematisierter Lageplan

Abb. 6.47:   Die Ostseite mit bodentiefen Fenstern im OG

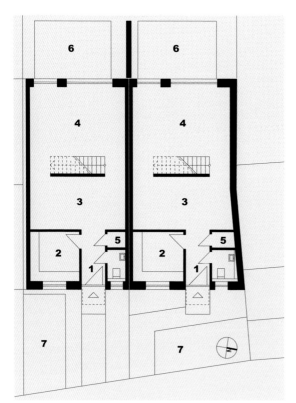

Abb. 6.48:   Grundriss EG (M 1:200)

1 Eingang
2 Kochen
3 Essen
4 Wohnen
5 Haustechnik
6 Terrasse
7 Stellplatz

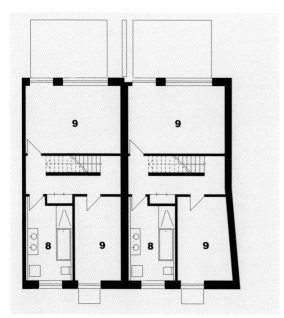

Abb. 6.49:   Grundriss OG (M 1:200)

8 Bad/WC
9 Schlafen

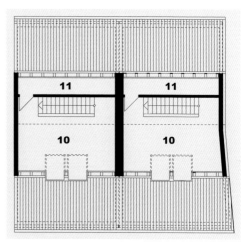

Abb. 6.50:   Grundriss DG (M 1:200)

10 Studio
11 Abstellraum

Bauweise

Tabelle 6.7: Konstruktionsaufbau

Bauteil	Materialschicht	Materialstärke (cm)	*U*-Wert (W/[m² · K])
Bodenplatte (von oben nach unten)	Fußbodenbelag		
	Estrich	5,00	
	PE-Folie		
	Dämmung, WLG 035	10,00	
	Stahlbeton-Bodenplatte	16,00	
	PE-Folie		
	Perimeterdämmung, druckfest, WLG 035	10,00	
	Kies		
gesamt Sohle		**41,00**	**0,167**
Außenwandaufbau EG und OG (von innen)	Innenputz		
	Porenbeton PPW2	17,50	
	PS Dämmung, WLG 035	24,00	
	Außenputz		
gesamt Außenwand		**41,50**	**0,123**
Dach (von innen)	Gipskartonplatten	1,30	
	Konterlattung (Installationsebene)		
	PE-Folie		
	Lattung mit Untersparrendämmung, WLG 035	10,00	
	Sparren 8/26 mit Zwischensparrendämmung, WLG 035	24,00	
	Unterspannbahn		
	Konterlattung		
	Tragelattung		
	Ziegeldeckung	1,50	
gesamt Dach		**36,80**	**0,114**
Fenster	PVC-Rahmen mit eingeschobenen Dämmprofilen Clima Design Fa. Rehau Dreifachverglasung mit Argonfüllung		$U_f = 0{,}71$ $U_g = 0{,}60$ g (%) = 0,50

6.8   Doppelhaus, Hückelhoven

Projekt 6.8 wurde von 2 befreundeten Familien in einem gewachsenen Ort, zu Hückelhoven gehörig, geplant. Das Typenhaus in kompakter Bauform mit Wölbdach wurde als Doppelhaus erstellt. Das $2^1/_2$-geschossige Wohngebäude verfügt über einen großzügigen Keller und ein ausgebautes Dachgeschoss, das durch das Wölbdach und die vorgelagerte Dachterrasse eine hohe Raumqualität erhält. Die günstige Nordsüdausrichtung, unterstützt durch bodentiefe Fensterelemente auf der Südseite, führt zu großzügiger Belichtung und guten solaren Wärmegewinnen im Gebäude.

Baudaten

Bauträger und Statik	Sommer Baustatik GmbH, Erkelenz
Entwurf	Sommer Baustatik GmbH, Erkelenz
Planung Haustechnik	Ingenieurbüro Kunkel, Zwickau
Baujahr	2005
Haustyp	Doppelhaus/rechte Doppelhaushälfte
Wohnfläche (m²)	167,20
NF unbeheizt (m²)	61,90
Ausrichtung	Süd
Anzahl der Bewohner	4
BRI (m³)	715,82
NF nach EnEV (m²)	229,10
Kompaktheit A/V	0,55
Messergebnis Blower-Door-Test (h⁻¹)	0,60
Primärenergiekennzahl (kWh/[m² · a]) (Heizung, Hilfs- und Haushaltsstrom)	58,5
Primärenergiekennzahl (kWh/[m² · a]) (Heizung und Hilfsstrom nach NF EnEV)	13,8
Jahresheizwärmebedarf Q_H (kWh/[m² · a])	14,8

Versorgungstechnik

EWT	30 m, DN 200
Lüftungsanlage mit WRG	Kreuz-Gegenstrom-Plattenwärmetauscher, Aerex Kompaktgerät (WRG 78 %)
Nachheizung der Zuluft	Luft-Luft-Wärmepumpe im Kompaktgerät, elektrisches Nachheizregister
Wasserspeicher	Aerex Solarspeicher, 300 l
Brauchwassererwärmung	5 m² Kollektorfläche mit Vakuumkollektoren (solarer Deckungsbeitrag 72 %), Heizstab 2 kW
Zusatz- bzw. Notheizung	elektrischer Heizkonvektor im Bad
Regenwasserzisterne	5.000 l

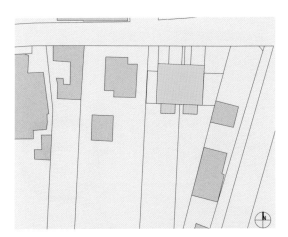

Abb. 6.51: Schematisierter Lageplan

Abb. 6.52: Die Südseite wird durch die großen Dachterrassen und die raumhohen Fensterelemente geprägt.

Abb. 6.53: Die nordwestliche Ansicht zeigt die aufgeständerten Solarkollektorflächen Richtung Süden.

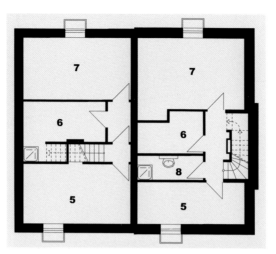

Abb. 6.54: Grundriss KG
(M 1:200)

5 Haustechnik
6 Vorräte
7 Keller
8 Bad/WC

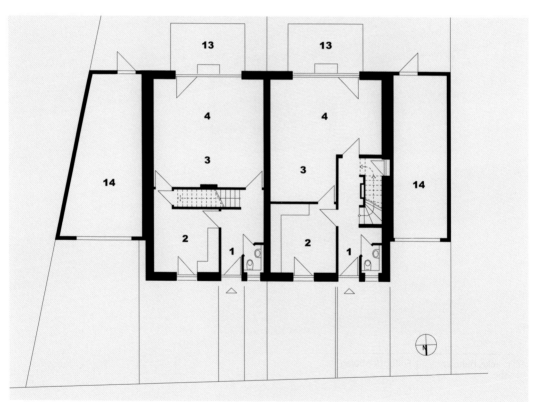

Abb. 6.55: Grundriss EG (M 1:200)

 1 Eingang
 2 Kochen
 3 Essen
 4 Wohnen
13 Terrasse
14 Garage

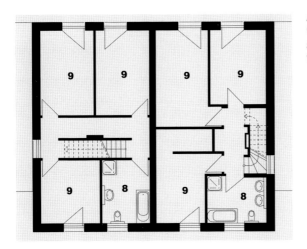

Abb. 6.56: Grundriss OG
(M 1:200)

8 Bad/WC
9 Schlafen

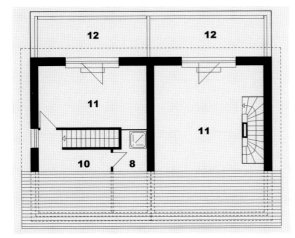

Abb. 6.57: Grundriss DG
(M 1:200)

 8 Bad/WC
10 Ankleide
11 Studio
12 Dachterrasse

Bauweise

Tabelle 6.8: Konstruktionsaufbau

Bauteil	Materialschicht	Materialstärke (cm)	*U*-Wert (W/[m² · K])
Kellerdecke, beheizt (von oben nach unten)	Fußbodenbelag		
	Estrich	5,00	
	PE-Folie		
	Dämmung, WLG 035	20,00	
	Stahlfaserbeton-Bodenplatte	20,00	
	2 Lagen PE-Folie		
gesamt Sohle		**45,00**	**0,166**

Tabelle 6.8, Fortsetzung: Konstruktionsaufbau

Bauteil	Materialschicht	Materialstärke (cm)	U-Wert (W/[m² · K])
Außenwandaufbau 1 KG, beheizt (von innen)	Innenputz		
	Porenbeton PPW2	36,50	
	Dickbeschichtung		
	Perimeterdämmung, WLG 035	16,00	
gesamt Außenwand 1		**52,50**	**0,120**
Außenwandaufbau 2 EG und OG (von innen)	Innenputz		
	Porenbeton PPW2	17,50	
	Dämmung, WLG 035	24,00	
	Außenputz		
gesamt Außenwand 2		**41,50**	**0,114**
Dachterrasse (von unten nach oben)	Betondecke Hohlkörper	20,00	
	PE-Folie		
	Gefälledämmung, WLG 035	25,00	
	PE-Folie		
	Terrassenbelag im Feinkiesbett		
gesamt Dachterrasse		**45,00**	**0,134**
Dach (von innen)	Gipskartonplatten	1,30	
	abgehängte Konstruktion mit Dämmung, WLG 035	10,00	
	PE-Folie		
	Sparren 8/26 mit Zwischensparrendämmung, WLG 035	24,00	
	Geschlossene Holzschalung, imprägniert		
	Unterspannbahn		
	Tragelattung		
	Zinkeindeckung		
gesamt Dach		**36,80**	**0,115**
Fenster	PVC-Rahmen mit eingeschobenen Dämmprofilen Clima Design Fa. Rehau Dreifachverglasung mit Argonfüllung		$U_f = 0{,}71$ $U_g = 0{,}70$ $g\ (\%) = 0{,}48$

6.9   Einfamilienreihenhäuser, Meerbusch

Projekt 6.9 wurde in einem bestehenden Wohngebiet mit der Vorgabe, die Gebäude an die bestehende Nachbarbebauung anzupassen, geplant. Da das Grundstück nicht optimal ausgerichtet ist, wurden z. B. die Erker der 3 Einfamilienreihenhäuser zur Sonne ausgerichtet, um genügend solare Wärmegewinne zu erzielen. Die Wohnbereiche sind einschließlich der Küche durch einen offenen Grundriss geprägt.

Baudaten

Bauträger und Statik	Sommer Baustatik GmbH, Erkelenz
Entwurf	Architekturbüro J. + J. Viethen, Erkelenz
Planung Haustechnik	Ingenieurbüro Kunkel, Zwickau
Baujahr	2004
Haustyp	Einfamilienreihenhäuser/Reihenendhaus
Wohnfläche (m²)	168
NF unbeheizt (m²)	72,80
Ausrichtung	Nordost
Anzahl der Bewohner	4
BRI (m³)	752,50
NF nach EnEV (m²)	240,80
Kompaktheit A/V	0,54
Messergebnis Blower-Door-Test (h⁻¹)	0,60
Primärenergiekennzahl (kWh/[m² · a]) (Heizung, Hilfs- und Haushaltsstrom)	67,6
Primärenergiekennzahl (kWh/[m² · a]) (Heizung und Hilfsstrom nach NF EnEV)	13,8
Jahresheizwärmebedarf Q_H (kWh/[m² · a])	14,7

Versorgungstechnik

EWT	30 m, DN 200
Lüftungsanlage mit WRG	Kreuz-Gegenstrom-Plattenwärmetauscher, Aerex Kompaktgerät (WRG 78 %)
Nachheizung der Zuluft	Luft-Luft-Wärmepumpe im Kompaktgerät, elektrisches Nachheizregister
Wasserspeicher	Solarspeicher, 300 l
Brauchwassererwärmung	4,9 m² Kollektorfläche mit Vakuumkollektoren (solarer Deckungsbeitrag 66 %), Heizstab 2 kW
Zusatz- bzw. Notheizung	elektrischer Heizkonvektor im Bad, elektrische Fußbodenheizung im Wohnzimmer
Regenwasserzisterne	3.000 l

Abb. 6.58: Schematisierter Lageplan

Abb. 6.59: Straßenansicht im Südwesten

Abb. 6.60: Neben den Hauseingängen sind die Richtung Süden ausgestellten Erker zu sehen.

Abb. 6.61: Auf der Gartenseite im Nordosten wurden die Erker östlich orientiert.

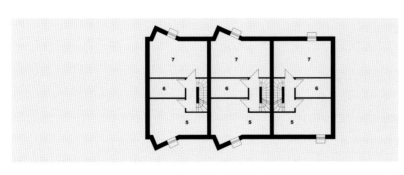

Abb. 6.62: Grundriss KG
(M 1:400)

5 Haustechnik
6 Vorräte
7 Keller

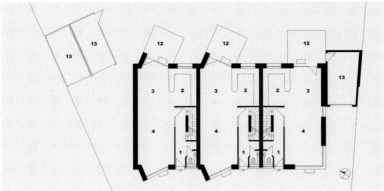

Abb. 6.63: Grundriss EG
(M 1:400)

 1 Eingang
 2 Kochen
 3 Essen
 4 Wohnen
12 Terrasse
13 Garage

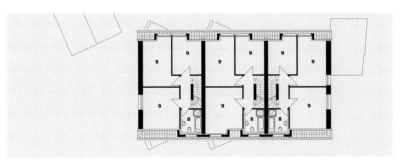

Abb. 6.64: Grundriss OG
(M 1:400)

8 Bad/WC
9 Schlafen

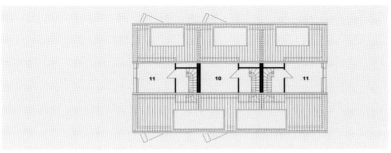

Abb. 6.65: Grundriss DG
(M 1:400)

10 Abstellraum
11 Studio

Bauweise

Tabelle 6.9: Konstruktionsaufbau

Bauteil	Materialschicht	Materialstärke (cm)	U-Wert (W/[m² · K])
Kellerdecke, beheizt (von oben nach unten)	Fußbodenbelag		
	Estrich	5,00	
	PE-Folie		
	Dämmung, WLG 035	20,00	
	Stahlfaserbeton-Bodenplatte	20,00	
	2 Lagen PE-Folie		
gesamt Sohle		**45,00**	**0,166**
Außenwandaufbau 1 KG, beheizt (von innen)	Innenputz		
	Porenbeton PPW2	36,50	
	Dickbeschichtung		
	Perimeterdämmung, WLG 035	20,00	
gesamt Außenwand 1		**56,50**	**0,105**
Außenwandaufbau 2 EG und OG (von innen) Außenputz	Innenputz		
	Porenbeton PPW2	17,50	
	Dämmung, WLG 035	30,00	
gesamt Außenwand 2		**47,50**	**0,095**
Flachdach Erker (von unten nach oben)	Betondecke Hohlkörper	22,00	
	PE-Folie		
	Dämmung, WLG 035	25,00	
	PE-Folie		
	Flachdacheindeckung		
	Rollkies		
gesamt Flachdach Erker		**47,00**	**0,133**

Tabelle 6.9, Fortsetzung: Konstruktionsaufbau

Bauteil	Materialschicht	Materialstärke (cm)	*U*-Wert (W/[m² · K])
Dach Gaube (von innen)	Gipskartonplatten	1,50	
	Konterlattung (Installationsebene)		
	PE-Folie		
	Lattung mit Untersparrendämmung, WLG 035	10,00	
	Sparren 8/26 mit Zwischensparrendämmung	24,00	
	Unterspannbahn		
	Konterlattung		
	Tragelattung		
	Ziegeldeckung	2,20	
gesamt Dach Gaube		**36,80**	**0,114**
Dach (von innen)	Gipskartonplatten	1,50	
	Konterlattung (Installationsebene)		
	PE-Folie		
	Lattung mit Untersparrendämmung, WLG 035	10,00	
	Sparren 8/26 mit Zwischensparrendämmung, WLG 035	24,00	
	Unterspannbahn		
	Konterlattung		
	Tragelattung		
	Ziegeldeckung	2,20	
gesamt Dach		**37,70**	**0,113**
Sohle Erker (von oben nach unten)	Fußbodenbelag		
	Estrich	5,00	
	PE-Folie		
	Dämmung, WLG 035	20,00	
	Stahlfaserbeton-Bodenplatte	20,00	
	2 Lagen PE-Folie		
gesamt Sohle Erker		**45,00**	**0,166**
Fenster	PVC-Rahmen mit eingeschobenen Dämmprofilen Clima Design Fa. Rehau Dreifachverglasung mit Argonfüllung		$U_f = 0{,}64$ $U_g = 0{,}60$ g (%) = 0,50

6.10   Einfamilienreihenhäuser, Erkelenz

Projekt 6.10, 4 Einfamilienreihenhäuser mit Wölbdach, entspricht dem Sommer-Typenhaus und wurde in der Solarsiedlung im Neubaugebiet Erkelenz-Nord erstellt. Insgesamt sind in diesem Gebiet 9 Hausreihen in den Jahren 2001 bis 2007 entstanden oder befinden sich noch im Bau. Dieser voll unterkellerte, 2$^{1}/_{2}$-geschossige Haustyp ermöglicht im Innern dem einzelnen Bauherrn viele Möglichkeiten bezüglich der Raumaufteilung und des Ausbaus. Von der offenen Raumgestaltung bis zu einer Grundrissvariante mit bis zu 5 Schlafräumen ist alles umsetzbar. Der kompakte Baukörper und die ideale Südausrichtung entsprechen einer kostenoptimierten Passivhausbauweise.

Baudaten

Bauträger und Statik	Sommer Baustatik GmbH, Erkelenz
Entwurf	Architekturbüro J. + J. Viethen, Erkelenz
Planung Haustechnik	Ingenieurbüro Kunkel, Zwickau
Baujahr	2004
Haustyp	Einfamilienreihenhäuser/Reihenendhaus
Wohnfläche (m²)	165,50
NF unbeheizt (m²)	46,40
Ausrichtung	Südwest
Anzahl der Bewohner	4
BRI (m³)	662,72
NF nach EnEV (m²)	212,10
Kompaktheit A/V	0,56
Messergebnis Blower-Door-Test (h⁻¹)	0,60
Primärenergiekennzahl (kWh/[m² · a]) (Heizung, Hilfs- und Haushaltsstrom)	74,1
Primärenergiekennzahl (kWh/[m² · a]) (Heizung und Hilfsstrom nach NF EnEV)	23,7
Jahresheizwärmebedarf Q_H (kWh/[m² · a])	14,8

Versorgungstechnik

EWT	30 m, DN 200
Lüftungsanlage mit WRG	Kreuz-Gegenstrom-Plattenwärmetauscher, Aerex Kompaktgerät (WRG 78 %)
Nachheizung der Zuluft	Luft-Luft-Wärmepumpe im Kompaktgerät, elektrisches Nachheizregister
Wasserspeicher	Solarspeicher, 300 l
Brauchwassererwärmung	4,9 m² Kollektorfläche mit Vakuumkollektoren (solarer Deckungsbeitrag 66 %), Heizstab 2 kW
Zusatz- bzw. Notheizung	elektrischer Heizkonvektor im Bad, elektrische Fußbodenheizung im Wohnzimmer
Regenwasserzisterne	3.000 l

Abb. 6.66: Schematisierter Lageplan

Abb. 6.67: Die Ansicht Ost zeigt die Eckfenster der Endhäuser.

Abb. 6.68: Ansicht Ost am Abend

Abb. 6.69: Haustechnikraum mit der gesamten Versorgungstechnik und den gedämmten Zuluftleitungen

Abb. 6.70: Aerex Solarspeicher (links), Kompaktgerät mit gedämmten Lüftungsleitungen (rechts)

Abb. 6.71: Zentrale Staubsaugeranlage

Abb. 6.72: Hauswasserwerk der Regenwassernutzungsanlage

Abb. 6.73: Ansicht Süd zeigt die großen Fensterfronten im EG und die aufgeständerten Solaranlagen.

Abb. 6.74: Die nördliche Ansicht zeigt die übereck laufenden Fenster im EG und OG.

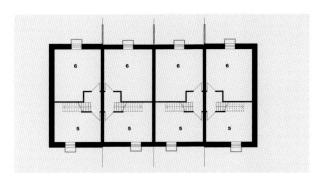

Abb. 6.75: Grundriss KG
(M 1:400)

5 Haustechnik
6 Keller

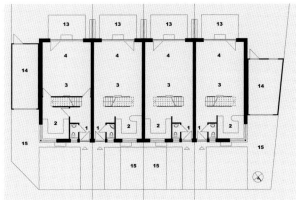

Abb. 6.76: Grundriss EG
(M 1:400)

 1 Eingang
 2 Kochen
 3 Essen
 4 Wohnen
13 Terrasse
14 Garage
15 Stellplatz

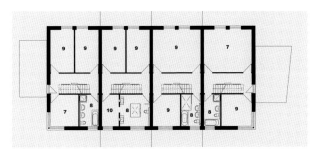

Abb. 6.77: Grundriss OG
(M 1:400)

 7 Arbeiten
 8 Bad/WC
 9 Schlafen
10 Ankleide

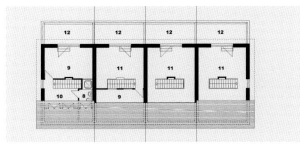

Abb. 6.78: Grundriss DG
(M 1:400)

 8 Bad/WC
 9 Schlafen
10 Ankleide
11 Studio
12 Dachterrasse

Abb. 6.79:   Blick in die Küche

Abb. 6.80:   Leitungsschacht der Belüftungsrohre neben der Wohntreppe

Abb. 6.81:   Bad

Abb. 6.82:   Im offenen Dachgeschoss wurden die Zu- und Abluftrohre auf Wunsch der Bauherren nicht verkleidet.

Bauweise

Tabelle 6.10:   Konstruktionsaufbau

Bauteil	Materialschicht	Materialstärke (cm)	*U*-Wert (W/[m² · K])
Kellerdecke, beheizt (von oben nach unten)	Fußbodenbelag		
	Estrich	5,00	
	PE-Folie		
	Dämmung, WLG 035	20,00	
	Stahlfaserbeton-Bodenplatte	18,00	
	2 Lagen PE-Folie		
gesamt Sohle		**43,00**	**0,167**

Tabelle 6.10, Fortsetzung: Konstruktionsaufbau

Bauteil	Materialschicht	Materialstärke (cm)	U-Wert (W/[m² · K])
Außenwandaufbau 1 KG, beheizt (von innen)	Innenputz		
	Porenbeton PPW2	36,50	
	Dickbeschichtung		
	Perimeterdämmung, WLG 035	15,00	
gesamt Außenwand 1		**51,50**	**0,149**
Außenwandaufbau 2 EG und OG (von innen)	Innenputz		
	Porenbeton PPW2	17,50	
	Dämmung, WLG 035	20,00	
	Außenputz		
gesamt Außenwand 2		**37,50**	**0,143**
Dachterrasse (von unten nach oben)	Betondecke Hohlkörper	20,00	
	PE-Folie		
	Gefälledämmung, WLG 035	25,00	
	PE-Folie		
	Terrassenbelag im Feinkiesbett		
gesamt Dachterrasse		**45,00**	**0,134**
Dach (von innen)	Gipskartonplatten	1,30	
	abgehängte Konstruktion mit Dämmung, WLG 035	10,00	
	PE-Folie		
	Sparren 8/24 mit Zwischensparrendämmung, WLG 035	24,00	
	Geschlossene Holzschalung, imprägniert		
	Unterspannbahn		
	Tragelattung		
	Zinkeindeckung	1,50	
gesamt Dach		**36,80**	**0,114**
Fenster	PVC-Rahmen mit eingeschobenen Dämmprofilen Clima Design Fa. Rehau Dreifachverglasung mit Argonfüllung		$U_f = 0{,}71$ $U_g = 0{,}70$ $g\ (\%) = 0{,}51$

6.11   Mehrfamilienhaus, Baesweiler

Projekt 6.11 ist ein Mehrfamilienhaus mit 9 Wohneinheiten im Passivhaus-standard. Es wird durch betreutes Wohnen in rollstuhlgerechter Ausführung genutzt und wurde von der evangelischen Kirchengemeinde Baeswei-ler finanziert. Der $2^1/_2$-geschossige Baukörper wurde voll unterkellert und ist nach Südwest/Nordost ausgerichtet. Die 9 hell belichteten Wohnungen, allesamt mit Balkon bzw. Terrasse, bieten unterschiedliche Grundrisse und Größenordnungen. Eine versetzte Dachstruktur löst den Kubus des Bau-körpers auf.

Baudaten

Bauphysik und Statik	Sommer Baustatik GmbH, Erkelenz
Entwurf	Architekturbüro Schaffrath, Baesweiler
Planung Haustechnik	Ingenieurbüro Kunkel, Zwickau
Baujahr	2005
Haustyp	Mehrfamilienhaus für 9 Wohneinheiten, betreutes Wohnen
Wohnfläche (m²)	740,30
NF unbeheizt (m²)	327,10
Ausrichtung	Südwest
Anzahl der Bewohner	18
BRI (m³)	3.335,60
NF nach EnEV (m²)	1.067,40
Kompaktheit A/V	0,43
Messergebnis Blower-Door-Test (h⁻¹)	0,60
Primärenergiekennzahl (kWh/[m² · a]) (Heizung, Hilfs- und Haushaltsstrom)	72
Primärenergiekennzahl (kWh/[m² · a]) (Heizung und Hilfsstrom nach NF EnEV)	15,6
Jahresheizwärmebedarf Q_H (kWh/[m² · a])	14

Versorgungstechnik

Erdkollektoren	36 Sprialsonden je 2 m und je 3 Sonden in Reihe geschaltet, LTM
Lüftungsanlage mit WRG	Kreuz-Gegenstrom-Plattenwärmetauscher, Airon Maxi K 1.000 (WRG 85 %)
Nachheizung der Zuluft	Wärmepumpe, LTM Thermia Duo; elektrisches Nachheizregister
Wasserspeicher	Kombispeicher, 1.000 l, ZEEH MTLWP
Brauchwassererwärmung	16 m² Kollektorfläche mit Vakuumkollektoren (solarer Deckungsbeitrag 66 %), Heizstab 6 kW
Zusatz- bzw. Notheizung	elektrische Fußbodenheizung in Bädern und Wohnzimmern
Regenwasserzisterne	–

Abb. 6.83: Schematisierter Lageplan

Abb. 6.84: Ansicht Nordost mit Blick auf die Hauseingangsseite

Abb. 6.85: Die nördliche Ansicht zeigt den Blick auf die
Lüftungsrohre.

Abb. 6.86: Die Südseite ist durch die vorgelagerten
Balkone geprägt.

Abb. 6.87: Die südwestliche Ansicht zeigt die auf der
Dachfläche integrierte Kollektorfläche.

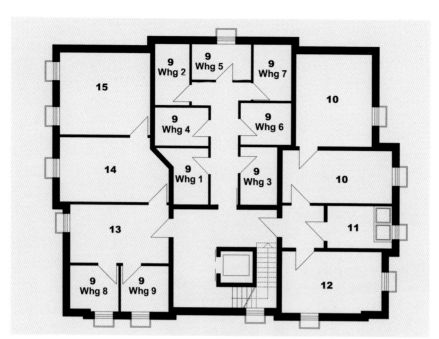

Abb. 6.88: Grundriss KG (M 1:200)

 9 Keller
10 Haustechnik
11 Hausanschluss-
   raum
12 Abfall
13 Rollstuhl-
   wechselkeller
14 Waschen
15 Trocknen

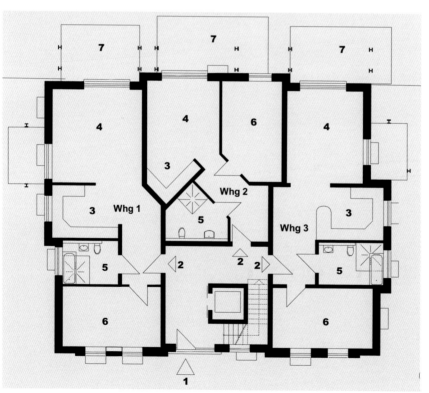

Abb. 6.89: Grundriss EG (M 1:200)

1 Zugang Haus
2 Eingang
  Wohnungen
4 Wohnen
5 Bad/WC
6 Schlafen
7 Terrasse

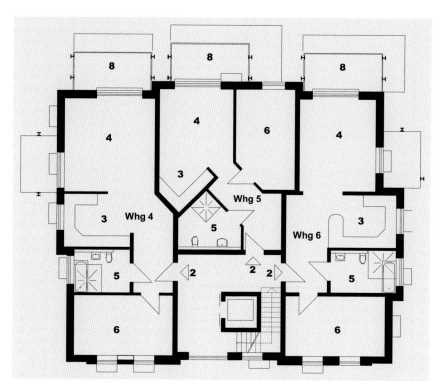

Abb. 6.90:
Grundriss OG
(M 1:200)

2 Eingang
  Wohnungen
3 Kochen
4 Wohnen
5 Bad/WC
6 Schlafen
8 Balkon

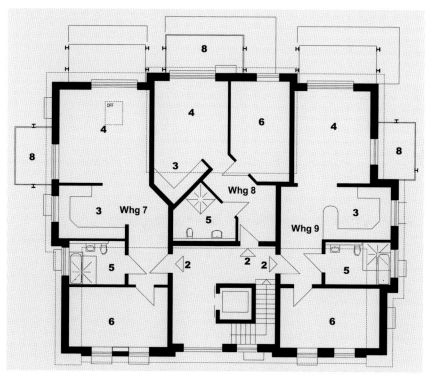

Abb. 6.91:
Grundriss DG
(M 1:200)

2 Eingang
  Wohnungen
3 Kochen
4 Wohnen
5 Bad/WC
6 Schlafen
8 Balkon

Bauweise

Tabelle 6.11: Konstruktionsaufbau

Bauteil	Materialschicht	Materialstärke (cm)	*U*-Wert (W/[m² · K])
Kellerdecke, beheizt (von oben nach unten)	Fußbodenbelag		
	Estrich	5,00	
	PE-Folie		
	Dämmung, WLG 035	20,00	
	Stahlfaserbeton-Bodenplatte	20,00	
	2 Lagen PE-Folie		
gesamt Sohle		**45,00**	**0,166**
Außenwandaufbau 1 KG, beheizt (von innen)	Innenputz		
	Porenbeton PPW2	36,50	
	Perimeterdämmung, WLG 035	14,00	
gesamt Außenwand 1		**50,50**	**0,162**
Außenwandaufbau 2 EG und OG (von innen)	Innenputz		
	Porenbeton PPW2	17,50	
	PS Dämmung, WLG 035	20,00	
	Außenputz		
gesamt Außenwand 2		**37,50**	**0,146**
Dach (von innen)	Innere homogene Schicht	1,30	
	Holzebene	20,00	
	Holzbalken/Steg-Ebene	8,00	
	äußere homogene Schicht	1,50	
gesamt Dach		**30,80**	**0,138**
Fenster	PVC-Rahmen mit eingeschobenen Dämmprofilen Clima Design Fa. Rehau Dreifachverglasung mit Argonfüllung		$U_f = 0{,}71$ $U_g = 0{,}70$ $g\ (\%) = 0{,}48$

6.12   Einfamilienreihenhäuser, Urbach

Projekt 6.12 besteht aus 11 Einfamilienreihenhäusern im Neubaugebiet Krebenhalde. Die Kurz HolzPassivHäuser® gruppieren sich um einen begrünten Kinderspielplatz und bilden mit diesem eine räumlich gestalterische Einheit. Die 3 Reihen setzen sich aus jeweils 2 mal 4 und 1 mal 3 Häusern mit Garagen, Stellplätzen und Gartenflächen auf der Süd- bzw. Westseite zusammen. Die nach Süd bzw. Südwest ausgerichteten Häuser haben 2 Vollgeschosse, eine ausbaubare Vollunterkellerung und ein ausbaubares Dachgeschoss mit Satteldach.

Baudaten

Bauträger und Statik	Kurz HolzBau GmbH, Urbach
Entwurf	Kurz HolzBau GmbH, Urbach
Planung Haustechnik	Ingenieurbüro Kunkel, Zwickau
Baujahr	2002
Haustyp	Einfamilienreihenhäuser/Reihenendhaus
Wohnfläche (m²)	125
NF unbeheizt (m²)	50,70
Ausrichtung	Süd
Anzahl der Bewohner	4
BRI (m³)	722
NF nach EnEV (m²)	175,7
Kompaktheit A/V	0,64
Messergebnis Blower-Door-Test (h⁻¹)	0,61
Primärenergiekennzahl (kWh/[m² · a]) (Heizung, Hilfs- und Haushaltsstrom)	69
Primärenergiekennzahl (kWh/[m² · a]) (Heizung und Hilfsstrom nach NF EnEV)	30
Jahresheizwärmebedarf Q_H (kWh/[m² · a])	14,5

Versorgungstechnik

EWT	28 m, DN 200
Lüftungsanlage mit WRG	Kreuz-Gegenstrom-Plattenwärmetauscher, Aerex BW175 Kompaktgerät (WRG 78 %)
Nachheizung der Zuluft	elektrischer Lufterhitzer
Wasserspeicher	Brauchwasserspeicher, 300 l; Aerex BM 300
Brauchwassererwärmung	4 m² Röhrenkollektor, VACO CD7 (solarer Deckungsbeitrag 64,5 %)
Zusatz- bzw. Notheizung	elektrischer Heizkonvektor im Bad
Regenwasserzisterne	–

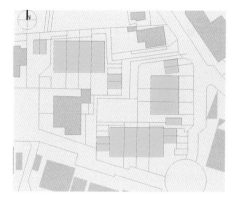

Abb. 6.92:   Schematisierter Lageplan
(nach: Kurz HolzBau GmbH, Urbach)

Abb. 6.93: Ansicht Süd der 4-Häuser-Zeile (Quelle: Kurz HolzBau GmbH, Urbach)

Abb. 6.94: Ansicht Süd der zweiten 4-Häuser-Zeile (Quelle: Kurz HolzBau GmbH, Urbach)

Abb. 6.96: Blick in den Wohnbereich bei geringfügiger Verschattung durch Jalousien (Quelle: Kurz HolzBau GmbH, Urbach)

Abb. 6.95: Ansicht Nord, Eingangsbereich (Quelle: Kurz HolzBau GmbH, Urbach)

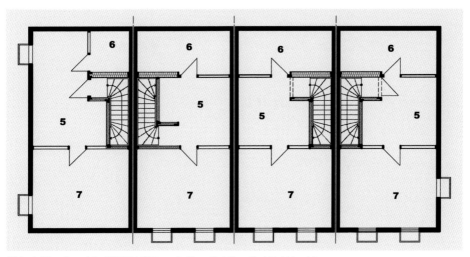

Abb. 6.97: Grundriss KG (M 1:200, nach: Kurz HolzBau GmbH, Urbach)

5 Waschen
6 Haustechnik
7 Keller

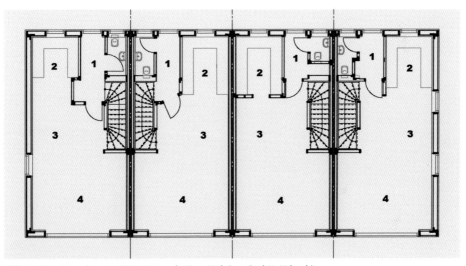

Abb. 6.98: Grundriss EG (M 1:200, nach: Kurz HolzBau GmbH, Urbach)

1 Eingang
2 Kochen
3 Essen
4 Wohnen

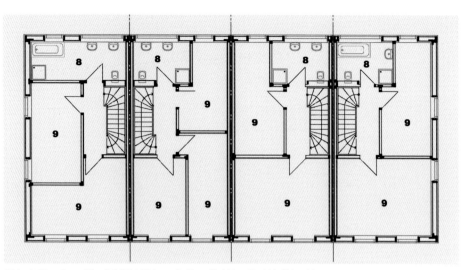

Abb. 6.99: Grundriss OG (M 1:200, nach: Kurz HolzBau GmbH, Urbach)

8 Bad/WC
9 Schlafen

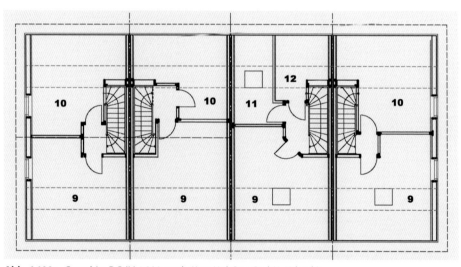

Abb. 6.100: Grundriss DG (M 1:200, nach: Kurz HolzBau GmbH, Urbach)

 9 Schlafen
10 Gäste
11 Arbeiten
12 Abstellraum

Abb. 6.101: Ansicht Süd, Verschattung mit Vorbau-
rollläden in unterschiedlicher Ausführung (Quelle: Kurz
HolzBau GmbH, Urbach)

Bauweise

Tabelle 6.12: Konstruktionsaufbau

Bauteil	Materialschicht	Materialstärke (cm)	U-Wert (W/[m² · K])
Kellerdecke, beheizt (von oben nach unten)	Fußbodenbelag		
	Estrich	4,50	
	PE-Folie		
	Dämmung, WLG 040	4,50	
	OSB	2,20	
	Balkenlage und Dämmung, WLG 040	24,00	
	OSB	1,5	
gesamt Sohle		**37,70**	**0,138**
Außenwandaufbau EG und OG (von innen)	Gipsfaserplatten	1,25	
	Lattung und Dämmung, WLG 040	6,00	
	OSB	1,25	
	KTS-Ständer und Dämmung, WLG 040	24,00	
	Holzweichfaserplatten, WLG 035	4,00	
	Lattung	2,4	
	Holzfassade	2,6	
gesamt Außenwand		**41,50**	**0,114**
Dach (von innen)	Gipsfaserplatten	1,00	
	Lattung und Dämmung, WLG 040	8,00	
	OSB	1,25	
	Sparren mit Zwischensparrendämmung, WLG 040	24,00	
	Unterdachplatten	2,20	
	Konterlattung		
	Traglattung		
	Ziegeldeckung	3,00	
gesamt Dach		**39,50**	**0,118**
Fenster	weißer Kiefernholzrahmen Lacher System PH Dreifachverglasung		**$U_f = 0{,}74$** **$U_g = 0{,}69$** **g (%) = 0,50**

6.13   Einfamilienreihenhäuser, Kernen-Rommelshausen

Projekt 6.13 befindet sich im Baugebiet Reute in südlicher Ortsrandlage von Kernen-Rommelshausen und grenzt unmittelbar an die offene Landschaft mit Blick auf die umgebenden Weinberge an. 4 Hausgruppen, bestehend aus je 4 Reihenhäusern, bilden eine räumliche Einheit und umschließen einen Quartiersplatz, der als gemeinschaftlich genutzte Freifläche einen Ort der Kommunikation für die Wohnanlage darstellt. Die $2^1/_2$-geschossigen, voll unterkellerten Häuser mit Satteldach haben eine Wohnfläche von 130 bis 144 m^2 und sind in Nordsüdrichtung orientiert. Die Konstruktion der Gebäude lässt großen Spielraum für individuelle Wohnwünsche und ermöglicht eine flexible Gestaltung der Grundrisse mit bis zu 6 Wohnräumen.

Baudaten

Bauträger und Statik	Kurz HolzBau GmbH, Urbach
Entwurf	Kurz HolzBau GmbH, Urbach
Planung Haustechnik	Ingenieurbüro Kunkel, Zwickau
Baujahr	2006
Haustyp	Einfamilienreihenhäuser/Reihenmittelhaus
Wohnfläche (m^2)	140
NF unbeheizt (m^2)	53
Ausrichtung	Süd
Anzahl der Bewohner	3
BRI (m^3)	748
NF nach EnEV (m^2)	193
Kompaktheit A/V	0,36
Messergebnis Blower-Door-Test (h^{-1})	0,39
Primärenergiekennzahl (kWh/[m$^2 \cdot$ a]) (Heizung, Hilfs- und Haushaltsstrom)	99
Primärenergiekennzahl (kWh/[m$^2 \cdot$ a]) (Heizung und Hilfsstrom nach NF EnEV)	28,7
Jahresheizwärmebedarf Q_H (kWh/[m$^2 \cdot$ a])	12

Versorgungstechnik

EWT	80 m Sole-EWT, DN 200
Lüftungsanlage mit WRG	Kreuz-Gegenstrom-Plattenwärmetauscher, Aerex BW 175 Kompaktgerät (WRG 78 %)
Nachheizung der Zuluft	elektrischer Lufterhitzer
Wasserspeicher	Brauchwasserspeicher, 300 l; Aerex BM 300
Brauchwassererwärmung	5 m^2 Wagner Euro-Flachkollektoren (solarer Deckungsbeitrag 85,4 %)
Zusatz- bzw. Notheizung	elektrischer Heizkonvektor im Bad
Regenwasserzisterne	–

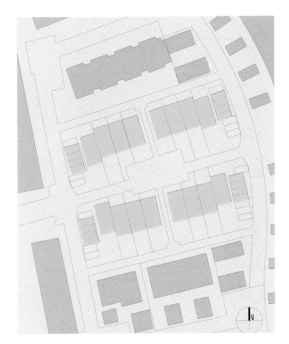

Abb. 6.102: Schematisierter Lageplan (nach: Kurz HolzBau GmbH, Urbach)

Abb. 6.103: Ansicht Südost von der Straßenseite (Quelle: Kurz HolzBau GmbH, Urbach)

Abb. 6.104: Ansicht Südost mit vorgelagertem Balkon (Quelle: Kurz HolzBau GmbH, Urbach)

Abb. 6.105: Ansicht Südost mit Kollektorfläche auf dem Dach (Quelle: Kurz HolzBau GmbH, Urbach)

Abb. 6.106: Ansicht Süd ohne Balkon (Quelle: Kurz HolzBau GmbH, Urbach)

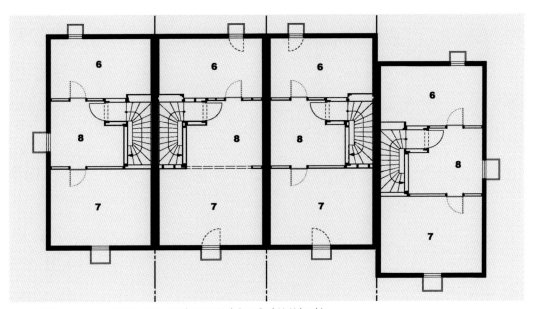

Abb. 6.107: Grundriss KG (M 1:200, nach: Kurz HolzBau GmbH, Urbach)

6 Haustechnik
7 Keller
8 Waschen

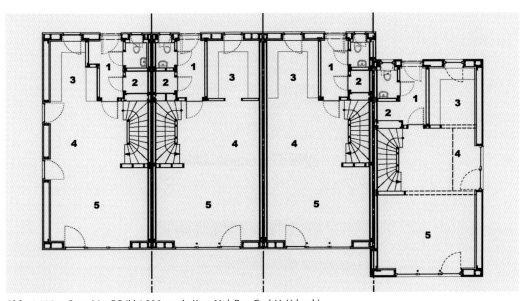

Abb. 6.108: Grundriss EG (M 1:200, nach: Kurz HolzBau GmbH, Urbach)

1 Eingang
2 Vorrat
3 Kochen
4 Essen
5 Wohnen

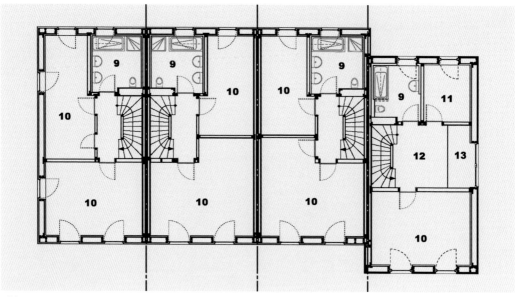

Abb. 6.109:   Grundriss OG (M 1:200, nach: Kurz HolzBau GmbH, Urbach)

  9 Bad/WC
10 Schlafen
11 Arbeiten
12 Spielflur
13 Luftraum

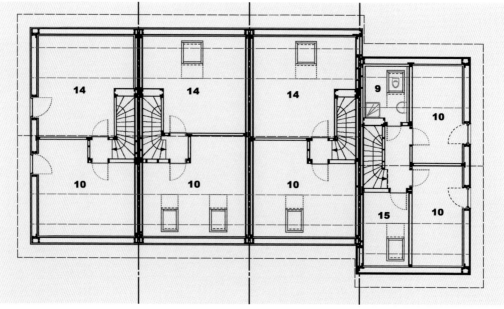

Abb. 6.110:   Grundriss DG (M 1:200, nach: Kurz HolzBau GmbH, Urbach)

  9 Bad/WC
10 Schlafen
14 Gäste
15 Abstellraum

Bauweise

Tabelle 6.13:   Konstruktionsaufbau

Bauteil	Materialschicht	Materialstärke (cm)	U-Wert (W/[m² · K])
Kellerdecke, beheizt (von oben nach unten)	Fußbodenbelag		
	Estrich	4,50	
	Dämmung, WLG 040	6,00	
	OSB	2,20	
	Balkenlage und Dämmung, WLG 040	24,00	
	OSB	1,5	
gesamt Sohle		**38,20**	**0,139**
Außenwandaufbau EG und OG (von innen)	Gipsfaserplatten	1,30	
	Lattung und Dämmung, WLG 040	6,00	
	OSB	1,50	
	KTS-Ständer und Dämmung, WLG 040	30,00	
	Putzträgerplatte, WLG 045	6,00	
	Dämmputz	1,0	
gesamt Außenwand		**45,80**	**0,111**
Dach (von innen)	Gipsfaserplatten	1,00	
	Lattung und Dämmung, WLG 040	4,00	
	OSB	1,50	
	Sparren mit Zwischensparrendämmung, WLG 040	30,00	
	Unterdachplatten	2,20	
	Konterlattung		
	Traglattung		
	Ziegeldeckung	3,00	
gesamt Dach		**41,70**	**0,129**
Fenster	Kunststoffrahmen S&S Qualitätsfenster 2gether Alu-Fichte Dreifachverglasung Super Polar 0,5		$U_f = 1,00$ $U_g = 0,51$ $g\ (\%) = 0,50$

6.14   Einfamilienreihen- und Doppelhäuser, Winterbach

Projekt 6.14 in Winterbach besteht aus 11 Wohneinheiten: 2 Doppelhäuser umrahmen 2 Reihenhäuser mit 3 bzw. 4 Wohneinheiten. Die $1^1/_2$-geschossigen, voll unterkellerten Gebäude wurden mit Pultdächern errichtet und bieten eine Wohnfläche um 146 m². Die Südfassaden der Gebäude wurden, mit Farbvariationen, einheitlich gestaltet.

Baudaten

Bauträger und Statik	Kurz HolzBau GmbH, Urbach
Entwurf	Kurz HolzBau GmbH, Urbach
Planung Haustechnik	Ingenieurbüro Kunkel, Zwickau
Baujahr	2003
Haustyp	Einfamilienreihen- und Doppelhäuser/ Doppelhaushälfte
Wohnfläche (m²)	146
NF unbeheizt (m²)	75
Ausrichtung	Süd
Anzahl der Bewohner	3
BRI (m³)	868
NF nach EnEV (m²)	221
Kompaktheit A/V	0,41
Messergebnis Blower-Door-Test (h⁻¹)	0,58
Primärenergiekennzahl (kWh/[m² · a]) (Heizung, Hilfs- und Haushaltsstrom)	101
Primärenergiekennzahl (kWh/[m² · a]) (Heizung und Hilfsstrom nach NF EnEV)	
Jahresheizwärmebedarf Q_H (kWh/[m² · a])	18,9

Versorgungstechnik

EWT	32 m Sole-EWT, DN 200
Lüftungsanlage mit WRG	Kreuz-Gegenstrom-Plattenwärmetauscher, Aerex BW 175 Kompaktgerät (WRG 78 %)
Nachheizung der Zuluft	elektrischer Lufterhitzer
Wasserspeicher	Brauchwasserspeicher, 300 l, Aerex BM 300
Brauchwassererwärmung	4 m² Wagner Röhrenkollektor VACO CP7 (solarer Deckungsbeitrag 64,5 %)
Zusatz- bzw. Notheizung	elektrischer Heizkonvektor im Bad, raumluftunabhängiger Kaminofen
Regenwasserzisterne	5 m²

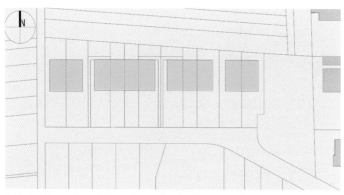

Abb. 6.111:   Schematisierter Lageplan (nach: Kurz HolzBau GmbH)

Abb. 6.112: Die Südseite mit raumgroßen Fensterelementen (Quelle: Kurz HolzBau GmbH, Urbach)

Abb. 6.113: Ofenrohr des raumluftunabhängigen Kaminofens (Quelle: Kurz HolzBau GmbH, Urbach)

Abb. 6.114: Ansicht Süd/Südwest mit Zugang zum Garten (Quelle: Kurz HolzBau GmbH, Urbach)

Abb. 6.115: Häuserzeile mit großzügig verglaster Südseite (Quelle: Kurz HolzBau GmbH, Urbach)

Abb. 6.116: Blick in einen Kochbereich (Quelle: Kurz HolzBau GmbH, Urbach)

Abb. 6.117: Doppelhaushälfte mit Balkon im OG (Quelle: Kurz HolzBau GmbH, Urbach)

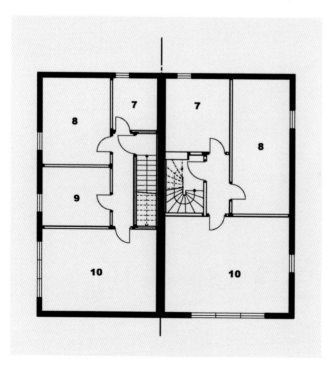

Abb. 6.118: Grundriss KG (M 1:200, nach: Kurz HolzBau GmbH, Urbach)

7 Haustechnik
8 Waschen
9 Vorrat
10 Hobby

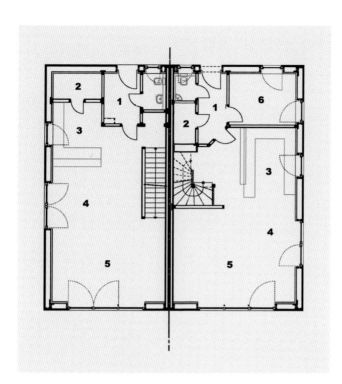

Abb. 6.119: Grundriss EG
(M 1:200, nach: Kurz HolzBau
GmbH, Urbach)

1 Eingang
2 Speisekammer
3 Kochen
4 Essen
5 Wohnen
6 Arbeiten

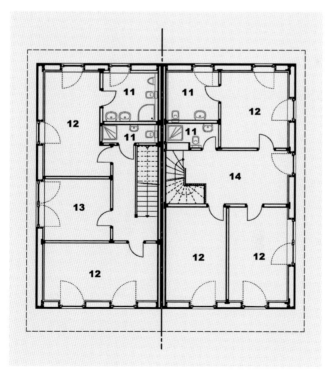

Abb. 6.120: Grundriss DG
(M 1:200, nach: Kurz HolzBau
GmbH, Urbach)

11 Bad/WC
12 Schlafen
13 Gäste
14 Spielflur

Bauweise

Tabelle 6.14: Konstruktionsaufbau

Bauteil	Materialschicht	Materialstärke (cm)	U-Wert (W/[m² · K])
Kellerdecke, beheizt (von oben nach unten)	Fußbodenbelag		
	Estrich	4,50	
	Dämmung, WLG 040	6,00	
	OSB	2,20	
	Balkenlage und Dämmung, WLG 040	24,00	
	OSB	1,50	
gesamt Sohle		**38,20**	**0,139**
Außenwandaufbau EG und OG (von innen)	Gipsfaserplatten	1,25	
	Lattung und Dämmung, WLG 040	6,00	
	OSB	1,10	
	KTS-Ständer und Dämmung, WLG 040	30,00	
	Holzweichfaserplatten, WLG 045	1,80	
	Lattung	2,40	
	Holzfassade	2,60	
gesamt Außenwand		**45,20**	**0,109**
Dach (von innen)	Gipsfaserplatten	1,00	
	Lattung und Dämmung, WLG 040	6,00	
	OSB	1,25	
	Balkenlage und Dämmung, WLG 040	35,00	
gesamt Dach		**43,30**	**0,106**
Fenster	Holz-Alu-Fenstersystem Lacher Komfortfenster System HI Vierfachverglasung		$U_f = 0,74$ $U_g = 0,69$ g (%) = 0,50

6.15   Einfamilienreihen- und Doppelhäuser, Leutenbach

Projekt 6.15 im Neubaugebiet von Leutenbach besteht aus 2 Doppelhäusern und 3 Reihenhäusern. Die Doppelhäuser sind Kurz HolzPassivHäuser® in Passivbauweise. Die Wohnfläche eines Hauses beträgt mindestens 120 m² und kann durch den Ausbau von Keller und Dachgeschoss auf bis zu 160 m² Wohnfläche erweitert werden. Die Bedürfnisse jeder Baufamilie werden aber nicht nur bei der Größe der Wohneinheiten berücksichtigt: Die offene Konstruktion ermöglicht eine flexible Gestaltung der Grundrisse mit bis zu 6 Wohnräumen und lässt großen Spielraum für individuelle Wohnwünsche.

Baudaten

Bauträger und Statik	Kurz HolzBau GmbH, Urbach
Entwurf	Kurz HolzBau GmbH, Urbach
Planung Haustechnik	Ingenieurbüro Kunkel, Zwickau
Baujahr	2004
Haustyp	Einfamilienreihen- und Doppelhäuser/ Doppelhaushälfte
Wohnfläche (m²)	160
NF unbeheizt (m²)	67
Ausrichtung	Süd
Anzahl der Bewohner	4
BRI (m³)	866
NF nach EnEV (m²)	227
Kompaktheit A/V	0,57
Messergebnis Blower-Door-Test (h⁻¹)	0,40
Primärenergiekennzahl (kWh/[m² · a]) (Heizung, Hilfs- und Haushaltsstrom)	102
Primärenergiekennzahl (kWh/[m² · a]) (Heizung und Hilfsstrom nach NF EnEV)	35,7
Jahresheizwärmebedarf Q_H (kWh/[m² · a])	14

Versorgungstechnik

EWT	33 m, DN 200
Lüftungsanlage mit WRG	Kreuz-Gegenstrom-Plattenwärmetauscher, Aerex BW 175 Kompaktgerät (WRG 78 %)
Nachheizung der Zuluft	elektrischer Lufterhitzer
Wasserspeicher	Brauchwasserspeicher, 300 l, Aerex BM 300
Brauchwassererwärmung	4 m² Wagner Röhrenkollektor VACO CP7 (solarer Deckungsbeitrag 64,5 %)
Zusatz- bzw. Notheizung	elektrischer Heizkonvektor im Bad
Regenwasserzisterne	8 m² mit 3 m² Retensionsvolumen (Regenspeicher für gleichzeitige Rückhaltung und Nutzung)

Abb. 6.121: Schematisierter Lageplan
(nach: Kurz HolzBau GmbH, Urbach)

Abb. 6.122: Ansicht Süd mit auf dem Dach angebrachten Kollektorflächen (Quelle: Kurz HolzBau GmbH,
Urbach)

Abb. 6.123: Die Westseite
wurde mit raumhohen
Fenstern belichtet. (Quelle:
Kurz HolzBau GmbH, Urbach)

Abb. 6.124: Treppe (Quelle: Kurz HolzBau GmbH, Urbach)

Abb. 6.125: Blick in den Wohnbereich (Quelle: Kurz HolzBau GmbH, Urbach)

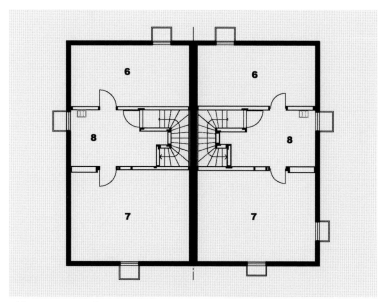

Abb. 6.126: Grundriss KG (M 1:200, nach: Kurz HolzBau GmbH, Urbach)

6 Haustechnik
7 Keller
8 Waschen

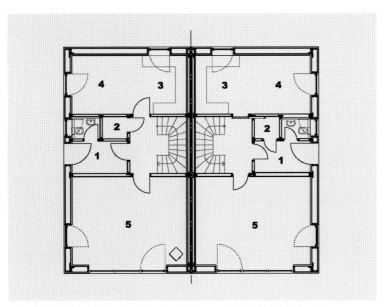

Abb. 6.127:   Grundriss EG (M 1:200, nach: Kurz HolzBau GmbH, Urbach)

1 Eingang
2 Speisekammer
3 Kochen
4 Essen
5 Wohnen

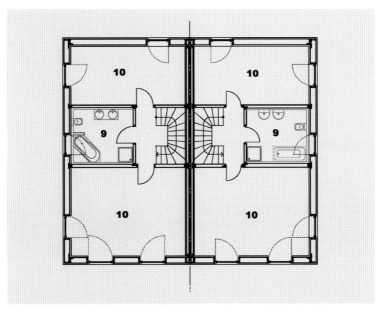

Abb. 6.128:   Grundriss OG (M 1:200, nach: Kurz HolzBau GmbH, Urbach)

 9 Bad/WC
10 Schlafen

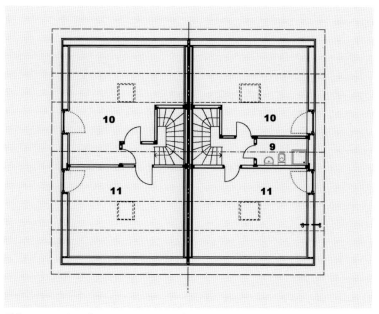

Abb. 6.129:   Grundriss DG (M 1:200, nach: Kurz HolzBau GmbH, Urbach)

 9 Bad/WC
10 Schlafen
11 Arbeiten

Abb. 6.130:   Großzügig verglaste Westseite (Quelle:
Kurz HolzBau GmbH, Urbach)

Abb. 6.131:   Sollarkollektoren auf der südlichen
Dachfläche (Quelle: Kurz HolzBau GmbH, Urbach)

Bauweise

Tabelle 6.15: Konstruktionsaufbau

Bauteil	Materialschicht	Materialstärke (cm)	U-Wert (W/[m² · K])
Kellerdecke, beheizt (von oben nach unten)	Fußbodenbelag (Parkett)		
	Zementestrich	4,50	
	Dämmung, WLG 025	6,00	
	OSB	2,20	
	Balkenlage und Dämmung, WLG 040 (Zellulose)	24,00	
	OSB	1,50	
gesamt Sohle		**38,20**	**0,121**
Außenwandaufbau EG und OG (von innen)	Gipsfaserplatten	1,25	
	Lattung und Dämmung, WLG 040 (Zellulose)	6,00	
	OSB	1,50	
	KTS-Ständer und Dämmung, WLG 040 (Zellulose)	30,00	
	Holzweichfaserplatten, WLG 040	6,00	
	Dämmputz	1,00	
gesamt Außenwand		**45,80**	**0,104**
Dach (von innen)	Gipsfaserplatten	1,00	
	Lattung und Dämmung, WLG 040 (Zellulose)	3,00	
	OSB	1,50	
	Sparren und Dämmung, WLG 040 (Zellulose)	30,00	
	Holzweichfaserplatten	2,20	
	Konterlattung		
	Traglattung		
	Betondachsteine	3,00	
gesamt Dach		**40,70**	**0,126**
Fenster	Kunststoffrahmen S&S Qualitätsfenster 2gether Alu-Fichte Dreifachverglasung Super Polar 0,5		$U_f = 1{,}00$ $U_g = 0{,}50$ g (%) = 0,52

6.16   Sanierung und Umbau mit Passivhauskomponenten, Bretten

Projekt 6.16 in Bretten-Neibsheim entstand 2004 aus dem Umbau einer Scheune des vorletzten Jahrhunderts sowie einem angrenzenden Nachkriegsgebäude zu Wohngebäuden. Letzlich konnte kein Passivhausstandard erreicht werden, da u. a. die Nachbarbebauung die Bestandsgebäude zu sehr verschatten. Mithilfe der eingesetzten Passivhauskomponenten wurde jedoch ein energieeffizientes Wohnhaus mit Loftcharakter geschaffen.

Eine besondere Herausforderung bei der Sanierung war die Ausführung einer Innendämmung bei einer direkt an das Nachbargrundstück grenzenden Wand. Hier musste die Dämmung lückenlos an das vorhandene Bruchsteinmauerwerk angeschlossen und fugenlos mit einer Dampfbremse verarbeitet werden. Vor die übrigen Wände wurden von außen vorgefertigte, mit 35 cm Mineralwolle gedämmte Holzelemente gestellt. Dadurch blieb die Bruchsteinwand im Innenraum weiterhin sichtbar. Das Dach wurde komplett neu erstellt. Der Lehmboden der Scheune wurde ausgekoffert, um eine neue Bodenplatte mit unterseitiger Dämmung einbauen zu können.

Baudaten

Entwurf und Planung	oehler faigle archkom, solar architektur, Bretten
Statik	IB Lachenmann, Prof. Dipl.-Ing. G. Lachenmann, Vaihingen/Enz
Haustechnik und Bauphysik	HLS Planung, Dipl.-Ing. Carsten Bisanz, Stuttgart
Baujahr	2004
Haustyp	Einfamilienhaus
Energiebezugsfläche (nach PHPP) (m²)	188
NF unbeheizt (Scheune) (m²)	61,90
BRI (m³)	913
Ausrichtung	verschattete Lage
Anzahl der Bewohner	4
Messergebnis Blower-Door-Test (h⁻¹)	0,50
Primärenergiebedarf (kWh/[m² · a]) (nach PHPP inkl. ges. Strombedarf)	97
Primärenergiebedarf (kWh/[m² · a]) (Heizung, Lüftung und Warmwasser nach PHPP – bezogen auf EnEV)	41
Jahresheizwärmebedarf Q_H [(kWh/[m² · a]) (nach PHPP)	36
Baukosten inkl. MwSt. (KG 300 + 400) (€)	183.800,00

Versorgungstechnik

EWT	–
Lüftungsanlage mit WRG	Kreuz-Gegenstrom-Plattenwärmetauscher, Maico aeronorm WS 250 (WRG 92 %)
Nachheizung der Zuluft	k. A.
Wasserspeicher	k. A., 200 l
Brauchwassererwärmung	Warmwasserboiler, Viessmann
Zusatz- bzw. Notheizung	Gasbrennwertkessel, Viessmann
Regenwasserzisterne	–

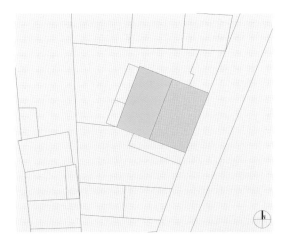

Abb. 6.132: Schematisierter Lageplan (nach: oehler faigle archkom)

Abb. 6.133: Ansicht Nordwest zeigt den Terrasseneingang aus dem Essbereich. (Quelle: oehler faigle archkom)

Abb. 6.134: Einblick in den offen gestalteten Wohn- und Essbereich. (Quelle: oehler faigle archkom)

Abb. 6.135: Ehemalige Scheune (Quelle: oehler faigle archkom)

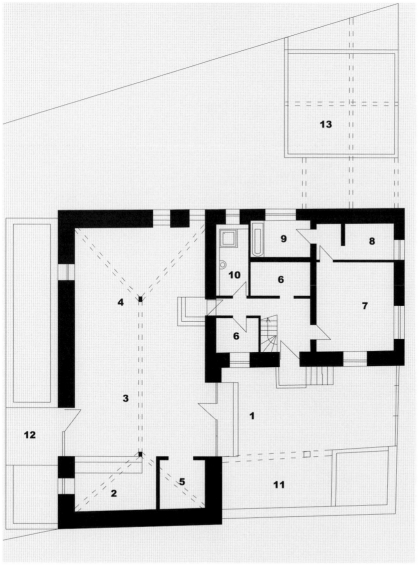

Abb. 6.136: Grund-riss EG (M 1:200, nach: oehler faigle archkom)

1 Eingang
2 Küche
3 Essen
4 Wohnen
5 Garderobe
6 Hauswirtschafts-raum/Haustechnik
7 Schlafen
8 Ankleide
9 Bad
10 WC
11 Schuppen
12 Terrasse
13 Garage

Bauweise

Tabelle 6.16: Konstruktionsaufbau

Bauteil	Materialschicht	Materialstärke (cm)	U-Wert (W/[m² · K])
Boden (von oben nach unten)	Parkett	1,5	
	Estrich	4,5	
	Trittschalldämmung	2,0	
	STB-Platte	20,00	
	XPS-Dämmung unterhalb der Bodenplatte (Dämmschürzen entlang der Fundamente)	24,00	
gesamt Sohle		**52,00**	**0,14**
Außenwand (von innen)	Natursteinmauer	60,00	
	Luftraum	5,00	
	OSB-Platte	1,5	
	Dämmung (Mineralwolle)	26,00	
	DWD-Platte	1,5	
	Holzverschalung	2,5	
gesamt Außenwand		**96,5**	**0,14**
Dach (von innen)	OSB-Platte	1,5	
	Holzstegträger mit Dämmung (Mineralwolle)	35,00	
	DWD-Platte	1,5	
	Lattung/Konterlattung/Lattung	5,00	
	Ziegeldeckung		
gesamt Dach		**43,00**	**0,097**
Fenster	Rahmen mit wärmegedämmten Holz-Aluminium-Profilen, Fa. Wiegand Dreifachverglasung mit Argonfüllung		$U_{w, \text{eingebaut}} = 0{,}92$ $U_g = 0{,}70$ g (%) = 0,52

6.17   Geschosswohnungsbau, Frankfurt/Main

Projekt 6.17 entstand 2006 in Frankfurt/Main als Wohnkomplex, bestehend aus 5 Baukörpern bzw. 15 Gebäuden mit 149 Wohn- und 4 Gewerbeeinheiten. Die 5 Baukörper im Passivhausstandard stehen, in Massiv- und Leichtbauweise realisiert, über einer natürlich belüfteten und belichteten Tiefgarage mit 156 Pkw-Stellplätzen. Die tragende Grundstruktur setzt sich aus rechteckigen Kammern in Form von 20 cm starken Stahlbetonwänden in Schottenbauweise zusammen. Die Fassade besteht aus kompletten Holzfassadenelementen mit bereits eingebauten Fenstern, die vollständig vorgefertigt angeliefert und mit einem zusätzlichen WDVS verkleidet wurden.

Baudaten

Bauherr und Haustechnik	Frankfurter Aufbau AG, Frankfurt/Main
Projektentwicklung	Urbane Projekte GmbH, Frankfurt/Main
Architektur und Baumanagement	FAAG TECHNIK GmbH, Frankfurt/Main
Statik	E+P Engelbach und Partner, Frankfurt/Main
Weitere Informationen	www.energie-projekte.de (Projekt 461)
	www.passivhausprojekte.de (Projekt 882)
Baujahr	2006
Haustyp	Geschosswohnungsbau
Wohneinheiten	149
Gewerbeeinheiten	4–8
Bruttobauland (m²)	10.500
Energiebezugsfläche (nach PHPP) (m²)	14.767
NF (m²)	15.170
NF nach EnEV (m²)	19.983
BRI (m³)	93.573
Kompaktheit A/V	0,36
Ausrichtung	Nordsüd/Ostwest
Messergebnis Blower-Door-Test (h⁻¹)	0,30
Primärenergiebedarf (kWh/[m² · a])	120
(nach PHPP inkl. ges. Strombedarf)	
Primärenergiebedarf (kWh/[m² · a])	40
(Heizung, Lüftung und Warmwasser	
nach PHPP – bezogen auf EnEV)	
Jahresheizwärmebedarf Q_H (kWh/[m² · a])	15
(nach PHPP)	

Versorgungstechnik

Die Lüftungszentralen mit Zu- und Abluftanlage und WRG wurden jeweils über den Treppenhäusern angeordnet. Sie versorgen die darunterliegenden Wohnungen durch vertikale Lüftungsschächte. Der Gebäudekomplex verfügt zusätzlich über 3 Heizzentralen mit Gasbrennwerttechnik.

EWT	–
Lüftungsanlage mit WRG	1 Lüftungszentrale pro Gebäude, Außen-/
	Fortluft über Dach, Zu-/Abluft über F90-
	Schächte, je Wohneinheit Abzweige mit
	Volumenstromreglern und Nachheizregistern;
	Kreuz-Gegenstrom-Plattenwärmetauscher,
	LTM Maxi 1.000 (WRG 82,8 %)
Nachheizung der Zuluft	je Wohneinheit 1 Wasser-Luft-Nachheizregister
Wasserspeicher	3 Geräte, Schüco, 1.460 l
Heizung und Brauchwassererwärmung	Pufferspeicher, Hoval
Zusatz- bzw. Notheizung	s. o.
Regenwasserzisterne	–

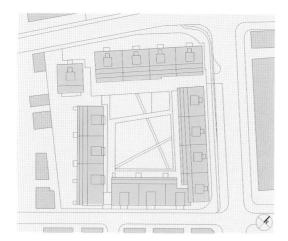

Abb. 6.137:   Schematisier-
ter Lageplan (nach: FAAG
TECHNIK GmbH, Frankfurt/
Main)

Abb. 6.138:   Blick in den
Innenhof (Quelle: Architektur
Computergrafik
B. C. Horvath, Frankfurt/Main)

Abb. 6.139:   Montage der
Fassade (Quelle: FAAG
TECHNIK GmbH, Frankfurt/
Main)

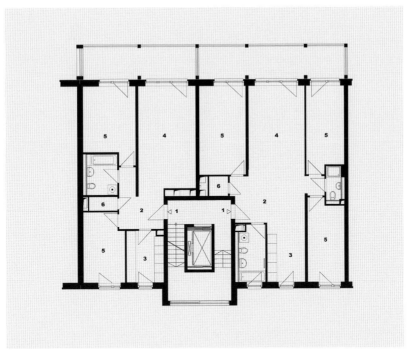

Abb. 6.140: Standardgrundriss (M 1:200) (nach: FAAG TECHNIK GmbH, Frankfurt/Main)

1 Eingang
2 Flur
3 Küche
4 Wohnen/Essen
5 Zimmer
6 Abstellraum

Bauweise

Tabelle 6.17:   Konstruktionsaufbau

Bauteil	Materialschicht	Materialstärke (cm)	*U*-Wert (W/[m² · K])
Decke Tiefgarage (von oben nach unten)	Belag		
	Estrich		
	Trittschalldämmung		
	Stahlbetondecke	55,00	
	WDVS mit Mineralwolle	40,00	
	Putz	1,00	
gesamt Sohle		**96,00**	**0,10**
Bodenplatte unter Treppenhaus (von oben nach unten)	Stahlbetonplatte	60,00	
	Dämmung (Schaumglasplatten)	12,00	
gesamt Sohle		**72,00**	**0,39**
Außenwand 1, Holzbauwände nicht tragend elementiert (von innen)	Gipsfaserplatten	1,25	
	Folie		
	OSB-Platte	1,50	
	KVH-Ständer mit Mineralwolle	24,00	
	OSB-Platte	1,50	
	WDVS aus EPS	10,00	
	Putz	1,00	
gesamt Außenwand 1		**39,25**	**0,10**
Außenwand 2, Giebelwand tragend (von innen)	Stahlbetonwand	17,00	
	WDVS aus EPS	40,00	
	Putz	1,50	
gesamt Außenwand 2		**58,50**	**0,08**
Außenwand 3, KG Außenluft (von innen)	Porenbetonwand	24,00	
	WDVS aus EPS	20,00	
	Putz	1,50	
gesamt Außenwand 3		**49,50**	**0,11**
Außenwand 4, KG Erdreich (von innen)	Stahlbetonwand	25,00	
	Perimeterdämmung	18,00	
gesamt Außenwand 4		**43,00**	**0,21**

Tabelle 6.17, Fortsetzung: Konstruktionsaufbau

Bauteil	Materialschicht	Materialstärke (cm)	U-Wert (W/[m² · K])
Dach 1, Holzbau-elemente Staffelgeschoss (von innen)	Gipsfaserplatte	1,25	
	Dämmung (Mineralwolle)	4,00	
	Folie		
	OSB-Platte	1,5	
	BSH-Träger mit Mineralwolle	40,00	
	OSB-Platte	1,5	
	Abdichtung		
	Gründach		
gesamt Dach 1		**48,30**	**0,09**
Dach 2, Flachdach Vollgeschoss (von innen)	Stahlbetondecke	20,00	
	Gefälledämmung	34,00–60,00	
	Abdichtung		
	Dachbegrünung		
gesamt Dach 2		**54,00–80,00**	**0,07**
Dach 3 Flachdach Terrasse (von innen)	Stahlbetondecke	20,00	
	Gefälledämmung	24,00–30,00	
	Abdichtung		
	Terrassenbelag		
gesamt Dach 3		**44,00–50,00**	**0,11**
Fenster	Rahmen mit Kunststoffprofilen und Dämm-schale sowie Rahmen mit Holzprofilen, Dämmschale und Aluminium, Fa. Internorm Rahmen mit Holzprofilen und Weichfaser-dämmung, Fa. Etter Pfosten-Riegel-Fassade mit wärmege-dämmter Holz-Aluminium-Konstruktion, HP 76 Fa. Raico Dreifachverglasung mit Kryptonfüllung		$U_{w, \text{eingebaut}} = 0{,}85{-}0{,}90$ $U_g = 0{,}51{-}0{,}58$ g (%) $= 0{,}46{-}52{,}00$

6.18   Öffentliches Gebäude, Frankfurt/Main

Projekt 6.18 wurde 2004 im Passivhausstandard zur Nutzung als Grundschule mit Kindertagesstätte und Turnhalle fertiggestellt. Die Abwärme von
25 Schülern und 1 Lehrer reicht aus, um die Klassenräume auch im Winter
warm zu halten. Bei neutraler Betrachtung der Gesamtkosten dieser Schule
gegenüber einer Schule nach Frankfurter Standard (Berechnungszeitraum
40 Jahre) reduziert die Ausführung im Passivhausstandard die Betriebskosten.

Baudaten

Entwurf	4a Architekten GmbH, Stuttgart
Statik	DBT Ingenieursozietät Deutsch-Buckert-Thomas, Frankfurt/Main
Haustechnik	ICRZ, Hochbauamt Stadt Frankfurt, Ingenieurbüro Rösch, SHL Planungsbüro
Baujahr	2004
Haustyp	Grundschule und Turnhalle (16 Klassen mit ca. 400 Schülern), Kindertagesstätte (5 Gruppen mit jeweils 25 Kindern)
Bruttogeschossfläche (m²)	8.785
Energiebezugsfläche (nach PHPP) (m²)	7.670
NF nach EnEV (m²)	7.670
BRI (m³)	41.000
Kompaktheit A/V (mit 6.300 m² Turnhalle)	0,35
Messergebnis Blower-Door-Test (h⁻¹)	0,46
Primärenergiebedarf (kWh/[m² · a]) (nach PHPP inkl. ges. Strombedarf)	59
Primärenergiebedarf (kWh/[m² · a]) (Heizung, Lüftung und Warmwasser nach PHPP – bezogen auf EnEV)	14
Jahresheizwärmebedarf Q_H (kWh/[m² · a]) (nach PHPP)	15
Baukosten inkl. MWSt. (KG 300 + 400) (€/m² NF)	1.288,00

Versorgungstechnik

Beheizt werden die 8.785 m² Bruttogeschossfläche der Schule durch 2 vollautomatische
Holzpelletkessel. In jedem Klassenraum ist nur 1 Heizkörper erforderlich. Die Frischluftzufuhr erfolgt über insgesamt 6 Lüftungsanlagen mit WRG. Zusätzlich wurde auf dem Dach
der Schule eine Fotovoltaikanlage installiert.

EWT	–
Lüftungsanlage mit WRG	unterschiedliche Gerätetypen in 3 Lüftungszentralen, Menerga (WRG 65 %)
Nachheizung der Zuluft	Radiatoren in den Klassenzimmern
Wasserspeicher	4 m² Warmwasserspeicher
Heizung und Brauchwassererwärmung	2 vollautomatische Holzpelletkessel (60 kW) mit Schneckenzuführung und Pelletspeicher, zentrale Warmwasserbereitung, direkt-elektrische Warmwasserbereitung bei Zapfstellen mit einer Entfernung > 30 m Fotovoltaikanlage (8 kW, Endausbau 45 kW), 225 m² Kollektorfläche
Regenwasserzisterne	–

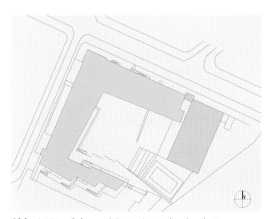

Abb. 6.141:   Schematisierter Lageplan (nach: 4a Architekten)

Abb. 6.142:   Haupteingangsbereich der Schule im Nordwesten (Quelle: A. v. Salmuth, 4a Architekten)

Abb. 6.143:   Blick in den Innenhof (Quelle: Christian Kandzia)

Abb. 6.144:   Eingangsbereich (Quelle: Christian Kandzia)

Abb. 6.145:   Treppenbereich (Quelle: Christian Kandzia)

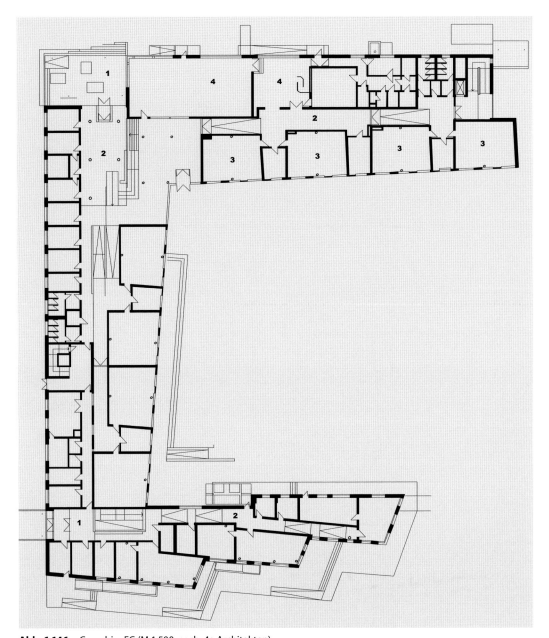

Abb. 6.146:   Grundriss EG (M 1:500, nach: 4a Architekten)

1 Zugang Gebäude
2 Verkehrsfläche
3 Klassenzimmer
4 Mensa

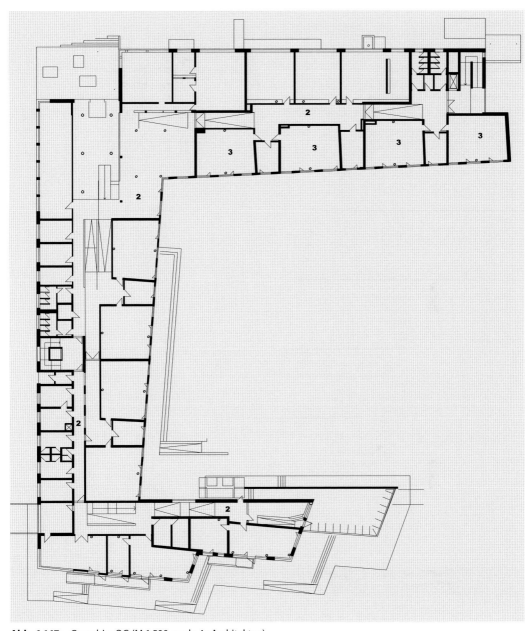

Abb. 6.147:   Grundriss OG (M 1:500, nach: 4a Architekten)

2 Verkehrsfläche
3 Klassenzimmer

Bauweise

Tabelle 6.18:   Konstruktionsaufbau

Bauteil	Materialschicht	Materialstärke (cm)	U-Wert (W/[m² · K])
Boden (von oben nach unten)	Linoleum	0,05	
	Gipsfaserplatte	1,25	
	Gipsfaserplattenelement (Fertigestrich)	3,00	
	Trittschalldämmung	2,00	
	Dämmung EPS, WLG 035	10,00	
	Gipskartonplatte	1,25	
	Ausgleichsschüttung Blähton	4,00	
	Stahlbeton-Bodenplatte	50,00	
	vertikale Dämmschürzen im Sockelbereich		
gesamt Sohle		**71,55**	**0,21**
Außenwand (von innen)	Spachtelung		
	Stahlbetonwand	20,00	
	Dämmung (Mineralfaser)	28,00	
	Vorhangfassade hinterlüftet (Eternit auf Edelstahl-Holz-Unterkonstruktion)	5,00	
gesamt Außenwand		**53,00**	**0,16**
Flachdach (von innen)	Stahlbetondecke	28,00	
	Gefällewärmedämmung	30,00	
gesamt Dach		**58,00**	**0,11**
Fenster	Rahmen mit wärmegedämmten Holzprofilen, Passivhausfenster Fa. Molter Pfosten-Riegel-Fassade mit wärmegedämmter Holz-Aluminium-Konstruktion, Fa. Raico HP 76 Dreifachverglasung mit Argonfüllung		$U_{\text{w, eingebaut}} = \mathbf{0{,}74}$ $U_{\text{g}} = \mathbf{0{,}60}$ $g\ (\%) = \mathbf{45}$

6.19   Bürogebäude, Mönchengladbach

Projekt 6.19, ein Bürogebäude in Mönchengladbach, befindet sich derzeit in der Vorplanung. Der 3-geschossige kompakte Baukörper wird voll unterkellert und ist mit seinen Längsseiten nach Ostwest ausgerichtet. Das Dach wird als Flachdach ausgeführt. Durch die kompakte Bauweise und die Mehrgeschossigkeit weist der Baukörper ein gutes *A/V*-Verhältnis auf. Ein innen liegender Flur gliedert den Grundriss in 2 Hälften, wobei im UG und EG die Kopfseiten im Süden zu großen Räumen wie Kantine und Showroom zusammengefasst sind. Im UG befinden sich neben der Kantine und 2 Büros die Hausnebenräume wie z. B. Haustechnik und Abstellräume. Im EG ist der Eingangsbereich an der Kopfseite im Norden angeordnet.

Baudaten

Entwurf und Planung	Dornrieden Generalbau GmbH, Mönchengladbach
Bauphysik und Statik	Sommer Baustatik GmbH, Erkelenz
Planung Haustechnik	Ingenieurbüro Kunkel, Zwickau
Baujahr	2008
Haustyp	Bürogebäude
Energiebezugsfläche (nach PHPP) (m²)	1.331.64
NF unbeheizt (m²)	–
BRI (m³)	5.809,80
NF nach EnEV (m²)	1.859,10
Kompaktheit *A/V*	0,38
Ausrichtung (Längsseiten)	Ostwest
Anzahl der Personen	38
Messergebnis Blower-Door-Test (h⁻¹)	0,60
Primärenergiebedarf (kWh/[m² · a]) (nach PHPP inkl. ges. Strombedarf)	81,8
Primärenergiebedarf (kWh/[m² · a]) (Heizung, Lüftung und Warmwasser nach PHPP – bezogen auf EnEV)	27,8
Jahresheizwärmebedarf Q_H (kWh/[m² · a]) (nach PHPP)	12,7

Versorgungstechnik

EWT	Erdkollektoren: Erdsondenfeld
Lüftungsanlage mit WRG (WRG min. 80 %)	je Nutzungseinheit 1 Volumenstromregler
Nachheizung der Zuluft	Sole-Wasser-Wärmepumpe mit Heißgasladetechnik und Schichtenladespeichersystem, je Nutzungseinheit 1 elektrisches Zuluftheizregister
Wasserspeicher	Schichtenspeicher
Brauchwassererwärmung	noch keine Festlegung, da Vorplanung
Zusatz- bzw. Notheizung	noch keine Festlegung, da Vorplanung
Regenwasserzisterne	noch keine Festlegung, da Vorplanung

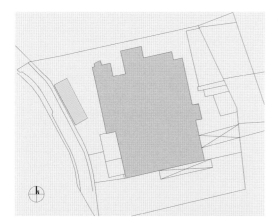

Abb. 6.148:   Schematisierter Lageplan

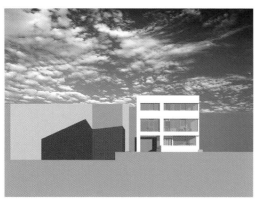

Abb. 6.149:   Ansicht Eingang Nord

Abb. 6.150:   Ansicht Hof Ost

Abb. 6.151:   Ansicht Straßenseite West

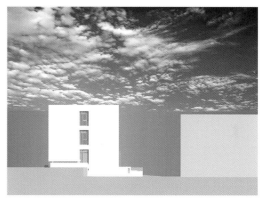

Abb. 6.152:   Ansicht Süd Kopfseite

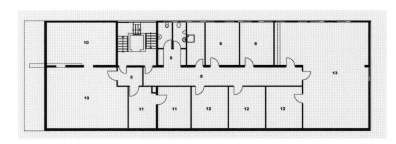

Abb. 6.153: Grundriss UG
(M 1:400)

  5 Flur
  6 Büro
  9 WC
10 Abstellraum
11 Haustechnik
12 Nebenraum
13 Kantine

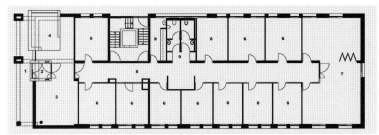

Abb. 6.154: Grundriss EG
(M 1:400)

1 Eingang
2 Windfang
3 Empfangsbereich
4 Wartezone
5 Flur
6 Büro
7 Showroom
8 Teeküche
9 WC

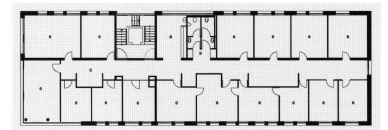

Abb. 6.155: Grundriss 1. OG
(M 1:400)

5 Flur
6 Büro
8 Teeküche
9 WC

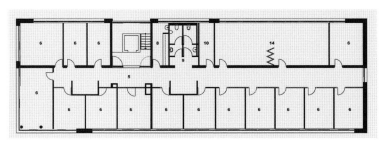

Abb. 6.156: Grundriss 2. OG
(M 1:400)

  5 Flur
  6 Büro
  8 Teeküche
  9 WC
10 Abstellraum
14 Besprechung

Bauweise

Tabelle 6.19: Konstruktionsaufbau (Vorplanung)

Bauteil	Materialschicht	Materialstärke (cm)	*U*-Wert (W/[m² · K])
Decke KG beheizt (von oben nach unten)	Wärme- und Trittschalldämmung, WLG 035	10,00	
	Stahlbeton-Bodenplatte	20,00	
	Perimeterdämmung, WLG 035	10,00	
gesamt Sohle		**40,00**	**0,167**
EG Decke gegen Außenluft am Eingang (von oben nach unten)	Wärme- und Trittschalldämmung, WLG 035	6,00	
	Stahlbetondecke	20,00	
	Dämmung, WLG 035	20,00	
gesamt EG Decke		**46,00**	**0,130**
Außenwand 1 KG beheizt (von innen)	Stahlbetonwand	25,00	
	Perimeterdämmung, WLG 035	20,00	
gesamt Außenwand 1		**45,00**	**0,168**
Außenwand 2 EG, 1. und 2. OG (von innen)	Kalksandstein	17,50	
	Dämmung, WLG 035	22,00	
	Außenputz		
gesamt Außenwand 2		**39,50**	**0,151**
Flachdach (von innen)	Stahlbetondecke	18,00	
	Dämmung, WLG 035	30,00	
gesamt Flachdach		**48,00**	**0,114**
Fenster (beispielhaft für die Berechnung nach PHPP angenommen)	PVC-Rahmen mit eingeschobenen Dämmprofilen, Clima Design Fa. Rehau Dreifachverglasung mit Argonfüllung		$U_{w, eingebaut} = 0,72$ $U_g = 0,70$ $g (\%) = 0,48$

7 Passivhäuser in verschiedenen Bautypologien

Passivhäuser können in unterschiedlichen Bautypen z. B. als frei stehendes Einfamilienhaus oder als Reihenmittelhaus ausgeführt werden. Auch die Erstellung größerer Bauprojekte wie mehrgeschossige Wohnhäuser oder gewerbliche bzw. öffentliche Bauten wie Verwaltungsbauten oder Schulen sind im Passivhausstandard möglich. Entscheidend ist dabei die Kompaktheit des Gebäudes (siehe Kapitel 1.1.1).

In diesem Kapitel wird das Passivhaus anhand der Referenzobjekte von Wohnhäusern in seinen unterschiedlichen Typologien bezüglich des A/V-Verhältnisses, der gewählten Technikanlage und dem daraus resultierenden Heizwärmebedarf verglichen.

7.1 Vergleich der *A/V*-Verhältnisse

Tabelle 7.1 vergleicht das A/V-Verhältnis der unterschiedlichen Bautypen.

Der Vergleich in Tabelle 7.1 zeigt deutlich, dass ein Reihenmittelhaus mit einem Wert von 0,39 ein sehr günstiges A/V-Verhältnis hat, was an den geringen Wandaußenflächen liegt, denn lediglich Stirn- und Rückseite bilden eine Außenwandfläche. Das Reihenendhaus liegt mit einem A/V-Verhältnis von 0,56 durch zusätzliche Außenwandflächen entsprechend höher. Das mehrgeschossige Wohnhaus mit 9 Wohneinheiten weist durch seine Kompaktheit einen noch geringeren Wert als das Reiheneckhaus auf. Das höchste A/V-Verhältnis mit einem Wert von 0,67 weist das frei stehende Einfamilienhaus in 1-geschossiger Bauweise auf.

7.2 Bilanzierung des Heizwärmebedarfs

Anhand der ermittelten Daten im PHPP ergaben sich folgende Werte bezüglich des Heizwärmebedarfs der unterschiedlichen Bautypen:

Betrachtet man den erforderlichen Heizwärmebedarf der unterschiedlichen Typologien, so ergibt sich für das Reihenmittelhaus mit 9,4 kWh/(m² · a) der niedrigste Heizwärmebedarf. Durch die geringen Transmissionswärmeverluste kann trotz der geringen Solargewinne ein enorm niedriger Wärmebedarf erreicht werden. Dem folgt das Mehrfamilienwohnhaus mit einem Heizwärmebedarf von 14,0 kWh/(m² · a). Die Transmissionswärmeverluste liegen mit 27,7 kWh/(m² · a) jedoch schon deutlich höher und resultieren aus den größeren Außenwandflächen (siehe Abb. 7.1).

Bei den frei stehenden Passivhäusern steigen diese Verluste über 30 kWh/(m² · a), können aber durch die höheren solaren Gewinne aufgefangen werden. Durch diesen Ausgleich kann der Heizwärmebedarf von 15 kWh/(m² · a) erreicht werden.

Tabelle 7.1: Vergleich der Bautypen in Bezug auf das *A/V*-Verhältnis

Bautyp	frei stehendes Einfamilienhaus, 1-geschossig	frei stehendes Einfamilienhaus	frei stehendes Einfamilienhaus, L-Form	Doppelhaushälfte in Baulücke
Ansicht				
Keller	–	ja	ja	–
Grundriss				
A/V-Verhältnis	0,67	0,60	0,58	0,46

Bautyp	Einfamilien-Reihenhaus, Eckhaus	Einfamilien-Reihenmittelhaus	Wohnhaus mit 9 Wohn-einheiten, mehrgeschossig
Ansicht			
Keller	ja	ja	ja
Grundriss			
A/V-Verhältnis	0,56	0,39	0,43

7.3   Vergleich *A/V*-Verhältnis zu Heizwärmebedarf

Um den Zusammenhang zwischen *A/V*-Verhältnis und Heizwärmebedarf nochmals zu verdeutlichen, zeigt Tabelle 7.2 eine Aufstellung aller genannten Werte.

Der in Tabelle 7.2 aufgeführte Vergleich zeigt, dass die Haustypen mit dem günstigsten *A/V*-Verhältnis auch den geringsten Heizwärmebedarf haben. So ergab sich für das Reihenmittelhaus mit dem *A/V*-Verhältnis von 0,39 ein Heizwärmebedarf von lediglich 9,4 kWh/(m² · a). Die Transmissionswärmeverluste liegen bei 22,7 kWh/(m² · a). Auch das mehrgeschossige Wohnhaus mit 9 Wohneinheiten bestätigt durch den geringen Heizwärme-

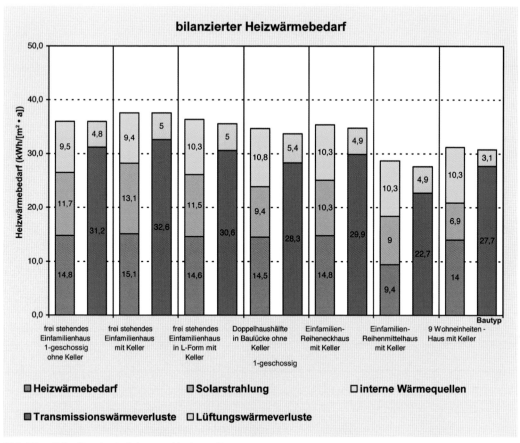

Abb. 7.1:   Heizwärmebedarf der verschiedenen Bautypen

bedarf von 14 kWh/(m² · a) das gute *A/V*-Verhältnis. Die Differenz des 1-ge-
schossigen frei stehenden Einfamilienhauses mit dem größten Wert von
0,67 zum ebenfalls frei stehenden Einfamilienhaus mit einem Wert von
0,60 basiert auf unterschiedlichen Himmelsausrichtungen, dem Anteil der
Verglasungsflächen und den damit verbundenen differenzierten solaren
Gewinnen als auch den unterschiedlichen Dämmstärken.

Tabelle 7.2:   Vergleich *A/V*-Verhältnis zum Heizwärmebedarf der unterschiedlichen Bautypen

Bautyp	frei stehendes Einfamilienhaus, 1-geschossig	frei stehendes Einfamilienhaus	frei stehendes Einfamilienhaus, L-Form	Doppelhaushälfte in Baulücke	Einfamilien-Reihenhaus, Eckhaus	Einfamilien-Reihenmittelhaus	Wohnhaus mit 9 Wohneinheiten, mehrgeschossig
Keller	–	ja	ja	–	ja	ja	ja
A/V-Verhältnis	0,67	0,60	0,58	0,46	0,56	0,39	0,43
Heizwärmebedarf [kWh/(m² · a)]	14,8	15,1	14,6	14,5	14,8	9,4	14,0

8 Wirtschaftlichkeit

Noch vor wenigen Jahren wurde die durchschnittliche Energieeinsparung von 90 % gegenüber konventionell erstellten Gebäuden innerhalb der gesamten Lebenszeit eines Passivhauses für unmöglich erklärt. Mittlerweile wurde aber durch eine Fülle an praktischen Beispielen bewiesen, dass das Passivhauskonzept zuverlässig funktioniert. Dennoch halten sich, gerade im Hinblick auf Einfamilienhäuser, einige Vorurteile, die es zu erläutern gilt.

Die größten Bedenken von Bauherren bestehen hinsichtlich der höheren Baukosten. Die Folgekosten eines Gebäudes werden bei der Beurteilung der Frage nach der Finanzierung und Werterhaltung meist nicht als wesentlicher Faktor betrachtet. Legt man die durchschnittliche Qualität im Einfamilienhausbau zugrunde, kann sich eine anfängliche Ersparnis beim Erwerb eines Haues in einen bis zu 200-fachen Verlust verwandeln.

Auch der Einbau hochwertiger Fenster, die um einiges teurer als herkömmliche sind, schreckt Bauherren oft vor der Realisierung eines Passivhauses ab. Mit steigender Nachfrage wird durch die Serienfertigung der Warmfenster ein deutlicher Preisnachlass entstehen.

Oft wird angenommen, dass die Kosten für die Lüftungsanlage zu den Beschaffungskosten addiert werden müssen. Der Grundgedanke eines Passivhauses ist jedoch: Der Energiebedarf ist so gering, dass auf ein herkömmliches Heizsystem verzichtet werden kann und der Wärmerückgewinn aus der Abluft den größten Teil der Heizwärmeenergie deckt. Es stellen sich daher nur Kosten ein, die sich aus der Differenz der Kosten aus Lüftung und Heizung ergeben. Diese werden in Zukunft durch Serienproduktion ebenfalls deutlich sinken.

Entscheidend bei der Kostenbetrachtung ist auch die Berücksichtigung der Minderkosten, wie z. B. der entfallende Gasanschluss mit den jährlichen Grundgebühren sowie die Kaminkehrergebühren.

Im Nachfolgenden wird auf die unterschiedlichen Kostenebenen eingegangen.

8.1 Baukosten

Um die Baukosten eines Passivwohnhauses im Verhältnis zu einem 3-Liter-Standardgebäude vergleichen zu können, wird auf eine Studie des Ministeriums für Bauen und Verkehr des Landes Nordrhein-Westfalen vom Institut für Landes- und Stadtentwicklungsforschung und Bauwesen (ILS NRW, Schriften 202, 2007) auf einer Grundlage von ca.150 Projekten sowie auf vom Autor erstellte Passivhaus-Projekte zurückgegriffen. Die Kostengrup-

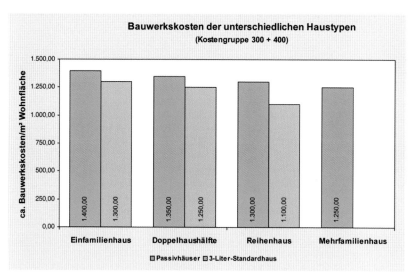

Abb. 8.1:   Bauwerkskosten (Kostengruppen 300 und 400) der unterschiedlichen
Bautypologien

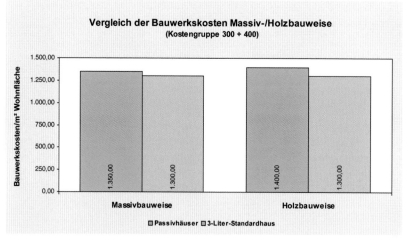

Abb. 8.2:   Bauwerkskosten verschiedener Bauweisen (nach: ILS NRW Schriften Bd. 202, 2007)

pen 300 und 400 werden in Abb. 8.1 zusammenfassend bei unterschiedlichen Bauweisen betrachtet.

Die Baukosten liegen bei beiden Bauweisen am höchsten beim Einfamilienhaus. Mit zunehmend kompakterem Wohnhaustyp sinken die Kosten pro
m² Wohnfläche. Beim Mehrfamilienhaus lagen keine Vergleichswerte im
Bereich des 3-Liter-Standardhauses vor. Die Kosten eines Passivhauses liegen, unabhängig vom Haustyp, ca. 100,00 €/m² Wohnfläche höher.

Im Vergleich der Kosten der Massivbau- mit denen der Holzbauweise im
Passivhausbau, ist die kostengünstigere Lösung in der Massivbauweise mit

ca. 1.350,00 €/m² Wohnfläche zu sehen. Im 3-Liter-Standardhaus sind keine Kostendifferenzen innerhalb der unterschiedlichen Bauweisen zu erkennen (siehe Abb. 8.2).

8.2   Zusätzliche und entfallende Investitionskosten

Der Erfolg des Passivhauskonzepts basiert auf der konsequenten Umsetzung der Energieeffizienz durch hoch entwickelte und optimal aufeinander abgestimmte Komponenten.

Die Wirtschaftlichkeit eines Passivhauses beginnt daher bereits bei der Planung, indem die Kosten der angewandten Komponenten individuell und optimal auf das zu erstellende Gebäude ermittelt werden. So sollte z. B. die Herstellung der hoch gedämmten Gebäudehülle ohne konstruktiven Mehraufwand geplant werden, um die entstehenden Mehrkosten im wirtschaftlichen Bereich zu halten.

Mehrkosten eines Passivhauses:

- besonders hochwertige Wärmedämmung (Dämmstoff nach Volumen)
- zentrale oder dezentrale Lüftungstechnik mit WRG
- sehr hoch dämmende Fenster mit Dreifach-Wärmeschutzverglasung
- aufwendige Detaillösungen für die Abdichtung (luftdichte Gebäudehülle) und
- die Vermeidung von Wärmebrücken

Minderkosten eines Passivhauses:

- keine Kaminzüge (bei Wärmepumpe)
- keine konventionelle Heizungsanlage mit Heizkörpern und dazugehöriger Technik, kein Gasanschluss und keine Öltanks
- kein eigener Heizraum oder Brennstofflager (die Erstellung eines Kellers kann daher entfallen) und
- geringere Unterhaltungskosten für Warmwasser und Heizung, keine Kosten für Gaszähler mit monatlicher Grundgebühr sowie für Kaminkehrer

Eine Optimierung der Kosten bei der Gebäudeplanung bedeutet, dass ohne konstruktiven Mehraufwand Raum für die Dämmung geschaffen wird. Daraus resultieren höchst wirtschaftliche Beträge für die Mehrinvestitionen. Die bessere Wärmedämmung erfordert mehr Dämmstoff und seine Anbringung, die besseren Fenster eine beschichtete Scheibe mehr und einen gedämmten Fensterrahmen. Zur Erreichung der hohen WRG ist der Einbau eines Lüftungssystems mit einem Luftkanalnetz unverzichtbar.

In Abb. 8.3 werden die Mehr- und Minderkosten zahlenmäßig verglichen, wobei es sich um Ca.-Angaben handelt, die bei Bauprojekten unterschiedlicher Größe schwanken können. Grundlage bildet hier der Passivhaus-Standard im Einfamilienhausbau.

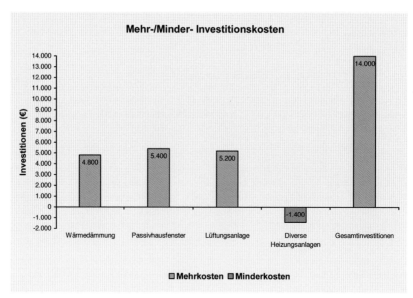

Abb. 8.3: Durchschnittliche Mehr- bzw. Minderkosten für ein Passivhaus
(nach: passivhaustagung.de)

8.3   Finanzierung

Wenn die benötigten Mehrkosten des Passivhauses nicht durch das Eigen-
kapital des Bauherrn finanziert werden können, müssen diese durch einen
höheren Hypothekenkredit abgedeckt werden. Bei 4,7 % Zins und 1,6 %
Tilgung bedeutet dies eine Kapitaldienst-Mehrbelastung von jährlich
945,00 €. Wird das Bauvorhaben noch durch einen zinsvergünstigten Kre-
dit der KfW „Ökologisch Bauen" für das ESH40/Passivhaus mit 100 % Aus-
zahlung und Zinsen, die 1 bis 2 % unter Marktniveau liegen, je nach Lauf-
zeit und tilgungsfreien Anlaufjahren finanziert, erhält der Bauherr, z. B. für
ein Einfamilienhaus, 50.000,00 €. Durch die günstige Verzinsung entsteht
eine jährliche Minderbelastung von rund 880,00 €. Im Beispiel in Tabelle
8.1 werden damit die Belastungen der investierten Mehrkosten ganz ausgeglichen.

Hinzu kommen die fortlaufenden Energieeinsparungen bei den derzeitigen Brennstoffkosten von jährlich 715,00 €, da im Passivhaus nur noch ca.
2.290 kWh Brennstoff für Heizung und 350 kWh Strom für die Lüftung
benötigt wird, im konventionellen Haus jedoch ca. 13.300 kWh Heizöl oder
Erdgas. Der jährliche Strombedarf der Lüftungsanlage wird mit 65,00 €
veranschlagt.

Für die weiteren Berechnungen werden 15.000,00 € zusätzliche Investitionen im Vergleich zu einem Standardhaus angenommen. Für diesen Mehr-
betrag ist der Passivhausstandard bei einem Einfamilienhaus in jedem Fall
umsetzbar, erfahrungsgemäß kann die Investition durchaus geringer ausfallen. Der Vergleich in Tabelle 8.1 bezieht sich auf die Erstellung eines Passivhauses mit einer Grundfläche von 150 m² und nennt überschlägige Beträge.

Die aufgeführte Berechnung verdeutlicht nicht nur die anfänglich geleisteten Mehrkosten, sondern auch deren daraus resultierenden Einsparungen in den Folgejahren. Auswertungen gebauter Passivhausprojekte zeigen, dass die Herstellung heute im Mittel etwa 8 % teurer als ein konventionell gebautes Haus ist. Wie bei allen Neubauten gibt es jedoch ein breites Kostenspektrum.

Der Strombedarf, und damit die Unterhaltskosten, werden durch die im Normalfall als Heizung verwendete, strombetriebene Wärmepumpe erhöht. Die Wärmepumpen wandeln 1 kWh elektrische Energie in ca. 3 kWh Heizleistung um. Der gesamte Stromverbrauch (Warmwasser, Licht, Heizung usw.) eines Passiv-Einfamilienhauses mit 150 m^2 Gesamtfläche kann mit ca. 6.000 kWh im Jahr angenommen werden. Etwa jeweils 50 % davon entfällt auf den Wärmebedarf (Heizung/Warmwasser) und den sonstigen Verbrauch (Licht, Küchengeräte usw.). Der Wartungsaufwand für die Haustechnik entspricht dem eines normalen Wohnhauses.

Neben dem Energieverbrauch sollten auch die anfallenden **Nebenkosten** bei der Wirtschaftlichkeit eines Passivhauses in Betracht kommen. Dabei gilt es vor allem, neben den fixen Nebenkosten, welche unabhängig vom Energieverbrauch entstehen, auch die in Bezug auf das Heizsystem entstehenden Nebenkosten zu berücksichtigen.

Die Versorgungstechnik im Passivhaus besteht vorrangig aus der dringend erforderlichen Be- und Entlüftungsanlage mit hohem WRG-Grad. Diesen Anlagen werden in den meisten Fällen weitere Komponenten zur Primärenergieeinsparung hinzugefügt. So tragen ein vorgeschalteter EWT, eine Wärmepumpe und eine Solaranlage mit angeschlossenem Pufferspeicher u. a. zur Einsparung von Energie bei. Diese reduzieren dann erheblich die Nebenkosten, da der Stromverbrauch gegenüber einer Luftheizung enorm gesenkt wird. Als anzurechnende Kosten kann bei der Passivhaustechnik lediglich das Auswechseln der Lüftungsfilter herangezogen werden.

Das Einsparpotenzial in Bezug auf die Nebenkosten infolge der energieeffizienten Versorgungstechnik liegt im Passivhausbereich bei 90 % gegenüber den herkömmlich betriebenen Heizsystemen.

Tabelle 8.1: Beispielhafter Kostenverlauf eines Passivhauses
(nach: www.passivhaustagung.de)

	Kosten (€)	Einsparung (€)
Zusatzinvestition	15.000,00	
zusätzlicher Kapitaldienst im ersten Jahr (Bank)	945,00	
Entlastung durch Zinsförderung im ersten Jahr (KfW-Förderung ESH40/Passivhaus)		880,00
Heizenergieeinsparung (11.000 kWh/a = 0,65 €/Liter Heizöl)		715,00
Stromkosten der Lüftung (0,18 €/kWh)	65,00	
Verringerung der Belastung		**585,00**

Die Investitionen bezüglich der Haustechnik bewegen sich bei beiden Haustypen im gleichen Rahmen, da das Entfallen der gängigen Heizanlage mit Brenner und der zu installierenden Heizkörper die Kosten einer einge-bauten Lüftungsanlage mit Wärmepumpe und Luftkanalnetz decken. Le-diglich die zusätzlichen Kosten der Passivhausfenster und der hoch ge-dämmten Gebäudehülle kommen im Vergleich zum Tragen und bewegen sich bei ca. 8 % der Bausumme.

Diese zusätzlich entstehenden Kosten werden jedoch durch die eingespar-ten Energiekosten rasch aufgefangen. Spart das Passivhaus noch durch günstige, von der KfW geförderte Kredite Finanzkosten ein, ist es von An-fang an günstiger als ein konventionell erstelltes Haus.

8.4   Energieeinsparungen

Bevor Energieeinsparungen zum Tragen kommen, müssen zunächst die zusätzlichen Kosten in das Passivhaus investiert werden. Die anfänglich höheren Investitionen werden jedoch erst aufgefangen, wenn auf ein her-kömmliche Heizsystem verzichtet wird und mit dem gleichen Kostenauf-wand ein hoch energieeffizientes Lüftungssystem mit hoher WRG verwen-det wird. So kann z. B. ein Passivhaus mit einem Lüftungssystem eine Energieeinsparung von 90 % erreichen, da es zur Wohnraumbeheizung im Jahr nur 15 kWh pro m² Wohnfläche benötigt. Dies entspricht ca. 1,5 Liter Öl oder 1,5 m³ Erdgas. Ein nach EnEV erstellter Neubau mit einer kon-ventionellen Heizanlage benötigt im gleichen Zeitraum beispielsweise 6 bis 10 Liter Öl pro m².

Tabelle 8.2 zeigt den Vergleich von Einfamilienhäusern in Passivhausbau-weise und nach EnEV in Bezug auf Kosten- und Energieeinsparung.

Tabelle 8.2: Beispielhafter Vergleich der Kosten- und Energieeinsparung
(nach: www.passivhaustagung.de)

Vergleichsrechnung Energieverbrauch	Einfamilien-Passivhaus	Einfamilienhaus nach EnEV
Heizen (150 m² Wohnfläche)	15 kWh · 150 m² = 2.250 kWh/a	100 kWh · 150 m² = 15.000 kWh/a
Kosten Strom (Heizperiode: November bis März)	0,16 €/kWh · 2.250,00 kWh = **360,00 €/a**	–
Kosten Gas (Heizperiode: Oktober bis April)	–	0,09 €/kWh · 15.000,00 kWh = **1.350,00 €/a**
Gebühren Gaszähler	–	**180,00 €/a**
Gebühren Schornsteinfeger	–	**20,00 €/a**
Gesamtkosten	360,00 €/a/12 Monate = **30,00 €/Monat**	1.550,00 €/a/12 Monate = **129,16 €/Monat**
allgemeine Nebenkosten (ohne Haushalts-strom und Telefon)	**80,00 €/a**	**100,00 €/a**
monatliche Differenz = 99,16 € Ersparnis im Passivhaus		

8.5   Amortisation

Als Amortisationsdauer wird jener Zeitraum angesehen, nach dem sich eine Investition mit allen Nebenkosten und Zinsbelastungen ausgeglichen hat. Das heißt, die aus der Investition resultierenden Einsparungen oder Auszahlungen sind größer als das investierte Kapital (die Einzahlung) samt Kapitalkosten (Zinsdienst).

In der Solartechnik gibt es 2 Amortisationszeiten, die energetische und die finanzielle. Die energetische Amortisation (auch Energierücklaufzeit) einer Solaranlage gibt die Zeit an, in der die Anlage die Energiemenge erzeugt, die zu ihrer eigenen Herstellung benötigt wurde. Solaranlagen zur Brauchwassererwärmung amortisieren sich im Schnitt nach 1,2 bis 2,5 Jahren, Anlagen zur Stromerzeugung nach 4 bis 8 Jahren. Die finanzielle Amortisation, also die Zeit, in der sich eine solarthermische Anlage rechnet, ist von den Techniken für die Warmwassererzeugung abhängig sowie von den Zuschüssen, die man für den Einbau einer Solaranlage erhält. Bei Fotovoltaikanlagen spielt die Höhe der Einspeisevergütung und die steuerliche Behandlung solcher Anlagen ebenfalls eine Rolle. Fotovoltaikanlagen amortisieren sich heutzutage schneller als noch vor einigen Jahren, da der produzierte und in das öffentliche Stromnetz eingespeiste Strom nach dem Erneuerbare-Energien-Gesetz über 20 Jahre vergütet wird.

Bei der wirtschaftlichen Betrachtung eines Gebäudes sind nicht nur die Baukosten, sondern ganz wesentlich die langfristige Kostenentwicklung aufgrund der hohen Lebensdauer relevant. Für eine langfristige Betrachtung der Investitionskosten sind mehrere Faktoren zu berücksichtigen:

- der Energieverbrauch
- die Lebensdauer der Komponenten (Haustechnik, Bauteile)
- der Energiebedarf für den Hilfsstrom
- die Nebenkosten und Grundgebühren
- die Energiekostensteigerung
- die Finanzierung
- die staatlichen Fördermittel

Das Passivhaus erfüllt als System und in seinen einzelnen Baukomponenten höchste Qualitätsanforderungen. Die einzelnen Komponenten haben eine außergewöhnlich hohe Lebensdauer. In der Haustechnik (z. B. Lüftungsanlage) gibt es kaum Verschleißteile. Die für Reparaturen und Verschleiß anfällige herkömmliche Heizungsanlage wird beim Passivhaus sehr oft überflüssig und verursacht auch somit z. B. keine Wartungskosten. Die hohe Lebensdauer der Lüftungsanlage gegenüber einer Heizungsanlage minimiert teure Re-Investitionen. Die Ausführungsqualität ist von zentraler Bedeutung, um das Prinzip des Passivhauses zu erfüllen. Die Wärmebrückenfreiheit, eine luftdichte Gebäudehülle zur Gewährleistung einer effizienten Lüftungstechnik sowie sämtliche Fenster- und Bauteilanschlüsse sind mit einem finanziellen Mehraufwand verbunden, dafür steigt die Qualität und Lebensdauer des Bauprojekts. Statistisch gesehen werden bei einem konventionellen Bauprojekt in den ersten 8 Jahren Kosten durch Bauschäden und Mängel in Höhe von durchschnittlich ca. 20.000 € pro Einfamilienhaus verursacht.

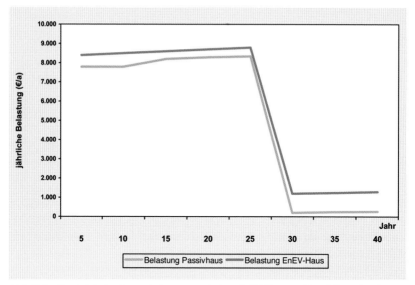

Abb. 8.4: Vergleich der Kostenbelastung zwischen EnEV-Haus und Passivhaus (nach: www.passivhaustagung.de)

Unter Berücksichtigung dieser Faktoren und der staatlichen Förderung kann der monatliche Finanzierungsbedarf für ein Passivhaus von Anfang an geringer ausfallen als bei einem Haus in traditioneller Bauweise.

Die Abb. 8.4 zeigt, dass von Anfang an die jährliche Kostenbelastung beim Passivhaus geringer ausfällt. Und nach Abzahlung der Kredite in 30 Jahren profitieren Bauherren allein vom extrem geringen Energieverbrauch.

8.6   Zusammenfassung

Mehrkosten, die bei einem Passivhaus aufgrund der bauphysikalischen Innovationen wie

- mehr Dämmmaterial,
- die Passivhausfenster und
- die Energietechnik

entstehen, rechtfertigen sich dennoch.

Ohne die **Minderkosten** z. B. für eine Heizungsanlage zu betrachten, sprechen die erheblichen Energieeinsparungen bei steigenden Preisen für sich.

9 Förderung

KfW-Förderung

In Deutschland werden Passivhäuser durch ein zinsvergünstigtes Darlehen der KfW gefördert. Mit dem PHPP wird der Nachweis für die KfW-Passivhaus-Förderung geführt. Sie ist seit Anfang 2005 Bestandteil des Programms „Ökologisch Bauen" der KfW.

Da sich die Konditionen bezüglich der Förderungen stetig verändern, werden sie im Rahmen dieser Arbeit nicht ausgearbeitet, können jedoch unter der Internetadresse www.kfw-foerderbank.de eingesehen werden. Je nach Variante sind bis zu 5 Jahre tilgungsfrei.

Die **Berechnungsvorschriften** und Randbedingungen der EnEV sind nicht für die Projektierung von Gebäuden mit sehr niedrigem Heizwärmebedarf

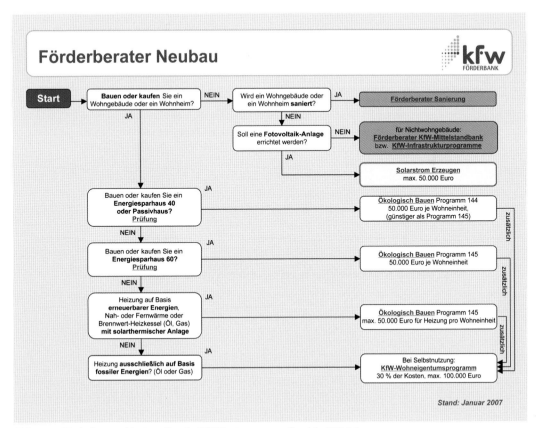

Abb. 9.1: Förderberater Neubau (Quelle: KfW Bankengruppe, Frankfurt/Main)

ausgelegt. Die Ergebnisse weisen in diesem Bereich z. T. erhebliche Abweichungen von tatsächlichen Messwerten auf. Zum Nachweis geeignet ist das PHPP-Verfahren, das ebenfalls auf der europäischen Norm DIN EN 832 beruht und für das Validierungen aus wissenschaftlich begleiteten Projekten vorliegen. Dieses Verfahren ermöglicht auch die Berechnung des Primärenergiebedarfs für Heizung, Warmwasser und Haushaltsstrom. In der Antragsphase ist jedoch häufig die Ausstattung mit Haushaltsgeräten noch nicht bekannt. Für den Fördernachweis wird daher analog zum EnEV-Primärenergiebedarf der Haushaltsstrom nicht berücksichtigt.

Als Grenzwert für den Jahresprimärenergiebedarf im Rahmen der Passivhaus-Förderung wurden wie beim KfW-Energiesparhaus 40 kWh/(m² · a) angesetzt. Der Flächenbezug folgt aus Paritätsgründen der EnEV-Konvention. Der Wert für den Flächenbezug, die Nutzfläche A_N, wird aus dem Gebäudevolumen (Außenmaße) entwickelt und unterscheidet sich von der tatsächlich beheizten Wohnfläche z. T. erheblich.

Weitere Fördermöglichkeiten:

- Programm zur Förderung ökologischen Bauens (KfW)
- CO_2-Gebäudesanierungsprogramm
- 100.000-Dächer-Solarstrom-Programm im Rahmen des KfW-Programms zur CO_2-Minderung und des KfW-Sonderprogramms „Fotovoltaik"
- Sonderförderung Passivhäuser (Umweltbank)
- Bundesförderung von Maßnahmen zur Nutzung erneuerbarer Energien im Wärmemarkt
- Landesförderung der einzelnen Bundesländer
- usw.

Darüber hinaus gibt es in vielen Bundesländern regionale Förderprogramme. So fördert z. B. das Land NRW u. a. Solarkollektor-, Fotovoltaik- und Wasserkraftanlagen, Biomasse- und Biogasanlagen sowie Wohnungslüftungsanlagen mit WRG. Seit 1999 werden durch das Land auch Zuschüsse für die Passivhausbauweise mit der Landesförderung Passivhäuser in NRW sowie Gebäude in Solarsiedlungen erteilt. Weitere Informationen sind auf der entsprechenden Internetseite unter www.bezreg-arnsberg.nrw.de zu finden. In Österreich werden Passivhäuser, die alle Bestimmungen erfüllen, mit bis zu 10 % der Baukosten gefördert.

10 Wohnqualität im Passivhaus

Die Entscheidung, ein Passivhaus zu bewohnen, basiert bei vielen Menschen auf der Bereitschaft, Lebensgewohnheiten zugunsten einer umweltbewussten Lebensart zu ändern. Viele Änderungen, z. B. die Ernährung durch biologische Kost oder das Recycling von Abfall, sind bereits umgesetzt und durch positive Ergebnisse bestätigt worden. Dies motiviert Menschen, neuen Innovationen, wie dem Bau eines Passivhauses, offen gegenüberzustehen. Im Zeitalter der vielfältigen Informationen über die Medien wie das Internet, kann man sich Hintergrundwissen aneignen und eine eigene Sichtweise entwickeln.

10.1 Motivation

So entschieden sich bei der in Abb. 10.1. ausgewerteten Studie 46,7 % der Bewohner aus eigener Überzeugung für ein Wohnhaus im Passivhausstandard. Damit zeigt sich ein Bewusstseinswandel der Bevölkerung hinsichtlich des Klimawandels und der Energieeinsparung. 21,6 % entschieden sich aufgrund der Festlegungen im Baugebiet für ein Passivhaus. Auf diesem Weg tragen Architekten und Bauträgermaßnahmen zur Förderung des Passivhausbaus bei.

10.2 Luftqualität

Die Wohnqualität eines Passivhauses wird erheblich durch die kontrollierte Be- und Entlüftungsanlage gesteigert. Da die Zahl der Allergiker immer größer wird und Pollen, Bakterien und Sporen in der Außenluft über die

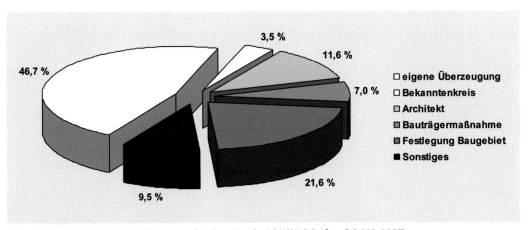

Abb.10.1: Motivation zur Passivhausentscheidung (nach: ILS NRW Schriften Bd. 202, 2007)

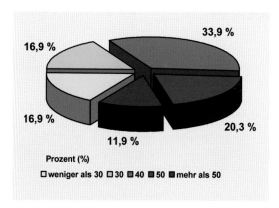

Abb. 10.2: Gemessene Raumluftfeuchte (nach: ILS NRW Schriften Bd. 202, 2007)

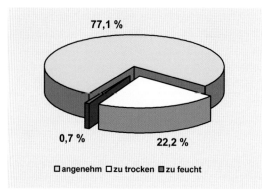

Abb. 10.3: Empfundene Raumluftfeuchte (nach: ILS NRW Schriften Bd. 202, 2007)

Atemluft in unseren Körper gelangen, bietet die Lüftungsanlage einen sicheren Schutz vor dem Eintritt Allergie auslösender Stoffe. Die eingesetzten Filter bieten dem Allergiker eine enorme Verbesserung der Luftqualität, welche durch Fensterlüftung und damit verbundenen Eintritt der Substanzen nicht zu erreichen ist.

Allergien können auch durch Schimmelpilzbildung ausgelöst werden, welcher durch eine hohe Raumluftfeuchte entsteht. So sollte der Feuchtigkeitsgehalt in den Wohn- und Schlafbereichen von Allergikern nicht über 60 % ansteigen. Dem wird bei Passivhäusern durch die Vermeidung von Wärmebrücken und damit der Vermeidung von feuchten Wänden im Vorfeld entgegengewirkt. So liegt die Raumluftfeuchtigkeit im Passivhaus häufig um die 40 bis 50 %.

Betrachtet man die Messdaten anhand der Studie, so zeigt Abb. 10.2, dass die gemessene Raumluft in mehr als der Hälfte der untersuchten Projekte zwischen 40 und 50 % liegt. Die Raumluftfeuchte wird eher unter- als überschritten. Mit über 77 % wird die Raumluftfeuchtigkeit in einem Passivhaus als sehr angenehm empfunden und bestätigt damit das Behaglichkeitsgefühl (siehe Abb. 10.3). Das Empfinden von zu feuchter Raumluft tritt in den seltensten Fällen auf, eher kann es zur Wahrnehmung trockener Luft kommen.

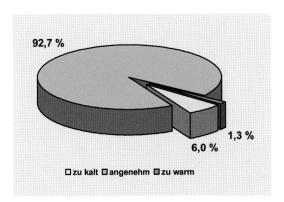

Abb. 10.4: Empfundene Raumtemperatur im Winter (nach: ILS NRW Schriften Bd. 202, 2007)

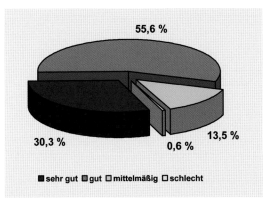

Abb. 10.5: Empfundenes Raumklima im Sommer (nach: ILS NRW Schriften Bd. 202, 2007)

10.3   Raumtemperatur und Raumklima

Ein weiterer Vorteil zur Steigerung der Wohnqualität besteht in der überwiegend gleich bleibenden Raumlufttemperatur unabhängig von den Jahreszeiten. So liegen die vorhandenen Temperaturen innerhalb des beheizten
Raumvolumens meist um die 20 °C und tragen erheblich zum Wohlbefinden bei (siehe Abb. 10.4 und 10.5).

Fast 93 % aller Passivhausbewohner empfinden die Raumtemperatur innerhalb der Heizperiode, ohne konventionelles Heizsystem, als sehr angenehm.
Das Raumklima im Sommer wird als sehr gut bis gut empfunden, da die
Hitze durch die gute Wärmedämmung und geschlossene Fenster nicht in
das Gebäude eindringen kann. Der meist vorgeschaltete EWT kühlt die eintretende Luft durch das Erdreich bereits auf angenehme Raumtemperatur
ab. Somit wird selbst bei hohen Außentemperaturen ein angenehmes Raumklima in Passivhäusern erreicht. Ein guter Sonnenschutz ist allerdings unverzichtbar, da ansonsten durch die großen Fensterflächen, meist auf der
Südseite, enorme Wärme eintreten kann. Im Winter wirkt sich der hohe
Lichteinfall durch die Glasflächen positiv auf den menschlichen Organis-
mus aus und trägt erheblich zum Wohlbefinden bei.

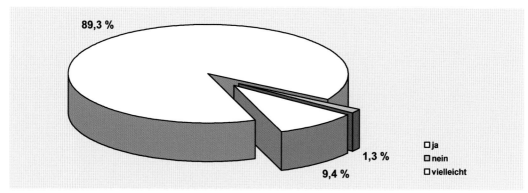

Abb. 10.6:   Bewohner, die wieder ein Passivhaus bauen würden (nach: ILS NRW Schriften Bd. 202, 2007)

10.4   Zusammenfassung

Nach Auswertung der genannten Studie des ILS NRW würden nach den derzeitigen Erfahrungsberichten knapp 90 % der Bewohner eines Passivhauses erneut ein Haus mit diesem Baustandard bauen. Das Ergebnis zeigt auch, dass selbst Bewohner, die nicht aus eigener Motivation zum Bau eines Passivhauses kamen, von den Qualitäten überzeugt werden konnten (siehe Abb. 10.6).

Ein Passivhaus erfordert keine umfassenden Änderungen der Lebensgewohnheiten. Die sehr gut wärmegedämmte Gebäudehülle und die hoch effiziente Lüftungsanlage machen es nicht zu einem sog. Hightech-Haus.

Die überzeugenden Vorteile des Passivhauses sind
● die warmen Wandoberflächen im Winter,
● die Vermeidung von Tauwasser- und Schimmelbildung,
● die sehr gute Luftqualität,
● die Energieeinsparung und damit
● die Entlastung der Umwelt und der Nebenkosten des Hauses sowie
● der resultierende, sehr hohe Wohnkomfort.

11 Rückblick und Ausblick

Bevor ein Resümee gezogen und ein Ausblick gegeben werden kann, wird die **Entwicklung** des Passivhausbaus in der Vergangenheit betrachtet.

Das erste Passivhaus in Deutschland wurde 1991 in Darmstadt-Kranichstein von Dr. Wolfgang Feist gebaut. Die 4 Reihenhäuser weisen seit Baubezug einen kontinuierlichen Heizenergieverbrauch von durchschnittlich 10 kWh/(m² · a) auf. 1998 plante das Architekturbüro oehler faigle archkom in Bretten das erste frei stehende Passiv-Wohnhaus und schon 1999 wurde das erste Mehrfamilien-Passivhaus in Freiburg, im Stadtteil Vauban, gebaut.

Die ersten Erkenntnisse im Passivhausbau ließen dann Passivhaus-Siedlungen entstehen: in Wiesbaden mit 21, in Hannover-Kronsberg mit 32 und in Stuttgart mit 52 Häusern. Im Rahmen von CEPHEUS (Cost Efficient Passive Houses as EUropean Standards) wurden von 1999 bis 2001 weitere 221 Passivhaus-Wohneinheiten in 5 europäischen Ländern (D, CH, A, S, F) an 14 Standorten gebaut. In Ulm entstand 2002 das momentan weltgrößte Passiv-Bürogebäude Energon.

In den USA wurde 2006 in Bemidji, Minnesota, das erste Passivhaus für das „Deutsch-als-Fremdsprache-Programm Waldsee" erstellt. Finanziert wurde das Projekt in Waldsee mithilfe der Deutschen Bundesstiftung Umwelt und mehrerer deutscher Firmen.

Mittlerweile werden über 10.000 Passivhäuser in Deutschland, Österreich, der Schweiz und in Italien (Südtirol) bewohnt. Die darunter befindlichen Passivhaus-Großsiedlungen bestätigen aufgrund wissenschaftlicher Begleitstudien (CEPHEUS) den niedrigen Energieverbrauch und das angenehme Raumklima.

Während der Entwicklung des Passivhauses wurden Massiv-, Holz- und Schalungstechnikbauweisen angewendet. Neben Wohngebäuden findet man die Passivbauweise auch bei Büro-, Industrie- und öffentlichen Gebäuden wie Schulen, Turnhallen und Heimen. Herausragende Beispiele hierfür sind das Altenheim in Mönchengladbach-Neuwerk, das Studentenwohnheim in der Molkereistraße in Wien und das zum Passivhaus modernisierte Studentenwohnheim „Burse" in Wuppertal.

Das **Konzept des Passivhauses** basiert auf der erheblichen Reduzierung des Primärenergiebedarfs des Gebäudes. Dies wird durch minimierte Transmissions- und Lüftungswärmeverluste erreicht. Im Vergleich mit einem Gebäudestandard von 70 kWh/(m² · a) in Deutschland (2008) werden nun Einsparungen von mehr als 80 % erreicht.

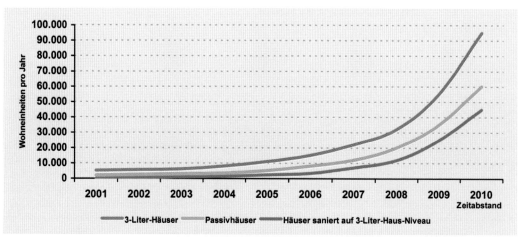

Abb. 11.1: Potenzial jährlich errichteter Passivhäuser, 3-Liter-Häuser und auf 3-Liter-Niveau sanierter Häuser bis 2010 in Deutschland (nach: www.passivhaustagung.de)

Die Entwicklung der Passivhausbauweise lässt sich mit der der Niedrigenergietechnik vor 10 Jahren vergleichen. Obwohl die Niedrigenergiebauweise den derzeitigen Baustandard darstellt, ist in den letzten 10 Jahren eine jährliche Verdopplung der fertig gestellten Wohneinheiten in Passivhausweise zu verzeichnen.

Neueste Untersuchungen haben ermittelt, dass im Jahr 2010 jeder fünfte Bau in Passivhausbauweise erstellt bzw. saniert wird und jedes dritte Gebäude dem 3-Liter-Haus-Standard entsprechen wird (siehe Abb. 11.1).

Es ist erwiesen, dass sich der Klimawandel bereits vollzieht. Die Ursachen liegen in den Verbrennungsprozessen von Kohle, Erdöl und Erdgas. Ernsthaftes Handeln ist unausweichlich, wenn den nächsten Generationen eine lebenswürdige Zukunft bleiben soll. Der Energieverbrauch ist der Schlüssel zur Lösung des Klimaproblems. Ein hoher Energieverbrauch ist kein Zeichen von Wohlstand, sondern eines von Ineffizienz. Mit erheblich effizienterer Energienutzung kann der Energiebedarf auch in den Industrieländern so stark verringert werden, dass eine nachhaltige Versorgung möglich wird. Der fossile Energieverbrauch wird dann sehr gering ausfallen, ohne dass es zu Einschränkungen des Wohlstands kommt. Das Passivhaus ist ein gutes Beispiel dafür.

Effizientere Energienutzung kann hier und heute eingeleitet werden, denn es stehen entsprechende **Technologien** wie das Passivhaus oder Niedrigenergiefahrzeuge, die wirtschaftlich einsetzbar sind, zur Verfügung. Andere können in wenigen Jahren entwickelt und eingesetzt werden. Die CO_2-Abgabe in die Atmosphäre kann innerhalb von ca. 50 Jahren auf deutlich weniger als $1/10$ des heutigen Wertes abgesenkt werden – bei gleichzeitigem Wachstum des Wohlstandes in der Welt.

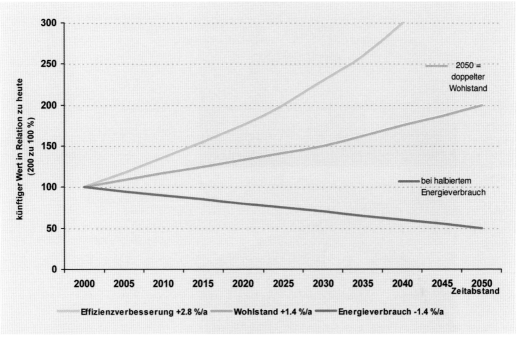

Abb. 11.2: Auswirkungen der Effizienzverbesserung (nach: www.passivhaustagung.de)

Abb. 11.2 zeigt eine Zusammenfassung der Auswirkungen einer breit angelegten Effizienzverbesserung auf den Wohlstand und die Umweltbelastung. Eine Effizienzverbesserung von 2,8 % im Jahr könnte verteilt werden

- auf eine Zunahme an durch Energiedienstleistungen erbrachten Wohlstand (z. B. beheizte Wohnfläche) um 1,4 % und
- eine Abnahme des erforderlichen Energieeinsatzes um ebenfalls 1,4 %.

Gelingt es, eine Effizienzsteigerung von 2,8 % im Jahr aufrechtzuerhalten, kann die Energiedienstleistung bis in 50 Jahren verdoppelt und gleichzeitig der Energieverbrauch halbiert werden.

Die dargestellte Vorgehensweise kann das sog. Energieproblem nicht nur entschärfen, sondern tatsächlich vollständig lösen. Durch die Reduktion des Verbrauchs in den Industrieländern entsteht Spielraum für eine Nachholentwicklung an Energiedienstleistungen auch in heute armen Ländern, selbstverständlich auch dort mit Systemen von hoher Effizienz. Die Endlichkeit der Vorräte an fossiler Energie ist immer wieder beschworen worden. Aber auch ein endlicher Vorrat kann beliebig lange vorhalten – wenn er nur immer sparsamer verwendet wird.

Eine zunehmende **Effizienzsteigerung** ist prinzipiell möglich, da ihr keine ernsthaften Grenzen gesetzt sind. Die Summe des Energieverbrauchs unter einer solchen „Abklingkurve" ist auch auf beliebig lange Zeit endlich, sie beträgt bei einer Abnahme um 1,4 % gerade das 72-Fache des Verbrauchs im Anfangsjahr! So viele fossile Primärenergieträger stehen aber in jedem Fall auch unter Gesichtspunkten des nachhaltigen Umweltschutzes zur Ver-

Abb.11.3: Reihenhäuser in Passivhausbauweise, Gartenansicht

Abb.11.4: Reihenhäuser in Passivhausbauweise, Vorderansicht

fügung. Im Übrigen: Irgendwann wird die weitere Effizienzzunahme nicht mehr unbedingt im dargestellten Ausmaß benötigt; spätestens dann, wenn die zunehmenden Versorgungsbeiträge der regenerativen Energieträger den abnehmenden Jahresverbrauch decken können, ist die Aufgabe gelöst. Danach müssen sich das Wachstum an (energieverbrauchsinduzierendem) Wohlstand, verbleibende Effizienzsteigerung und Wachstum an regenerativ bereitgestellter Energie die Waage halten.

Passivhäuser als Gewinn

Die immer mehr geforderte und zwingend erforderliche Entlastung unserer Umwelt bezüglich der CO_2-Emissionen als auch der Emissionen, die bei der Umwandlung von anderen Energien entstehen, wird durch Passivhäuser erfüllt. Doch neben den erwünschten Emissionsminderungen bietet das Passivhaus eine Win-Win-Strategie für alle Mitwirkenden.

Da die Qualität eines Passivhauses nachhaltig besser ist, erreicht es eine Wertsteigerung und wird als Mietobjekt attraktiver. Die Betriebskosten sinken durch den geringen Energieverbrauch und gleichzeitig steigt die Behaglichkeit und der Wohnkomfort. Dies macht das Passivhaus zum Gewinn für den **Bauherrn.**

Da beim Bau eines Passivhauses eine hohe Qualität an das ausführende **Handwerk** gefordert wird, steigt das Niveau der Bauarbeiten und fördert gleichzeitig das Auftragsvolumen.

Da für Passivhäuser ausschließlich hochwertige Produkte, z. B. Passivhaus-fenster, genutzt werden, entsteht für die **Industrie** durch Fortschreiten des Passivhausbaus eine beständig stabile Nachfrage. Des Weiteren wird die Motivation zu neuen Innovationen gefördert.

Die erhöhte Nachfrage nach **langlebigen Konsumgütern** auch im Bausek-tor führt zu einer stabilen, zusätzlichen Beschäftigung im Inland. Bei posi-tiver Gesamtstimmung gegenüber der hier gestellten Aufgabe kann die Mo-tivation spürbar verbessert werden. Die gestellten Aufgaben führen zu einer Nachfrage nach Arbeitskräften in allen Sektoren und auf allen Qualifikati-onsstufen. Die Qualifikation aller Beteiligten (Planung und Gewerbe) wird gefordert und allein dadurch spürbar erhöht.

Durch den extrem niedrigen Energieverbrauch eines Passivhauses wird die **Umwelt** über die gesamte Lebenszeit des Gebäudes spürbar entlastet. Ein klimabewusstes und damit energieeffizientes Bauen sollte der Leitgedanke der Zukunft sein. Das Passivhaus trägt mit über 80 % Energiekosten-ersparnis erheblich dazu bei. Denn der beispiellose Heizwärmebedarf mit 15 kWh/(m$^2 \cdot$ a) schont nicht nur die Umwelt, sondern auch die finanzielle Belastung der Bauherren.

12   Anhang

12.1   Literaturverzeichnis

Bundesverband Kalksandsteinindustrie e. V. Hannover (Hrsg.); Schulze Darup, Burkhard: Kalksandstein. Das Passivhaus. Düsseldorf: Verlag Bau + Technik GmbH, 2006

Graf, Anton: Neue Passivhäuser – 24 Beispiele für den Energiestandard der Zukunft – Deutschland, Österreich, Schweiz. München: Verlag Georg D. W. Callwey GmbH & Co. KG, 2003

Grobe, Carsten: Passivhäuser planen und bauen. München: Verlag Georg D. W. Callwey GmbH & Co. KG., 2002

Humm, Othmar: NiedrigEnergie- und Passivhäuser – Konzepte, Planung, Konstruktion, Beispiele. Staufen bei Freiburg: Ökobuch Verlag, 1998

Laible, Johannes: Passivhaus Kompendium 2006. Allensbach: Laible Verlagsprojekte, 2006

Laible, Johannes: Passivhaus Kompendium 2007. Allensbach: Laible Verlagsprojekte, 2007

Ministerium für Bauen und Verkehr des Landes Nordrhein-Westfalen (MBV), Institut für Landes- und Stadtentwicklungsforschung und Bauwesen des Landes NRW (ILS NRW) (Hrsg.); Leben im Passivhaus – Baukonstruktion, Baukosten, Energieverbrauch, Bewohnererfahrungen. ILS NRW Schriften Bd. 202, Aachen, 2007

Pregizer, Dieter: Grundlagen und Bau eines Passivhauses. Heidelberg: C. F. Müller Verlag, Hüthig GmbH & Co. KG, 2002

Reiners, Holger: Energie effektiv nutzen – Die besten Einfamilienhäuser. Stuttgart, München: Deutsche Verlags-Anstalt GmbH, 2002

RWE Bau-Handbuch. 13. Aufl. Frankfurt: VWEW Energieverlag GmbH, 2004

Simon, Günther; Simon, Nicole: Das Energie optimierte Haus – Planungshandbuch mit Projektbeispielen. Berlin: Bauwerk Verlag GmbH, 2004

Weizsäcker v., Ernst Ulrich; Lovins, Amory B.; Lovins, L. Hunter: Faktor Vier – Doppelter Wohlstand – halbierter Naturverbrauch. München: Verlagsgruppe Droemer Knaur GmbH & Co. KG, 2004

12.2   Stichwortverzeichnis

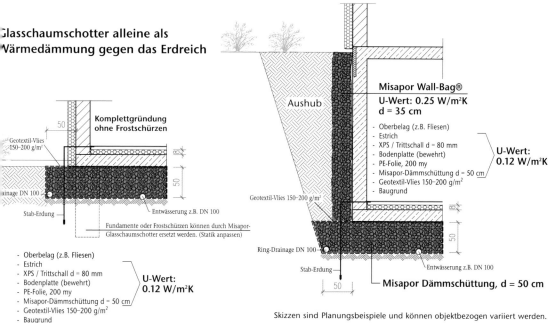

Energetische Bewertungen nach DIN V 18599 und EnEV

So planen Sie energieoptimierte Gebäude richtig

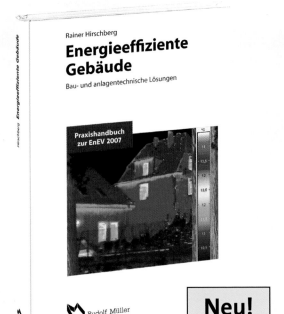

Energieeffiziente Gebäude
Bau- und anlagentechnische Lösungen.
Vereinfachte Verfahren zur energetischen Bewertung.
Von Prof. Dr.-Ing. Rainer Hirschberg.
2007. 17 x 24 cm. Kartoniert. 308 Seiten.
ISBN 978-3-481-02227-3.
€ 59,–

In Zeiten hoher und weiter steigender Energiepre[i]
müssen Gebäude so energieeffizient wie mög[lich]
sein.

„Energieeffiziente Gebäude" bietet Ihnen **Lösung[en]
für die energieoptimierte Ausführung.** Das Fachbu[ch]
erläutert die energetische Bewertung von Nichtwo[hn]
gebäuden und Anlagentechnik.

Die komplexen Rechenverfahren der DIN V 185[99]
werden dabei **übersichtlich und anschau[lich]**
dargestellt. Mit Hilfe der vereinfachten Verfahr[en,]
Bemessungshilfen und Kennwerte können Sie sc[hon]
in frühen Planungsphasen den Energiebedarf **sch[nell]
und einfach abschätzen** und rechnergestüt[zt]
Berechnungen überprüfen.

Weiter gibt Ihnen der Autor **praktische Hinweise [für]
verschiedene Gebäudearten und Nutzungen.** [Sie]
erfahren, welche Haupteinflussgrößen für den [En]
ergiebedarf besonders verantwortlich sind und [mit]
welchen Maßnahmen **signifikante Einsparungen** [er]
reicht werden können. So können Sie die Lösung[en]
sofort in die eigene Praxis umsetzen.

Aus dem Inhalt:
- Energetische Bewertung und Simulatio[ns]
  rechnungen nach EnEV und DIN V 4108,
- DIN V 4701, DIN V 18599, VDI 2067, VDI 3807
- Vereinfachte Verfahren für Wohn- und Nic[ht]
  wohngebäude
- Energiebedarfs-Kennwerte für verschied[ene]
  Gebäudearten

DAMIT SIE
BESCHEID
WISSEN
Rudolf Müller

Verlagsgesellschaft
Rudolf Müller GmbH & Co. KG
Postfach 410949 • 50869 Köln
Telefon: 0221 5497-120
Telefax: 0221 5497-130
service@rudolf-mueller.de
www.rudolf-mueller.de